일제 강점기에 가난과 질병, 영적 무지 속에 있던 조선은 '보이지 않은 민족'(unseen people)이었다. 그 어둠 속으로 들어간 순전한 여성 의사 잉골드의 헌신이 씨앗이 되었고, 예수의 이름을 짊어진 수많은 선교사들의 희생과 사랑이 이어져 마침내 '보이는 병원, 예수병원'(seen Jesus Hospital)으로 열매 맺었다. 이 책은 그들의 올곧은 정신과 열정, 의료와 복음 증거, 자원을 통한 동역, 빈자들을 향한 섬김과 탁월한 의료적 실천을 생생하게 보여 준다. 세계 선교 역사에서 그 유래를 찾기 어려운 위대한 모델, 예수병원의 100년 역사를 증언하는 기록이다. 식민지, 해방, 전쟁 등 많은 국난과 질병 앞에서 날마다 환자들을 치료하고 병원을 세우며 '그리스도의 으뜸 되심'을 갈망했던 선교사들의 부르심이 이 책 안에 오롯이 살아 있다. 이들의 이야기는 은혜를 입은 오늘의 한국 교회와 병원, 선교 단체에 여전히 울려 퍼지는 하나님의 심장 박동이다.

박준범 한국의료선교협회장, 새숨병원장, 전 인터서브코리아 대표, 전 예멘 선교사

1898년 11월 3일 매티 잉골드 선교사가 전주에서 시작한 첫 진료는 한국 근대 의료의 시작이며 한국이 세계 최고의 의료 선진국으로 발돋움하는 출발점이었다. 1884년 알렌 선교사의 입국이 한국 개신교의 시작이라면, 예수병원의 역사는 한국 개신교의 역사이기도 하다. 이 책은 수많은 선교사들을 통해 근대 의료, 선교, 교육 시스템이 세워지는 과정을 풍부한 실증 자료로 생생하게 보여 준다. 믿음의 선배 사역자들이 기꺼이 감당했던 두려움, 갈등, 간절함 등을 따라가다 보면, 우리가 누리는 소중한 믿음의 공동체가 결코 저저 주어진 것이 아님을 깨닫게 된다. 한 여인의 헌신에서 시작된 씨앗이 100여 년을 넘어 예수병원을 통해 이룬 하나님의 역사는 실로 경이롭다. 이 정신을 이어받은 예수병원이 단순한 의료 기관을 넘어 생명을 살리고 복음을 전하며, 예수를 닮은 사랑과 영육을 건강

하게 하는 능력으로 지역과 세계를 섬기는 선교적 사명을 계속 감당해 가기를 소망한다.

신충식 예수병원장

선교사들의 이야기가 담긴 책을 읽을 때마다 눈물이 어리게 된다. 매티 잉골드부터 설대위 선교사까지 이어진 100년의 예수병원 역사를 꼼꼼하게 읽으며, 또다시 눈물 어린 회상에 젖었다. 의료 선교는 수많은 지혜와 사람, 기술이 동원되는, 세상에서 가장 복잡한 선교 사역이다. 예수병원의 역사는 그 사실을 증언한다. 아쉽고 부족한 부분이 있었지만, 사람은 사라져도 하나님은 완벽하게 일하시며 결코 실패하지 않으신다. 그동안 예수병원에서 일하고 수료한 이들을 만날 때마다 느낀 깊은 영적 울림은, 바로 이 위대한 역사의 열매였다. 예수님 만세, 예수병원 만세, 이 일에 헌신한 모든 일꾼에게 하나님의 상급이 가득하기를!

심재두 내과 의사, 한국 누가회 이사장, 전 알바니아 선교사

꺼지지 않는 사랑의 불씨

IVP(InterVarsity Press)는
캠퍼스와 세상 속의 하나님 나라 운동을 지향하는
IVF(InterVarsity Christian Fellowship)의 출판부로
생각하는 그리스도인을 위한 문서 운동을 실천합니다.

For Whom No Labor of Love Is Ever Lost
© 1999 by David John Seel, M.D.
Published by Providence House Publishers
238 Seaboard Lane, Franklin, TN 37067, USA.
All rights reserved.
Used and translated by the permission of copyright holders

This Korean edition © 2025 by Korea InterVarsity Press
156-10 Donggyo-ro, Mapo-gu, Seoul 04031, Republic of Korea.

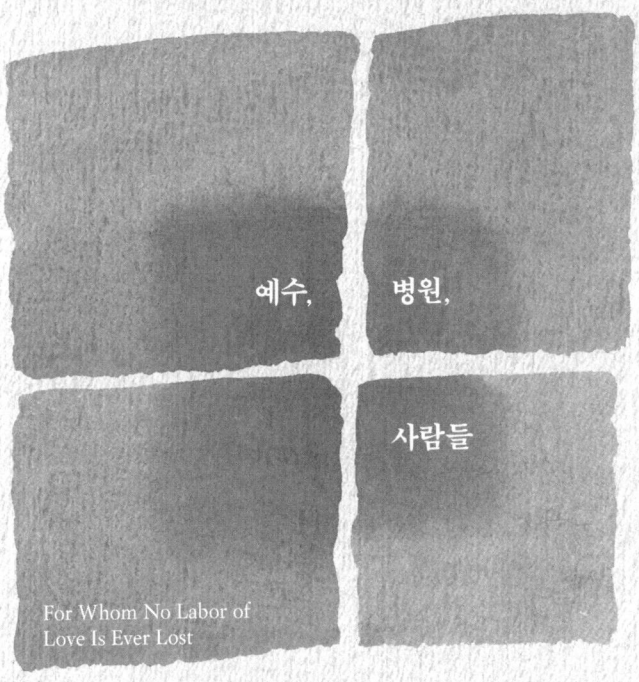

예수, 병원, 사람들

For Whom No Labor of
Love Is Ever Lost

설대위(David J. Seel)
김민철 외 옮김

꺼지지 않는
사랑의 불씨

Ivp

차례

머리말 9
감사의 말 15

1부   한 알의 씨앗

　　　1장 그 무엇으로도 꺾을 수 없는 의지 19
　　　2장 세우지 않은 설립자, 매티 잉골드 27
　　　3장 타오르는 불꽃의 사람, 와일리 포사이드 51

2부   땅에 떨어져

　　　4장 호남 최초 병원의 탄생 63
　　　5장 견디며 지켜 낸 사람들의 시간 75
　　　6장 내 별명은 요한복음 3:16입니다 85
　　　7장 1945년 해방의 감격 103

3부   꽃이 피고

　　　8장 예수병원의 부활 115
　　　9장 한국 전쟁, 전방 군 병원으로 활약 133
　　　10장 불확실함 가운데 싹이 자라나 149

4부 30배, 60배, 100배

11장 암과의 싸움에 도전하다 175
12장 그가 지으실 터가 있는 성을 찾아 181
13장 용머리 고개의 기적 197

5부 풍성한 열매

14장 꿈은 이루어진다 205
15장 어두운 등잔 밑, 농촌 보건 의료 사업 시작 217
16장 그리스도를 의료 사역의 중심으로 삼아 241
17장 이리역 폭발 사고 263
18장 소아마비에서 아이들을 구하라 271

6부 새로운 한 알의 씨앗

19장 해외 의료 선교 시작 281
20장 쓰러져도 다시 일어나 291
21장 재활 치료와 전인 치료의 개념 309
22장 맺음 그리고 새로운 시작 315
23장 예수병원 개원 100주년, 새로운 시작 325

저자의 말 335
옮긴이의 말 339
예수병원 연도별 표어(1973-1998년) 343
찾아보기 345

머리말

어떤 기관의 역사든지 무(無)로부터 시작되지 않는다. 그러하기에 한 병원의 설립이 한국의 오래된 한 성읍 성문 밖에서 초라한 진료소로 시작되었다고 할지라도 그것은 광범한 역사적 사건들과 관련지어 이해되어야 한다. 또한 전주에서 예수병원의 설립을 직접 촉발한 사건들 이면에는 한반도의 역사 속에 나타난 하나님의 섭리라는 말밖에는 달리 표현할 수 없는 은밀한 움직임이 있었다. 그것은 1885년 부활절에 언더우드(Horace G. Underwood)와 아펜젤러(Henry G. Appenzeller)가 조선에 첫발을 딛기도 훨씬 전에 나타났다.

은자(隱者)의 나라(Hermit Kingdom)라 불리던 조선에서 하나님의 섭리로 개신교 선교 사업이 시작된 데는 아주 중요한 사건이 네 가지 있다. 첫 번째는 1866년 로버트 토머스(Robert Thomas) 목사가 그를 박해하는 자들에게 성경을 전해 주고 대동강가에서 순교한 사건이다. 두 번째는 1873년에서 1887년까지 만주에서 거주하던 존 로스(John Ross) 목사의 성경 번역 사역이다. 그가 한글로 번역한 성경 몇 권이 국경을 넘어 조선으로 은밀히 들어왔다. 세 번째는 1882년 조선과 미국 사이에 공식적인 외교 관계가 수립된 사건이다. 네 번째는 1884년 갑신정변으로, 급진 개화파가 명성 황후의 친정 일족인 민영익을 살해하려 했던 사건이다. 중국 의료 선교사였던 호러스 알렌(Horace Allen) 박사는 당시 미국 공사관 의사로 근무 중이었다. 알렌 박사는 큰 부상을 입은 민영익을 수술해 생명을 구해 줌으로써 왕실의 신임을 얻었다. 이어서 서울에 서양 의료 기관의 설립 허가를 받아 세브란스 병원의 전신인 제중원이 설립되었을 때 마침내 조선에 복음의 문이 열렸다.

이렇게 혼란스러운 상황 속에서 조선 최초의 장로교 선교사인 언더우드 박사가 1885년 4월 제물포에 도착했고, 바로 이 무렵 장로교가 선교 의지를 구체화했다. 언더우드가 뉴저지주 뉴브런즈윅에 있는 네덜란드 개혁교회 신학교(Dutch Reformed Seminary) 학생이었던 1882년에 조미수호통상조약이 체결되었다. 그때 신학교의 어느 동기생이 '은자의 나라'에 대한 글을 발표했는데 이것이 조선에 대한 언더우드의 관심에 불을 붙였다. 그러나 조선과 외교 관계를 수립하게 된 다음 해에도 미국의 어떤 선교 단체도 이 문호 개방으로 생긴 기회를 잡으려는 움직임을 보이지 않았다.

언더우드는 이미 네덜란드 개혁 교회(Dutch Reformed Church)에 두 번, 장로교 해외 선교회(The Presbyterian Board of Foreign Missions)에 한 번 지원했으나 모두 거절당했다. 낙심해서 뉴욕 한 교회의 목사 청빙 제의를 수락하려는 순간, 그에게 이런 음성이 들려오는 듯했다. "조선에 갈 사람이 아무도 없는가? 조선은 어떻게 하라는 말인가?" 그는 북장로교 해외 선교회(The Northern Presbyterian Board)에 다시 지원했고 마침내 받아들여졌다. 그는 1884년 부활절 아침에 감리교 선교사인 아펜젤러 목사와 함께 제물포에 상륙했다. 언더우드 박사는 1891년에 첫 안식년 휴가를 받아 미국으로 돌아갔을 때 자신이 속한 교단뿐만 아니라 남장로교 교단까지 가서 끈질기게 선교사를 물색했다. 언더우드가 모집한 남장로교 소속의 7명의 개척 선교사 가운데 한 사람인 테이트(L. B. Tate)는 그 당시를 이렇게 회상한다.

1891년 9월에 언더우드 박사가 시카고 매코믹 신학교(McCormick Seminary)를 방문했다. 거기 있던 '남부 소년들' 가운데 한 명이었던 나는 언더우드 박사의 연설을 듣고 조선에 관심을 갖게 됐다. 나는 테네시주 내슈빌에 있는 연합 신학교 선교사 동맹(Inter-Seminary Missionary Aliance) 대표로 선출되었다. 그곳에 있는 동안 언더우드 박사를 통해 리치먼드 유니온 신학교(Union Seminary)의 캐머런 존슨(Cameron Johnson)을 만났는데, 그 역시 내슈빌에 있는 동안 조선에 관심을 갖게 되었다.

신청 서류를 급하게 구해서 작성한 테이트는 크리스마스 휴가 기간에 선교사로 임명받았다. 그러나 해외 선교 위원회는 조선에서 선교 사역을 시작하는 것은 거부했다. 존슨은 언더우드에게 유니온 신학교를 방문해 조선에 대해 설명해 주도록 부탁했다. 전킨(W. M. Junkin)과 레이놀즈(W. D. Reynolds), 두 명의 학생이 관심을 보였다. 이들에 대해서 어느 학생이 데이트에게 다음과 같은 편지를 썼다. "조선에서 당신과 함께 일할 사람을 찾으려고 남장로교회를 두루 살펴보고 선택했다 해도 이 두 사람보다 더 훌륭한 사람들을 찾지 못했을 것입니다." 두 사람은 위원회가 처음부터 조선에서 선교 사역을 시작하도록 아주 열심히 설득했지만 소용없었다. 언더우드 박사와 그의 형제가 재정을 지원하고 나서야 조선에서 선교 사역을 시작할 수 있었다. 언더우드 박사의 후원으로 위원회는 조선에서 선교 사역을 시작하기로 결정하고, 1892년 2월에 개최된 위원회 회의에서 전킨, 레이놀즈, 테이트를 선교사로 임명했다. 그 후 테이트의 여동생 매티(Matti S. Tate)와 데이비스(Linnie Davis)도 선교사로 임명받았다. 1892년 가을, 레이놀즈 부부와 전킨 부부는 테이트와 그의 여동생 그리고 데이비스와 함께 배를 타고 한국으로 향했다. 알렌 박사와 함께 생활하게 된 데이비스를 제외한 다른 선교사들은 서울의 북쪽 지역에 자리를 잡은 후 서소문 안에 부동산을 매입했고 전킨은 서소문 바깥에 부동산을 구입했다.

　1892년 크리스마스가 지난 후 모펫(Moffett)과 레이놀즈 부부는 남쪽으로 공주까지 여행했고, 전킨과 테이트는 1893년 초가을에 전주까지 내려와 2주 동안 지냈다. 테이트는 늦가을에 다시 2주간 전주를 방문했다 돌아왔다. 1894년 3월에 테이트와 그의 여동생은 다시 전주에 가서 그전에 구입한 한옥에서 3개월간 살았다. 그동안 레이놀즈와 1893년부터 선교 사역에 합류한 드루(Drew) 박사는 전라남도와 전라북도를 두루 여행하고 있었다.

테이트와 그의 여동생은 서울로 돌아가야 했지만, 동학 혁명이 일어나 전주에 머무를 수밖에 없었다. 그래서 전주 변두리에 위치한 완산 언덕에 부동산을 매입했는데, 이곳이 선교부의 첫 부지가 되었다.

1895년 봄, 전킨과 드루 박사는 배를 타고 군산으로 갔다. 테이트는 전주로 돌아와서 머물다가 여름이 오자 서울로 돌아갔다. 초가을에 그는 다시 전주로 와서 거주할 한옥을 준비했다. 크리스마스 주간 후반에 그는 여동생과 함께 다시 전주로 출발해 1896년 1월 첫 주에 도착했다. 같은 해 전킨과 드루 박사는 가족을 군산으로 데려와서 전해에 마련한 한옥에서 살았다. 데이비스도 그들과 함께했다.

1895년 유진 벨(Eugene Bell) 목사 부부가 선교 사역에 동참했고 1896년에 해리슨(Harrison)이 도착했다. 1896년 가을에는 레이놀즈, 전킨, 해리슨, 벨, 테이트는 두 무리로 나뉘어 남부 지방을 돌아본 뒤 전남 나주를 두 번째 선교 부지로 결정했다. 벨은 여기서 사역을 시작하고 서울까지 수차례 육로 여행을 한 뒤에 부동산을 매입했다. 그러나 1899년 몇 가지 사유로 선교부의 기지가 변경되었고 벨은 목포에 선교부를 열었다. 1897년, 전주에서 처음으로 다섯 명의 결신자가 세례를 받았다.[1]

---

[1] L. B. Tate의 선교 보고서. 원본에 'Chunju'라고 되어 있으나 그 후 이 도시의 영어 철자가 'Chonju'로 바뀌었으므로 원서에서는 'Chonju'라고 썼다(현재 표기법으로는 'Jeonju'다 – 편집자).

이때까지 남장로교회 산하 선교부에서 의료 선교 사역 가능성에 대한 언급은 전혀 없었다. 추정컨대, 의료 선교 사역은 계획되지 않았을 것이다. 그러나 초기 선교부를 설립하면서 질병으로 고통당하는 사람들에게 깊은 동정심을 느낀 선교 개척자들은 점점 치유 사역의 필요성을 인식하기 시작했다. 1893년에 드루 박사는 군산의 사역자로 임명받았고 금강 둑 근처의 어느 집에서 환자를 치료했다. 1897년에 선교부는 어느 여성 의사에게 전라도의 도청 소재지인 전주성 바깥에서 사역하도록 임명했다. 그녀는 고통당하는 사람들을 섬기면서 자신의 신앙을 증거하기 위해 이곳에 왔다. 하지만 한 병원의 설립자가 되려는 생각은 꿈에도 없었다.

감사의 말

전주 예수병원의 역사를 기록한 책이 나올 수 있도록 도와주신 모든 분께 심심한 감사를 드린다. 번역을 맡아 수고해 주신 오용 선생과 김민철 박사에게 특별히 감사의 말씀을 드린다. 구바울(Dr. and Mrs. Paul S. Crane) 선교사 부부와 권익수(Merril Grubbs) 선교사는 전주에서 봉사했던 많은 의료 선교사의 사역에 대한 상세한 자료들을 제공해 주었다. 몬트리트의 미국 장로교 역사관(Historical Foundation)은 한국 선교와 관련된 회의록과 예수병원을 후원한 미국 장로교의 역할과 관련된 많은 문서의 열람과 자료 제공에 큰 도움을 주었다. 이에 대해서도 감사의 말씀을 전한다. 윌슨(John Wilson) 선교사는 이 책의 자료 수집에 크게 기여했으며 김기순 박사는 예수병원 지역 사회 보건 사업과 관련된 많은 자료를 제공해 주었다. 내 아내 설매리는 한국에서 우리가 사역을 감당하는 동안 항상 내 곁에 머물렀을 뿐만 아니라 이 책을 집필하고 편집하는 동안에도 수많은 시간을 컴퓨터 앞에 앉아서 나를 도왔다. 예수병원 동산에 묻힌 고(故) 박영훈 박사와 고(故) 프랭크 캘러(Dr. Frank Keller) 선교사를 기리며 그들에게 이 책을 바친다.

설대위

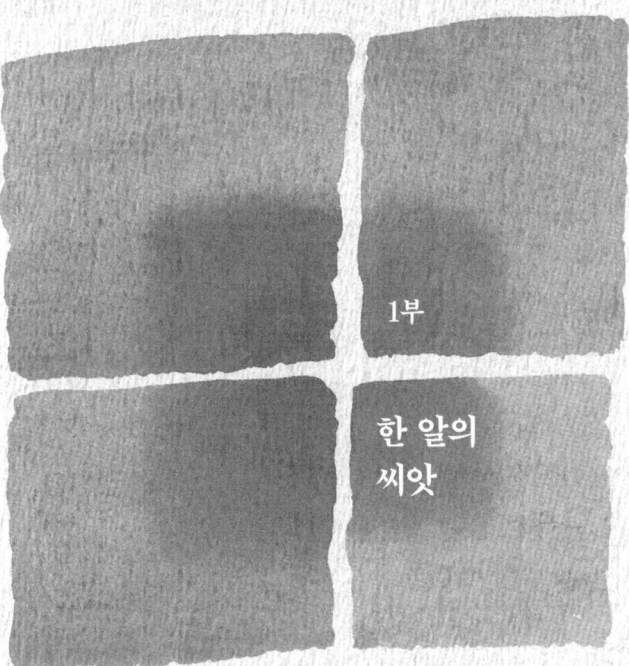

1부

한 알의
씨앗

1장
그 무엇으로도 꺾을 수 없는 의지

1장과 관련된 자료는 1994년 8월 27일에 매티 잉골드(Matti Ingold) 박사의 종손녀 도티 잉골드 루이스(Dottie Ingold Lewis)에게서 제공받았다.

매티 잉골드 박사는 한때 노스캐롤라이나주 트리니티(하이포인트 부근)에 있는 트리니티 대학(Trinity College)의 교수였던 길퍼드(Guilford County) 출신 아이제이아 잉골드(Isaiah Ingold)의 여섯 자녀 중 막내로 태어났다. 아이제이아 잉골드의 학력에 대한 자료는 찾을 수 없다. 그는 노스캐롤라이나주 콩코드(Concord) 출신인 레비니어 콜트레인(Lavenia Coltrain)과 결혼했다. 언젠가 잉골드 교수는 콜드웰(Caldwell County)로 이사해 레노어(Lenoir)에서 살기도 했고 레노어에서 8킬로미터 정도 떨어진 노스캐롤라이나주 해피 벨리(Happy Vally)에 사는 월터 레노어(Walter J. Lenoir)에게 고용되어 그의 자녀들을 가르쳤다.

아이제이아의 여섯 자녀는 프랜시스(Francis)와 앨버트 브랜슨(Albert Branson), 존 엘(John L), 세라 건지(Sarah Guernsey), 엘런(Ellen), 매티였다. 막내 매티는 1867년 5월 31일에 레노어에서 태어났다. 매티는 히커리(Hickory)에서 '개혁교회'[Reformed Church, 지금의 고린도 개혁 연합 그리스도 교회(Corinth Reformed United Church of Christ)를 조직한 제러마이아 잉골드 박사(Jeremiah Ingold)]의 조카였다. 매티가 태어난 직후, 아이제이아 잉골드가 히커리에 집을 지을 수 있도록 배려해 준 월터 레노어 덕분에, 매티의 가족은 히커리로 이사했다.

매티의 종손녀 도티 헨리 루이스가 제공한 자료에 따르면, 매티가 네 살 때 그녀의 어머니가 죽었다. 매티는 그때 일을 생생하게 기억했다. 조문을 마치고 집에서 나오는 여인들이 매티를 보고 이렇게 말하곤 했다. "불쌍한 어린것, 무엇을 잃어버렸는지도 모르고 있어." 오랜 세월이 지난 후 노련한 선교사가 된 의사 매티는 종손녀 도티에게 이렇게 털어놓았다. "난 내가 잃어버린 게 무언지 **알았어**. 다른 사람들을 바라보면서 모든 것을 배워야 했으니까."

루이스 부인은 매티의 이 말에 대해, 매티가 어린 시절부터 기지를 사용하는 법을 익혔다고 이해했다. 엄격한 매티의

예수병원의 설립자, 매티 잉골드 테이트 박사

아버지는 아마 자신의 막내딸과 어떤 관계를 유지해야 할지 잘 몰랐을 터이다. "잉골드가(家) 가족들은 특별한 강인함을 갖고 있다. 매티는 스스로 성공하기로 결심했다."

매티는 히커리에서 초등학교를 다녔다. 그녀가 열두 살 때 가족은 스테이츠빌(Statesville) 근처의 시골 로레이(Loray)로 이사를 갔다. 그녀는 1879년 12월 6일 콩코드 장로교회에서 신앙 고백을 하며 입교했다.[1]

그 후 매티는 히커리로 돌아와서 클레어몬트 대학(Claremont College)에 입학했다. 아마도 숙부인 제러마이아의 집에 기거했을 것이다. 1889년 스물두 살이 된 매티는 사우스캐롤라이나주 록힐(Rock Hill)에 있는 윈스럽 대학(Winthrop College)에 등록해 1891년에 졸업했다. 록힐로 오게 된 배경은 분명하지 않다. 대학 교육을 마치기 위해서였는지 혹은 크로퍼드(T. A. Crawford) 박사의 요청으로 가정교사가 되어 그의 아이들을 돌보기 위해서였는지 확실하지 않지만, 자료로 미루어 볼 때 후자가 아닐까 추측한다.[2]

사우스캐롤라이나주 록힐에 있는 제일장로교회의 역사를 정리한 윌리엄 화이트 2세(William B. White, Jr.)에 따르면 매티는 히커리에

---

1 Mattie는 이 교회를 다니는 동안 선교에 큰 관심을 가진 Paul P. Winn 목사의 영향을 많이 받았고 이 목사의 친척인 Samuel Dwight Winn 목사는 Mattie Ingold의 선교지인 전주에서 1911년부터 1951년까지 선교사로 헌신했다.
2 그녀의 가족이 Hickory로 이사 간 시기는 대략 1869년이나 1870년경이다. Statesville로 이사 간 시기는 1879년경이고, Mattie가 Rock Hill로 이사 간 것은 1888년이나 1889년경이다.

살 때부터 토머스 앨리슨 크로퍼드(Thomas Alison Crawford) 박사의 여러 자녀를 위한 가정교사로 일했다. 크로퍼드 박사의 장남 피터 아히리(Peter Ihrie)의 아내는 이렇게 말했다. "매티 잉골드는 크로퍼드 가족의 일원이었다. 크로퍼드 박사는 매티가 결코 하인 같은 느낌을 갖지 않기를 원했다. 매티는 크로퍼드를 진정으로 사랑했고 크로퍼드와 그의 가족에게 헌신적이었다." 화이트는 또 이런 말을 덧붙였다. "이 기록에 따르면, 크로퍼드 박사는 꽤 많은 수의 자녀들을 위한 친구나 그들을 도울 가정교사 역할을 맡기려고 매티를 록힐로 초대했다고 생각한다."[3]

크로퍼드 가족은 록힐 제일장로교회에 출석했고 매티도 1889년 2월 17일 이 교회에 등록했다. 이 교회의 목사였던 스코틀랜드 출신의 알렉산더 스프런트(Alexander Sprunt) 박사는 선교에 지대한 관심을 가진 목회자였다. 크로퍼드와 스프런트 두 박사의 영향으로 매티는 의료 선교사가 되기로 결심했다. 이상하게도, 내슈빌에 있는 남장로교회 선교부에 지원하기 전에 매티는 뉴욕의 북장로교회를 섬겼다. 북장로교회는 1891년 12월 14일에 "그녀가 해외 선교지로 떠날 준비를 하기까지" 매티를 "돌봐 주기로" 결정했다.[4] 그 후 그녀는 사우스캐롤라이나주 록힐의 제일장로교회 당회에 선교사로 지원했다. 1882년 4월 27일 당회 회의록은 다음과 같이 기록했다.

---

[3] William B. White, First Presbyterian Church of Rock Hill, South Carolina의 사학자.
[4] 1881년 First Presbyterian Church의 해외 선교부 회의록.

우리 교회의 성도인 매티 잉골드 양을 해외 선교사로 임명하기로 결정하고 이 의료 선교 사역의 준비를 지원하기 위해 화이트(A. H. White) 목사, 뱅크스(A. R. Banks), 허친슨(D. Hutchinson), 크로퍼드 박사를 위원으로 선정한다.[5]

이렇게 해외 선교사가 되기로 헌신한 '매티 양'은 볼티모어 여자 의과대학에 입학해 1896년 우등생으로 졸업했다. 1896년 이 의과대학 제14회 편람에 따르면 매티 잉골드는 최종 시험에서 최고점을 받았고 의학 이론은 물론이고 실기에서도 두드러진 실력을 보여 주어 두 개의 금메달을 모두 획득하는 전무후무한 성적을 기록했다.

1897년 7월 18일 저녁, 매티 잉골드 박사는 사우스캐롤라이나 주 록힐 제일장로교회의 사랑하는 친구들과 그 도시의 다른 교회 친구들 앞에서 작별 인사를 한다. 여기에 그 일부를 소개한다.

이 작별은 달콤한 슬픔입니다. 왜냐하면 이 작별로 우리가 모두 수년 동안 소망하고 수고하며 기다리고 기도해 온 일이 이루어질 수 있기 때문입니다. 이제 해외 선교 사역에 참여할 여러분의 대표자가 생겼습니다. 그리고 제가 바로 그 특권을 갖게 될 사람입니다.… 제가 해외 선교지로 갈 수 있고, 하나님이 이 특권을 주셨다는 사실을 기뻐하면서도, 그것이 쉽지만은 않은 일이라는 사실도 잘 압

5   1881년 4월 27일 회의록, First Presbyterian Church, Rock HIill, South Carolina.

니다. 성경과 그 말씀에 대한 저의 믿음이 아니라면, 그 무엇으로도 제가 그 낯선 땅에서 홀로 살아가도록 설득할 수 없을 것입니다. 제게 성경을 주십시오. 성경의 명령과 약속은 제 임무를 너무나 분명하게 보여 줍니다. 그 무엇도 제가 가는 것을 막을 수 없습니다. 어떤 설득도 성경의 권유보다 강력하지 않습니다. 제 자신의 힘만으로는 도무지 어찌할 수 없고, 어떤 것도 이룰 수 없음을 잘 압니다. 하나님의 은혜가 함께할 때만 그곳에서 우리의 사역이 성공할 수 있다는 사실을 잘 알고 있습니다. 주님의 이름으로, 주님을 위하여 냉수 한 잔을 대접하는 것 같은 작은 일일지라도 그 모든 겸손한 수고에 하나님이 복 주시리라 믿습니다. 하나님이 기쁘게 받으실 수 있도록 최선을 다해 이 사역에 임합시다. 순전한 동기와 겸손으로, 또한 성령의 인도하심과 은혜를 힘입어서 그리고 우리 주께서 우리에게 보여 주신 사랑으로 가득 찬 가슴으로, 하나님이 우리 앞에 허락하신 열린 문으로 기꺼이 들어갑시다.…생명의 면류관을 얻기 위해 죽기까지 충성합시다.[6]

매티 잉골드 박사는 이제 서른 살이 되었고 충분한 경험과 준비의 과정을 거쳐 성숙해졌다. 하지만 그녀는 미지의 이국 땅, 정치적 파벌과 경쟁적인 세력으로 찢긴 땅, 모든 낯선 것을 의심스러워하는

---

6 Dr. Mattie Ingold, 1897년 7월 18일 Rock Hill의 First Presbyterian Church에서 행한 고별사.

생소하고 머나먼 땅을 향해 모험을 떠나기로 굳게 결심한 19세기 미혼 여성이었다. 작별의 밤에 그녀가 쓴 일기는 헌신의 삶을 통해서만 드러나는 용기를 보여 준다. "어느 하나님의 종이 말했듯이 하나님이 약속해 주셨기에 내 미래는 밝다고 확신할 수 있다. 내 앞에 닥칠 일이 나는 두렵지 않다. 하나님이 나를 보호하시니, 그분의 허락 없이는 내게 그 어떤 일도 닥치지 않는다. 하나님이 내게 허락하신 일은 무엇이든 옳고 선하다. 내가 두려워하는 한 가지는 지나치게 내 자신의 일과 세상의 도움에 의지해서 하나님이 주신 사명을 감당하지 못하게 되는 것이다. 아버지여, 일이 이렇게 흘러가지 않도록 도우시고, 오직 아버지와 친밀하게 끊임없이 교제하면서 살아가게 하소서. 항상 아버지의 인도하심과 능력을 구하면서 당신의 가르침을 더 깊이 깨닫게 하소서.…제가 거저 받았으니 거저 줄 수 있게 하소서."

2장

세우지 않은 설립자, 매티 잉골드

21세기를 살아가는 우리가 100년도 더 전에 선교의 소명에 응답했던 사람들의 입장을 이해하기는 어려운 일이다. 우선 거리가 아주 멀었을 뿐만 아니라 다른 나라에 대한 지식도 훨씬 부족했다. 그래서 사랑하는 가족 친구들과 작별하고 미지의 땅으로 떠난 서른 살의 이 젊은 여성의 용기에 찬사를 보내게 된다. 매티 잉골드의 고별사는 사랑하는 에베소의 친구들에게 행한 바울의 고별사를 연상시킨다. 바울은 "내가 여러분 중에 왕래하며 하나님의 나라를 전파하였으나 이제는 여러분이 다 내 얼굴을 다시 보지 못할 줄 아노라"[1]라고 말했다. 잉골드는 이렇게 말했다. "제가 이 세상에서 다시 여러분을 만날 수 있을지 모르겠습니다. 하지만 더 좋은 곳, 더 공의로운 세상에서 여기에 모인 여러분 모두를 만나고 싶습니다."[2] 모든 선교사에게

---

[1] 행 20:25.

는 이 발걸음이 마지막이라는 각오가 있어야 한다. 오늘날 선교사로 임명받은 사람들이 하나님의 섭리에 자신을 전적으로 맡기기를 꺼린 채 그저 잠시 다른 문화에 발끝만 살짝 적시고 오는 경우가 너무도 흔하지 않은가?

매티가 노스캐롤라이나주 히커리에 있는 매티의 할아버지 집에서 서울에 도착하기까지 8주가 걸렸다. 기차를 타고 내슈빌, 세인트루이스, 캔자스시티, 샌프란시스코까지 미국을 횡단하는 데 2주가 소요되었다. 그 후 여객선 S. S. 차이나(China)호를 타고 1897년 8월 7일에 골든게이트교를 통과해 하와이 호놀룰루를 거쳐서 8월 26일에 일본 요코하마에 도착했다. 여기까지는 중국과 일본 선교사들과 동행했다. 2주 동안 고베 지방의 선교사들을 방문한 후 9월 10일에 잉골드 박사는 홀로 '조용한 아침'의 나라로 향하는 여객선 히고마루(Higo Maru)에 몸을 실었다. 배가 부산 부두에 도착했을 때 그녀는 자신이 섬기러 온 한국 사람들을 처음으로 보았다. "배가 항구 가까이 다가가자 흰옷을 입은 원주민들이 움직이는 모습을 볼 수 있었다. 마치 유령들이 움직이는 것처럼 보였다." 9월 15일에 지금의 인천인 제물포에 도착한 매티는 1892년 남장로교회에서 파송받은 3명의 개척 선교사 중 루이스 테이트(Lewis B. Tate) 목사의 영접을 받았다. 매티는 7년 후 그의 아내가 되리라고 꿈에도 상상하지 못했다.

제물포에서 출발하는 서울행 증기선이 새벽 3시 30분에 강을 따

---

2 Mattie Ingold의 송별사.

라 움직였다. 서울에 도착한 그녀는 장로교 선교사들의 집까지 두 사람이 매는 가마를 타고 갔다. 초가집 사이로 난 좁은 골목 마을을 통과하면서 매티는 때때로 담 너머로 마치 음악처럼 들려오는 라-타-타 하는 방망이 소리를 들을 수 있었다. 또한 깨끗한 흰옷을 입은 남자들과 머리를 완전히 덮어씌운 겉옷을 안쪽에서 한 손으로 붙잡은 채 약간의 틈새로 밖을 내다보는 여인들을 볼 수 있었다. 그녀는 약 5주간 서울에 머물렀다.

매티는 "고향과 비교하면 모든 것이 반대"라는 사실이 흥미로웠다. (1) 교회에서 여자들은 머리에 아무것도 쓰지 않는데 오히려 남자들은 모자를 쓰고 있다. (2) 교회 안은 커튼이나 칸막이로 나뉘어 남자와 여자가 양쪽에 따로 앉는다. (3) 남자는 머리를 길게 땋아 내리거나 상투를 튼다. (4) 신분이 좋은 여자가 공공장소에 나타나는 것은 예의에 어긋난다. 매티는 전주에 와서 자신에게 언어를 가르쳐 줄 젊은 남자를 소개받았다. 그녀는 전주에서 이런 사람을 찾기가 어려웠다고 기록한다. "이곳 사람들에게 외국인들은 낯선 존재였고, 어쨌든 여자를 가르치는 행위는 그들의 품위를 손상시키는 일이라고 생각했기 때문이다."[3]

1897년 10월 18일, 그녀는 테이트 목사의 여동생 매티와 장로교 의료 선교사로 군산에 파송된 의사인 드루 박사의 부인 그리고 그들의 자녀들과 함께 해안 증기선 편으로 군산에 도착했다. 그들

---

3   Mattie Ingold, "First Impressions," 1897년 10월, 고향 교회에 보낸 편지.

이 조그마한 배에 짐을 옮겨 싣고 해변을 향해 출발하자마자 갑자기 폭우가 쏟아져 내렸다. 그 비를 맞으며 육지에 발을 디뎠다. 그래서 리니 데이비스의 집에 도착하기도 전에 그들은 가져온 짐과 함께 흠뻑 젖고 말았다. 그 당시 군산은 "바다에서 5킬로미터 정도 떨어진 강둑 위의 조그마한 동네"였다. 데이비스의 집은 강가에 있어서 "파도가 철썩거리는 소리가 들렸다."[4] 이른 아침에는 어부들이 출어하기 전 배에서 귀신을 쫓아내기 위해 얇은 양철 판을 두드리는 소리가 들렸다. 이곳 군산에서 모든 선교사들이 연례 선교 모임을 가졌다.

1896년에 드루 박사는 전주가 아닌 군산에서 호남 지방의 첫 번째 의료 선교 사역을 시작했다. 드루의 진료소를 방문한 잉골드는 이렇게 언급했다. "그의 의료 사역은 대단한 성공을 거두고 있었다. 수십 킬로미터 떨어진 먼 거리에 사는 환자들도 진료소를 찾아왔다."[5] 강 언덕에 있는 조그마한 진료소에서 드루 박사는 처음 2년 동안 4,000명의 환자를 진료했다.

1897년 11월 3일, 예수병원의 설립자는 자신의 최종 목적지를 향해 순례의 마지막 발걸음을 내딛었다. 그것은 군산에서 전주로 향하는, 초라하지만 고귀한 행진이었다. 레이놀즈 목사와 해리슨 목사는 작은 조랑말을 탔고 테이트는 자전거로, 그리고 레이놀즈 부인,

---

4 Mattie Ingold, "The Last Step," *Impressions from Korea*, 1897년 11월.
5 Mattie Ingold, 앞의 자료.

테이트 양과 잉골드 박사는 각각 네 사람이 매는 가마를 탔다. 작은 마을을 수없이 많이 통과하면서 가마꾼들은 휴식도 취하고 요기도 하려고 마을 변두리에 잠깐씩 멈추었다. 그때마다 선교사들은 호기심에 찬 여인들과 아이들에게 둘러싸였다. 여인들과 아이들은 이방인들을 가만히 쳐다보고, 그들의 옷을 만지고, 그들에게 질문을 던지기도 했다. 많은 사람이 보는 가운데 거리낌 없이 가마를 타는 여자들에 대해 흥미로운 반응도 보였다. 처음 보는 신기한 장면에 잉골드 박사의 눈은 놀라움으로 가득 찼다. 남편의 죽음에 자살한 두 과부를 기리는 비석과 길가에 세워진 장승도 보았다. 그녀는 사람들이 개를 잡아먹는 것도 기록했다.

 마침내 이 작은 행렬은 아름다운 산으로 둘러싸인 분지에 위치한 인구 10,000명의 성, 전주에 도착했다. 그들은 이 도시의 성문 안으로 들어가는 것은 피했다. 외국인 여자가 성안에 들어가는 것이 부적절해 보였기 때문이다. 그래서 바로 성의 남쪽 변두리의 완산 언덕에 있는 선교사 거주지로 향했다. 거기서 그들은 매일 저녁 어두워지면 성문을 닫는 신호로 치는 종소리를 들었다. 이후 밤 10시에는 도시의 여인들이 야간에 몸을 씻기 위해 강으로 나가는 시간을 알리는 종소리를 들었다. 잉골드 박사와 테이트 양은 길이 2.5미터에 폭이 40센티미터도 채 되지 않는 방이 2개 있는 조그마한 초가집에 함께 살았다. 매티는 문이 너무 작아서(앞문의 높이가 1.4미터도 채 되지 않았다) "문틀 위에 머리를 심하게 부딪혀" 자주 다치는 것 빼고는 이 조그마한 집을 좋아했다.[6] 밤에는 밖으로 도시의 야경을 볼 수 있었지만 불빛이라고 해 봐야 술집 앞에 걸린 한지 초롱이나 여행객들이 들고 다니는 초롱이 고작이었다. 이곳이 잉골드가 앞으로 28년간 살게 될 마을에 있는 그녀의 집이었다.

예수병원은 여러 해 동안 매티 잉골드 박사가 전주에 도착한 1897년을 병원 설립 연도로 삼았다. 하지만 사실 매티가 첫 진료를 한 날은 1898년 11월 3일이다. 첫해에 매티는 주로 어학 공부에 전념했다. 그녀는 서울에 있을 때 이미 어학 공부를 시작했는데 이 시기를 이렇게 말했다. "나는 지금 말을 배우던 흥미로운 어린 시절을 두 번째로 경험하는 셈이다! 어학 진도는 매우 더뎠다. 나는 존댓말과 낮춤말 그리고 중간 정도의 말을 아주 형편없이 섞어서 쓰고 있다!"[7] 전주에 온 후 겨울에는 하루 종일 개인 가정교사에게 한글을 배웠고, 집으로 방문객이 찾아오기 시작하는 봄이나 테이트 양과 함께 익산 지역, 특히 강경으로 전도 여행을 떠날 때는 반나절만 어학 공부를 했다. 잉골드가 미국에 있는 친구들에게 쓴 편지에는 이런 기록이 나온다. "우리는 신분이 높은 '양반들' '400명'의 집을 아예 방문하지 못했고, 중인 계급의 가정들도 거의 방문하지 않았다. 복음은 가난하고 비천한 가정에 먼저 전파되었다."[8] 100여 년이 지난 지금도 이 글을 읽으면서 그녀의 관찰이 거의 정확했음을 인정한다.

그녀는 그 당시의 전형적인 한국의 주거 형태에 대해서 묘사한

---

6 Mattie Ingold, 전주에서 보낸 선교 서신, 1898년 1월 1일.
7 앞의 자료.
8 앞의 자료.

다. 흙벽에 초가지붕, 나무 그릇이나 쪽 바가지로 물을 푸는 얕은 우물이 있는 좁은 마당, 실외의 부엌, 낮은 문, 기름 심지를 쓰는 램프, 다듬잇돌, 콩나물시루, 메줏덩어리 그리고 옷을 보관하는 놋쇠 경첩이 달린 장롱 등을 소개했다. 그녀가 마을을 지날 때 예의가 바른 남자들은 그녀와 마주치면 등을 돌리지만 예의가 없는 사람들은 얼굴을 빤히 쳐다본다고 기록했다. 한국 장례식과 결혼식에 대해서도 썼다. 장례가 있는 마을에서는 모두가 3일 동안 일을 멈춘다. 장례는 보통 야간에 거행되는데, 장례식에는 깃발들로 장식한 관, 햇불과 구슬픈 곡소리가 있었다. 관을 묻은 후에는 장례를 치른 사람들이 그 집에 돌아와 죽은 사람이 입었던 옷을 불태운다고 전했다.

잉골드는 전통 약방과 약초, 뿌리, 열매, 버섯 등의 약재의 분류에 대해서도 언급했다. 사슴뿔, 그중에도 이끼로 덮인 고가의 녹용, 침술 그리고 옛 중국 의학 서적에 대한 이야기도 기록으로 남겼다. 남자와 여자 그리고 아이들의 옷에 대해서도 기술했다. 함께 꿰어 묶을 수 있도록 가운데에 구멍을 뚫은 쇠돈 한 '푼', 이것이 10개면 한 '돈'이고, 100개면 한 '냥'이며, 한 냥은 미화 10센트에 해당한다. 큰 거래를 할 때는 A자 모양의 지게에 현금을 지고 갈 일꾼을 고용해야 한다. 매티는 장날에 대해서 흥미를 가졌으며 설날에 새해를 축하하는 불놀이, 북소리, 춤 그리고 때로 달빛 아래에서 벌이는 돌싸움 등에 대해서도 기록했다. 설날 이후 맞는 '보름날'의 풍습에도 그녀는 깊은 인상을 받았는데, 이날에 사람들은 짚으로 만든 사람 모양의 인형이 자신의 불행을 가져가도록 길가에 던져두었다. "짚으

다가동 언덕의 방 2개짜리 진료소에 있는 잉골드 박사

로 만든 사람 모양의 인형 속에 돈을 넣어 두어, 거지가 이 인형을 가져가면 불행도 함께 가져가 대신 재난을 당한다는 것이다. 이미 충분히 불행한 상태에 있는 가난한 거지가 몇 가지 불행을 더 가져간다고 해서 별로 달라질 게 없다. 이렇게 해서 짚 인형을 만든 사람에게 닥칠 불행을 미리 막는다는 것이다."[9]

가을 내내 진료소를 열기 위해 모든 노력을 다한 결과 매티 잉골드가 전주에 도착한 기념일인 11월 3일에 드디어 문을 열었다. 진료소 건물은 흙벽과 초가지붕으로 만든 평범한 옛 한옥이었다. 감나무가 비스듬히 지붕 위로 가지를 뻗어 있었다. 잉골드의 일을 도와준 사람은 아이 하나가 있는 예씨 성의 과부였다. 첫날에는 6명의 환자를 진료했고 첫 달에는 약 100명의 환자를 진료했다. 의료 관점에서 잉골드의 재능과 기술은 칭찬받아 마땅할 만큼 훌륭했다. 그 당시의 의료는 오늘날처럼 모든 의사가 이용할 수 있는 표준화된 약전이 극히 제한적이었다. 게다가 예산과 공급선이 제한되어 있어서 어

---

[9] Mattie Ingold, 선교 서신, 1898년 2월.

려운 점이 많았다. 잉골드는 기초 위생과 청결을 유지하라는 정도로만 처방하기도 했다. 그것만으로도 병이 완치되었다. 고약이나 태운 고기 반죽을 비누와 물로 충분히 씻어 주고 침 맞은 자리에서 흐르는 고름을 깨끗하게 제거하는 것만으로도 효과가 있었다. 마취를 해서 여덟 살 난 남자아이의 엉덩이뼈 탈구를 치료하고 턱뼈가 어긋난 여성을 클로로포름으로 마취한 후 치료한 일은 의사들의 찬사를 받아 마땅했다. 천연두를 앓아 코에 남은 흉터 탓에 코로 숨을 쉬지 못하고 입으로 숨을 쉬는 남자아이를 수술하기도 했다. 아버지의 동의 없이 용감한 어머니의 입회로만 감행한 수술이었다. 수술은 다행스럽게도 성공했고 소년의 아버지는 기쁨과 감사의 표시로 닭 5마리와 계란 50개를 보내왔다. 잉골드는 감염으로 죽어 가는 여자의 생명을 구하는 등 가끔씩 수술을 했다. 크고 작은 종기를 절개하기도 하고 결핵성 농양을 빼내기도 했으며 설사와 이질 치료, 백내장 수술, 화상 치료, 분만, 잔류 태반 제거도 했다.

그러나 돌이켜 생각해 보면 의료 선교에 대한 잉골드 박사의 의료 사역 계획은 불확실했고, 실험적이었으며, 망설임이 가득했다. 그녀가 이곳에 도착하기 전에 병원을 설립하려는 꿈을 가지고 있었는지는 알 수 없다. 그러나 여기에 온 이후 그녀는 최소한 세 요소에 사역을 제한받았다. 이 병원의 초기 과정을 좀 더 더듬어 보면 미성숙 상태로 태어난 신생아 수준의 의료 사역은 이후 계속 비틀거렸으며 영양 부족, 반복되는 자포자기와 외부의 정치적 압력 등의 원인으로 여기저기 부서지고 거꾸러질 지경이 되었다. 이런 상황에서 생존했다는 것은 기적이다.

잉골드 박사에게 영향을 끼친 세 요소가 있었는데, 바로 문화적·종교적 소외와 의료 선교 정책, 그녀 자신의 신체적 한계였다.

첫째, 문화적 요소로 반외국인 정서도 있었다. 잉골드가 도착하기 3년 전에 일어난 동학혁명은 주로 일본의 침략에 대항하는 운동이었지만, 사람들은 모든 외국의 침략 세력에 대해 분노를 표출했고 이 시기에 전주에 있는 많은 건물들이 불에 탔다. 그러나 매티는 남성 중심의 전통 사회에서 여자로서 역할의 한계 때문에 마음이 더 무거웠을 것이다. "가능하면 많은 사람의 눈에 덜 띄도록 조심합시다. 그러나 우리가 집에만 틀어박혀 있으면 사역을 수행할 수 없습니다. 사람들은 머지않아 여자도 밖에 나갈 수 있을 뿐만 아니라 존중받을 수 있다는 사실을 차츰 깨달을 것입니다."[10] 언젠가 잉골드는 이렇게 기록했다. "자기 집에 우리를 초청한 사람은 거의 없습니다. 대부분의 사람은 우리가 그들의 집에 오기를 원하지 않습니다. 우리가 그들을 방문하면 그들은 이웃들에게 비웃음거리가 되기 때문입니다.…우리 이웃 중에는 우리가 방문할 친구들이 더러 있지만 성안에는 한 명도 없습니다."[11]

종교적 관점에서 보면 귀신에 대한 믿음과 자연 숭배 신앙이 지배적이었다. 그녀는 진료소 일지에 진료소에 들어오는 사람들은 "대

---

10 Mattie Ingold, 선교 서신, 1898년 4월 1일.
11 Mattie Ingold, 선교 서신, 1898년 5월 2일.

부분 모든 병이 악령 때문에 생긴다고 믿었다"라고 적었다.

11월 15일: 심각한 영양 결핍으로 온 어린아이가 여기 있는데, 사람들은 이 아이가 태어난 지 21일이 되기 전에 그 마을의 이웃들이 개를 죽였기 때문에 아이가 아프다고 말했다.

12월 12일: 병들어 죽어 가는 여인을 데리고 왔는데, 그 집 귀신이 노했기 때문이라고 말했다.

12월 14일: "당신 얼굴이 왜 그렇게 일그러졌소?" "내가 태어난 지 21일이 지나기 전에 이웃이 병아리를 죽였기 때문입니다."

1월 2일: 상처가 난 한 어린아이의 머리에 약을 바르기 위해 머리털을 약간 잘랐더니 아이의 어머니가 집에 가져가려고 머리털을 조심스럽게 전부 주워 모았다. 만약 머리털을 버리면 그 아이가 죽어서 뱀이 된다며 두려워했다.

1월 12일: 한 여자가 자신의 병에 대해 아주 작은 목소리로 속삭이듯 말했다. "큰 소리로 말하세요"라고 하자 그 여자는 병이 자기 말을 들으면 더 악화한다며 두려워했다.

3월 22일: 오늘은 폐결핵으로 죽음을 앞둔 여인이 나를 찾아와 자신에게 들어온 귀신을 쫓아내기 위해 무당에게 많은 돈을 썼지만 소용없었다고 말했다.

3월 22일: '나쁜 마음을 먹으면' 두통과 여드름이 생긴다고 한다.

일자 미상: 어떤 여자가 귀신들을 모시고 사는 이웃집에 대해 이야기했다. 그 집에는 열 명의 자녀가 있었는데 병이 들게 하는 귀신들을 내쫓지 못했기 때문에 여덟 명의 자녀가 죽었다고 말했다. 드디어 그 귀신들을 잡아 병에 넣어 땅에 묻자 나머지 두 아이들을 구해 냈고, 그 후로 아이들은 아프지도 않았다고 한다.[12]

잉골드는 질병에 대한 전통적인 태도 때문에 실망했을 뿐만 아니라 복음에 대한 노골적인 반대에 부딪히는 경우가 많았다. 이는 선교사들보다 주로 내국인 협력자들을 향했다. 잉골드의 어학 선생은 선교사들과 관련이 있다는 사실이 알려지자 이 여관에서 저 여관으로 전전해야만 했다. 익산에 있는 반월이라는 동네에서는 그리스도인들에게 도둑질을 했다는 누명을 뒤집어씌우고 아무 증거도 없이 옥에 가두어 때렸으며 관찰사가 그들을 용서하고 풀어 줄 때까지 수 주 동안 발목에 차꼬를 채우고 쇠사슬로 손을 묶어 두었다.

잉골드의 의료 선교에 영향을 준 두 번째 요소는 선교 정책의

---

[12] Mattie Ingold, 개인 일기. 1903년 11월 15일; 1905년 3월 28일.

시행과 관련이 있다. 1897년 10월에 채택된 남장로교 선교회의 헌법과 규칙은 사역의 목적을 다음과 같이 정의했다. "선교사의 생애와 봉사의 주된 목적은 그리스도를 전파하며 그분이 이방 백성들을 위해 십자가에 못 박히셨다는 사실을 전하는 것이다. 모든 형태의 사역은 이 목적에 종속되어야 한다. 그러므로 실행 위원회는 복음을 더 넓게 더 효과적으로 선포하는 데 유효한 방법만 인정하고, 선교사의 수고로 이루어지는 독자적 사역 방법을 인정하지 않는다."[13] 이 정책은 선교사가 관여할 수 있는 어떠한 세속화·사회화·정치화를 방지하기 위해 만들어졌고, 소기의 목적을 달성하는 데는 확실히 크게 기여했다. 선교사들은 복음에 우선순위를 두고 헌신해야 했다. 수년 뒤 400병상을 확보한 예수병원의 어느 해 표어가 "그리스도를 만물의 으뜸으로"였다. 저자의 관점에서 볼 때 **설교**라는 단어를 해석하기에는 어려움이 있다. 복음은 말로만 전파되는 것이 아니라 변화된 **삶**으로 살아 내야 하는 것이다. 위에서 말한 목적의 마지막 부분에 '**선포**'라는 말은 예수 그리스도의 생애, 십자가, 부활을 드러내 보이는 모든 활동을 포괄하는 좀 더 나은 용어다.

어쨌든 매티 잉골드 박사는 그 정책을 성실히 이행하려고 최선을 다했다. 1897-1998년의 보고서에 잉골드는 이렇게 썼다. "어떤 의료 사역이든지 그저 부수적인 것이 되어야 한다는 지난번 회의의 제안을 따르려고 했다.…나는 의료 선교 사역이 의료 사역만으로 가

---

13 *Constitution, Rules and By-Laws*, p. 5. Southern Presbyterian Mission, 1897년 10월.

능하다고는 생각하지 않으며 복음을 가르치는 일을 병행해야 한다고 생각한다. 살펴보면, 해마다 우리가 복음을 가르친 소수의 환자들이 치료만 받은 많은 환자들보다 더 나은 결과를 보인다고 생각한다."14

잉골드가 사역의 중심에 복음을 둔 것을 전적으로 인정하지만 한편으로 우리는 진료소나 병원을 찾아오는 환자는 주로 병을 치료받겠다는 입장임을 이해해야만 한다. 그리스도 안에서 풍성한 삶에 대한 더 중요한 말을 기꺼이 들을 수도 있지만 환자는 보통 고통을 해소하고 출혈, 구토 혹은 다른 어떤 불편한 요소를 치료받기 위해 병원을 찾는다. 환자는 자신이 필요한 것을 채워 줄 사람이 있다는 사실을 알면 병원을 찾아올 것이다. 이 말은 잉골드 박사가 찾아온 환자를 소홀히 대했다는 뜻은 전혀 아니다. 오히려 그 반대였다. 그러나 선교부는 잉골드가 진료를 며칠, 몇 주 혹은 몇 달을 건너뛰더라도 진료소의 운영은 잉골드의 재량에 맡겼다. 그녀의 고독한 사역에 선교부의 보조는 없었다. 진료의 영속성은 중요한 문제로 고려되지 않았다. 게다가 물품 공급은 형편없었고 의료 사역을 위한 예산은 정말 미미했다. 그럼에도 불구하고 1899년 잉골드가 보낸 보고서에는 의료 활동이 점점 증가해 9월 1일까지 500명을 진료했다는 보고가 있다. 이어서 놀랄 만한 내용이 나온다.

---

14 Korea Mission Annual Report, 1897-1898.

전체 수입은 81엔 62센(미화 약 42달러)이었으며 이 가운데 26엔 20센은 선교부의 선교사가 쓴 약값이고 55엔 42센은 진료소 환자가 낸 치료비입니다. 금년에 약품 구입에 필요한 예산을 신청하지 않았으니, 이 돈을 이 사업에 사용할 수 있도록 허락해 줄 것을 요청합니다.[15]

잉골드는 1년에 42달러로 기꺼이 진료소를 운영했다. 그 당시의 이 금액이 오늘날로 따지면 100배가 된다 해도 의료 기구나 조력자들의 급여 또는 어떤 개선을 위한 예산도 전혀 없었다는 사실을 알 수 있다. 그녀가 부재 시 병원을 맡아 줄 조력자를 훈련시킬 계획도 생각할 수 없었다. (군산에서 사역하던 드루 박사는 이전에 세브란스에서 훈련받은 내국인 의사를 지원해 달라고 선교부에 요청했다. 선교부는 오긍선 박사를 보내 몇 년간 그와 함께 일하도록 지원했고 그 후 미국으로 보내 연수도 받게 했다.)

셋째 요소는 잉골드의 건강이다. 특히 첫해 여름은 맥 빠지는 계절이었다. "미묘한 분위기에서 풍기는 영향이…에너지와 식욕은 물론이고 기운까지 빼앗아 가서 아직 적응하지 못한 이 외국인을 맥이 빠져 아무짝에도 쓸모없는 인간으로 만들어 버렸다." 1899년 4월과 6월 사이에 두 달 반 동안 진료소 문을 닫고, 그동안 잉골드는 치과에 다니기도 하며 휴가를 보냈다. 다시 돌아온 그녀는 격일로 진

---

15 Korea Mission Annual Report, 1899.

료소를 열었다. 7월 초, 세 살 된 볼링 레이놀즈(Boling Reynolds)가 이질을 앓았고 8월에는 어린 캐티 레이놀즈(Katti Retnolds)가 도착했다. 레이놀즈 부인은 산후 회복이 더뎠다. 이런 상황 때문에 그해 여름엔 진료에 쓸 시간이 많지 않았다. 가을과 겨울을 보내면서 어학 공부와 여성들을 대상으로 전도 사역을 계속했다. 그러던 1899년 12월, 잉골드는 이렇게 말했다. "진료소는 지금 별로 하는 일이 없다. 오랫동안 진료를 하지 않아서인지 혹은 아픈 사람이 없어서 그런지 모르겠다. 하지만 이것이 내 책임이 아닌가 염려가 되었다. 나는 이런 일에 적합하지 않다는 것을 안다."[16]

1899년 8월, 정부는 선교부에 선교 기지를 옮겨야 한다고 통지했다. 고종 임금이 전주 출신으로 이씨 조선을 건국한 태조를 기념하기 위해 사용하려던 땅을 선교사들이 매입했다는 소식을 들은 것이다. 정부는 선교부에 선교 기지의 값을 지불하고 다른 땅을 주기로 했다. 레이놀즈 목사는 1900년에 안식년 휴가를 가기 전에 완산의 언덕 위에 새 대지를 확보하고 관련된 사무를 처리하느라 많은 시간을 보냈다. 그러나 새 주택과 진료소를 건축하는 일은 진행하지 못했다. 주택을 건축하는 일은 1900년 10월에 안식년 휴가에서 돌아온 해리슨의 업무로 주어졌다. 새 진료소와 잉골드 박사의 새집은 1901년 10월에 돌아온 테이트가 건축했다. 잉골드 박사는 1902년 10월 11일 새 진료소(1970년에 헐어 버린 장로교 성경학교 부

---

[16] Mattie Ingold, 개인 일기.

근에 위치함)로 이사했다. 기와지붕을 덮은 이 진료소의 면적은 30평
(99제곱미터)이었다.

1901년에 건강 문제로 드루 박사가 사직한 후 잉골드 박사가 궁
말(군산) 진료소로 파견되었던 6주 동안 전주 진료소는 문을 닫았음
에도 불구하고 이 해 진료소의 진료 활동은 활발했다. 1902년 9월
에 개최된 연례 회의 전까지 6개월 반 동안 잉골드 박사는 1,586명
의 환자를 진료했다. 그해 한국 경제는 유난히 어려웠다. 식량 부족
으로 시골 사람들은 거의 오지 못했고 대부분의 환자들은 도시에서
찾아왔다. 잉골드 박사는 1902년 연례 보고서에 이렇게 보고한다.

이 의료 사역은 시골 지역보다 선입견이 더 심한 여기에서 좋은 인
상을 주기 시작했다. 적어도 시골 사람들은 도시 사람처럼 약을 먹
는 것을 그다지 두려워하지 않는다. 이제 이곳 사람들에게 상당한
신뢰를 받고 있다. 사람들은 외국산 약을 먹으면 이런저런 무서운
결과가 발생하지 않을까 하는 질문을 이전보다는 그렇게 자주 하
지 않는다.[17]

잉골드 박사는 종종 환자들에게 약을 거의 무료로 주었다. 하지
만 전액을 면제하는 것은 꺼렸다. 왜냐하면 그것은 약의 가치를 떨
어뜨리고 환자를 난처하게 만들기 때문이다. 1,586명의 외래 환자와

---

[17] Annual Report, 1902.

21명의 입원 환자로부터 벌어들인 수입은 29.04달러였다.

잉골드 박사는 부인 환자들을 진료하면서 남편에게 구타당하는 여자들, 예수 믿는 것을 반대하는 남편 때문에 그리스도의 가르침을 따르기 위해 기꺼이 여러 사람 앞에서 조롱당하고 폭행당한 새 결신자들의 희생적인 믿음을 수없이 볼 수 있었다. 아래 이야기는 이런 예를 잘 설명해 준다.

병이 깊어 매우 고통스러워하는 여자가 있었다. 그녀의 남편은 비록 우리를 격렬하게 반대했지만 내게 왕진을 청하도록 사람을 보내는 것을 허락했다. 그 여자가 병이 나았을 때 내게 물었다. "우리 남편이 술을 그만 마시게 할 약은 없어요? 술을 많이 마시면 저와 우리 아이들을 때리기 때문에 살 수가 없어요." "예, 그분을 치료할 수 있는 약이 바로 복음이에요." 나는 이렇게 말했다. "남편분이 예수를 믿고 그 가르침대로 행하면 이런 일을 안 할 거예요." 그 부인은 이미 그 사실을 알고 있었고, 다른 사람들도 같은 말을 했지만 남편은 복음을 듣지 않는다고 이야기했다. 하지만 자신은 그리스도인이 되기를 원하며 "예수를 진심으로 믿는다"고 고백했다. 그러고는 이렇게 덧붙였다. "하지만 남편은 예수 믿는 사람 집에도 가지 못하게 하고 우리 아이들이 그리스도인 집 아이들과 같이 놀면 매질을 한답니다. 교회에서 가까운 이곳에 살고 있지만 한 번도 교회 가는 것을 허락하지 않았어요. 어떻게 하면 좋을까요?" 이 부인과 같은 경우는 얼마든지 있다.[18]

1903년은 어려운 한 해였다. 잉골드 박사는 군산에 가서 일을 도왔다. 전킨 부인은 출산했지만 아이를 잃었다. 불 부인(Mrs. Bull)의 아이는 무사히 태어났고 살았다. 전킨의 건강도 나빠지기 시작해 잉골드는 그를 보살펴 주기 위해 다시 군산으로 갔다. 그해 6월 3일 해리슨의 부인(데이비스)이 발진 티푸스로 사망했다. 한국에 온 지 6년이 지난 잉골드 박사는 이제 지쳤고 남자 의사가 와서 진료소와 병원 설립 계획을 진행해 주기를 갈망했다. 1904년 5월 잉골드는 안식년을 맞아 미국으로 떠났고, 진료소는 같은 해 10월에 와일리 포사이드(Wylie H. Forsythe) 박사가 도착할 때까지 문을 닫았다.

1905년 1월 31일 사우스캐롤라이나주 찰스턴(Charleston)에 있는 교회를 순방하던 잉골드는 그날 일기에 이렇게 기록했다. "오늘 나는 사랑하는 약혼자에게 편지를 썼다."[19] 이날로부터 몇 개월이 지난 뒤 폭우가 쏟아지는 날, 그녀는 서울에서 루이스 테이트 목사와 결혼식을 올리고 부부가 되었다. 한국에서 주님을 섬기려는 그녀의 결심은 변하지 않았지만 의료 선교사로서의 사역은 그만두었다. 그렇지만 그녀는 전주라는 도시에서 복음에 대한 편견의 벽을 무너뜨렸다. 한번은 교회에 가는 도중에 길가에 서서 이야기하고 있는 두 남자를 지나쳤다. "저 사람, 의사이지요?"라고 한 사람이 물었다. "예"라고 다른 사람이 대답했다. "저 여자는 아주 기술이 좋아서 아픈 사람을

18   Annual Report, 1902.
19   Mattie Ingold, 개인 일기.

루이스 테이트 박사와 결혼식, 1905년 9월 2일―서울

보기만 해도 나아요!" 아마 이 사람들은 그녀가 환자들에게 쏟은 동정 어린 모습에 찬사를 보냈는지도 모른다.

테이트 부부는 전주로 돌아왔고 그녀는 복음 전도를 하면서 전주 부근 마을의 부인들을 왕진하는 일을 계속했고, 병원에서 응급진료 요청을 받을 때마다 달려가서 환자를 돌보았다.

이때는 한국 역사에서 큰 혼란의 시기였다. 한반도에 대한 일본의 점진적 침략이 이루어지는 가운데, 1905년 러시아가 전쟁에서 패배했고, 일본의 내정 간섭이 심해졌다. 1907년에는 고종 황제가 퇴위했고, 1910년에는 한일 합병 조약이 체결되는 등 격변이 연속적으로 일어나던 시대였다. 이 시기에 대한 장로교회가 설립되었고 서울에 있는 신학교에서는 제1회 졸업생을 배출했다. 네비우스 방식(Nevius Plan)[20]에 기초한 내국인 지도자 육성 정책에 따른 첫 번째 목사가 안수를 받았다. 이 시기를 특정짓는 정치적·군사적 대격변에 대해 20세기 첫 10년 동안 남장로교 선교회 회의록에 선교부의 보고가 거의 없다는 점은 매우 이상한 일이다.

잉골드 박사는 훗날 '예수병원'이 된 이 진료소의 책임자 지위에서 물러났다. 의심의 여지없이 그녀는 자신의 우선순위가 남편의 전

---

20 중국 산둥 지방에서 북장로교 선교사였던 Dr. John L. Nevius가 자급, 자체 포교 및 자치 원칙에 입각한 선교 사업 방법을 요약해 1885년 처음으로 발간했다. 1890년 장로교 선교사들의 초청으로 서울에서 2주 동안 체류하면서 자신의 견해를 제시하기도 했다. Dr. George. T. Brown은 이를 "한국 개신교 선교 역사에서 가장 중요한 2주간"이었다고 언급했다. G. T. Brown의 *Mission to Korea* (Board of World Missions, PCUS, 1962)를 참조하라.

플로리다주 프로스트프루프에
있는 마사(매티) 잉골드 테이트의
묘지

도 사역을 지원하는 것이라고 생각했다. 하지만 진료를 담당할 사람이 아무도 없을 때는 진찰을 보았고 가끔 마을 환자를 왕진하기도 했다. 1910년 11월, 그녀는 일기에 이렇게 기록했다.

9월 15일, 나는 여자아이를 사산했다. 그것은 마음 아프고 비통하고 실망스러운 일이었다. 그토록 원하던 이 작은 생명을 잃어버린 것이다.[21]

그들 부부는 15년간 더 봉사했지만 질병이 두 사람을 괴롭혔다. 매티는 스프루(Sprue)라는 병으로, 남편 루이스는 만성 심장병으로 고통을 받았다. 1925년 4월 11일, 그녀는 일기에 이렇게 썼다. "이곳에서 이제 우리의 사역을 그만 마치고 이 장소와 지원을 더 젊고 더 강한 일꾼에게 넘겨주는 편이 최선일 듯하다. 그래서 우리는 6월

---

21 Mattie Ingold, 개인 일기.

에 정기 안식년 휴가를 떠날 준비를 하고 있는데, 이제 다시 이곳에 돌아오지 않을 것 같다.…우리는 그리스도인들의 사랑과 호의에 감사드린다. 그들이 말과 선물로 표현한 감사의 정 덕분에…우리는 그들과 더욱 가까워졌고, 그래서 떠나는 것이 힘들다."[22] 그들은 귀국해 플로리다주 중부의 작은 호수 옆 프로스트프루프(Frostproof)에 정착했고, 테이트는 그곳에서 낚시를 즐겼다. 1929년 테이트는 큰 물고기를 릴낚싯대로 끌어당기다가 심장 마비로 사망했다고 전해진다. 그 후 매티는 언니인 세라 잉골드 건지와 함께 프로스트프루프에서 함께 살다가, 언니가 죽자 양로원으로 들어갔다. 매티 잉골드는 1962년 사망해 프로스트프루프 실버힐 공동묘지에 묻힌 그녀의 남편 곁에 안장되었다.

그녀는 먼 훗날 교육병원이 된 한 병원의 설립자로 추앙받을 생각은 전혀 없었다. 그녀는 동양에서 여성으로서 불안을 느꼈고 때로는 환자를 진료하는 데 육체적·정신적으로 부담을 가졌으며, 선교부에 응당 받을 만한 지원을 요구하는 일조차 주저했다. 100여 년 동안 위대한 의사이신 예수 그리스도의 이름을 높여 온 사역을 시작할 사람으로 누구도 기대하지 않았던 그녀는 하나님이 사용하신 전혀 뜻밖의 도구였다.

---

22 같은 자료.

3장

타오르는 불꽃의 사람, 와일리 포사이드

1918년 한국 선교부가 채택한 결의문에 다음과 같은 기록이 있다. "와일리 포사이드처럼 내국인과 외국인의 마음에 그토록 깊은 감명을 준 사람은 없다." 그러나 한국에서 그의 의료 사역은 큰 부상이나 질병으로 두 차례 중단되어 3년도 채 안 되는 짧은 기간에만 수행되었다. 문자 그대로 "하나님을 위해 자신을 불태운" 이 사람은 과연 어떤 사람이었는가?

와일리 해밀턴 포사이드는 1873년 크리스마스에 켄터키주 머서(Mercer)에 초기 미국 역사가 서린 솔트강(Salt River)가에 할아버지가 지은 오래된 집에서 조지프와 아델리아(Joseph and Adelia Forsythe) 사이에서 태어났다. 그의 아버지는 농부였다. 그는 열두 살 되던 해에 해로즈버그(Harrodsburg) 부근의 매카피(McAfee)에 있는 새 섭리 교회(New Providence Church)에 출석했다. 짧은 2년 동안 한국에서 그와 함께 일한 그의 누이 진(Jean)은 이렇게 기록했다. "아버지의 보살핌

이 가장 필요한 바로 그 시기에 하나님이 그의 아버지를 갑자기 불러 가셨다. 이 사건은 그 아들의 전 생애를 바꾸어 놓았다." 가족은 아이오아주 앨러턴(Allerton)으로 이사했고 거기서 와일리는 고등학교를 마치고 미주리주 풀턴(Fulton)에 있는 웨스트민스터 대학에 들어갔다. 진 포사이드는 이렇게 기록했다. "그리스도인 교수들이 학생들에게 보여 준 높은 이상과 교회가 그의 삶에 끼친 영향력은…와일리의 기독교적 소양을 형성하고 다듬어 주었다."

웨스트민스터 대학에서 와일리 포사이드는 뛰어난 학생이었고 각종 운동에 참여해 메달과 상을 받기도 했다. 하지만 그의 탁월함은 다정한 성품과 겸손 그리고 열정이 어우러진 결과였다. 1896년 그는 켄터키주 루이빌에 있는 의과대학에 입학했다. 그는 YMCA 일에도 적극적으로 활동했으며 학생들의 리더로 활약했다. 졸업 후에는 미군의 계약직 군의관으로 입대했고 1898년 12월 미국-스페인 전쟁에 차출되어 쿠바에 파견되었다가 군 복무를 마치고 뉴욕시에 있는 부인병원에 인턴으로 들어갔다. 가끔 시간을 내서 로어맨해튼(Lower Manhattan)에 있는, 노숙인들을 위한 보워리 선교회(Bowery Mission)에서 일을 했다. 그 후 그는 켄터키주 렉싱턴(Lexington)에서 개업을 했으나 해외 선교 가능성에 대해 계속 관심을 갖고 있었다. 군산에서 잠시 봉사한 옛 친구 알렉산더(A. J. Alexander) 박사가 한국에서 돌아와 "그의 마음에 불을 붙였고", 1904년 그는 마침내 한국에서 의료 선교사로 섬기기로 자원했다. 내슈빌 선교부는 그를 전주 진료소를 맡을 의료 선교사로 임명해 파송했다. 그는 7년간 사역을 마치고 안식년을 맞아 미국으로 돌아온 잉골드 선교사의 후임으로 부임했다.

포사이드 박사는 1904년 9월 전주에 도착하자마자 어학 공부를 시작했다. 그러는 한편으로 매일 진료소에 나와 환자를 보았다. 환자들에 대한 그의 자비심은 환자들에게 매우 분명하게 보였다. 하지만 도착한 지 6개월도 채 지나지 않아서 심각한 폭행을 당해 거의 죽을 뻔한 위기에 처하게 돼 봉사 기간도 줄어들었다. 3월 11일 토요일, 남장로교 선교회를 설립한 7인의 개척 선교사 중 한 사람인 윌리엄 전킨 목사는 전주와 군산 중간에 위치한 만골이라는 마을을 방문했다. 그는 "높은 신분의 양반"인 이 씨의 서재에서 전도를 하던 중이었다. 이때 심부름꾼 하나가 와서 그 양반의 동생이 강도에게 심한 부상을 입었다는 소식을 전했다. 이 씨는 포사이드에게 30킬로미터 이상 떨어진 마을로 함께 가서 부상당한 사람을 치료해 달라고 정중하게 부탁했다. 그러자 포사이드는 필요한 기구와 의료품을 급히 챙겨 다른 사람과 함께 조선 조랑말을 타고 사고가 발생한 곳으로 출발했다. 그날 포사이드는 저녁 내내 그 사람의 상처를 치료했고, 시간이 너무 늦어져 환자의 집에서 밤을 보내야 했다. 그다음 날은 일요일이었다. 그래서 이 씨는 포사이드에게 전킨 목사가 개척한 송동교회에 가는 게 좋겠다고 권유했다. 포사이드 박사는 그렇게 하루를 그곳에서 보내고 날이 저물 무렵 만골로 돌아왔다. 다음 이야기는 군산 병원에서 장로교 선교사로 봉사했고 포사이드 박사가 습격당한 후에 불려 간 토머스 대니얼(Thomas H. Daniel) 박사가 상세한 내용을 적어 보낸 편지에 나온다.

포사이드 박사가 이 씨 집에서 몇 명의 다른 한국인들과 함께 잠을 자고 있는데, 월요일 새벽 4시가 되었을 때 갑자기 문이 열리면서 복면을 쓰고 무장한 7명의 남자들이 들이닥쳤다. 그들은 그에게 "군인이야!"라고 외치고는 그를 공격했다. 그와 한국인들이 군인이 아니라고 말하면서 저항했지만 그들은 막무가내로 그의 머리를 구타했다. 그는 의식을 잃고 쓰러졌고 그들은 가 버렸다.[1]

한국 사람들이 그를 보호하려고 애썼지만 그들 역시 심하게 맞았다. 심부름꾼이 오후 1시에 군산에 와서 이 사고 소식을 전해 주었다. 해리슨과 나는 즉시 말을 타고 출발해 오후 4시 30분쯤 도착했다. 포사이드는 의식이 혼미했고 피를 많이 흘려서 극히 위험한 상태였다. 출혈이 너무 심해 동네의 어느 의원에서 얇은 천과 솜을 가지고 와서 출혈을 막았다. 나는 자극을 주면서 머리를 검진했고, 주된 상처가 왼쪽 귀에서부터 가운데를 지나 유양돌기 뼈의 하방 안쪽으로 통과해 4센티미터 정도가 찢긴 것을 확인했다. 도끼같이 날카롭고 무거운 것으로 뒤에서 내리친 게 분명했다. 뼈의 가장자리가 뭔가에 찍힌 것처럼 거의 2.5센티미터 정도 갈라져 있었고 이것을 치료하기 위해 옆에서 접근해야만 했다. 귀의 이도가 잘린 것 같지만 뇌척수막은 노출된 것 같지 않았다. 그 외에도 머리에 까진 상

---

[1] 설명에 따르면, 강도 중 하나가 Dr. Forsythe에게 총을 겨누었고, Forsythe가 강도의 손에서 총을 빼앗으려다가 둔기나 칼에 머리를 맞았다고 한다.

처가 대여섯 군데 있었고, 그리 심하지는 않았지만, 두들겨 맞은 상처가 뇌진탕의 심각성을 말해 주고 있었다.…구토나 혼미한 의식 상태를 제외하고 뇌 출혈 증세는 없었다. 나는 이것이 단순히 뇌진탕 때문일 거라고 확신했다.[2]

그다음 날 포사이드 박사는 대니얼 박사가 근무하는 군산 진료소로 가서 며칠 동안 치료를 받았다. 유양돌기 부분을 제외하고 모든 상처가 나았지만, 유양돌기 부분은 감염이 진행되어 상당 기간 농을 빼내야 했다. 그 후 그는 세브란스 병원에 입원해 에이비슨(Avison) 박사와 헌트(Hunt) 박사에게 수술을 받았다. 매티 잉골드 테이트 박사는 전주에 있는 진료소로 돌아와서 시간제로 봉사했다. 놀랍게도 1905년에는 포사이드와 잉골드 테이트가 진료한 환자 수가 약 6,000명이나 되었다.

포사이드 박사가 강도에게 습격을 당하면서 전주의 의료 사역은 사실상 4년간 문을 닫았다. 그러나 다른 한편 이 사건으로 전례가 없는 교회 성장의 시기를 맞았다. "저명하고 부유한 이씨 가문 중 한 사람이며 가장이 가마를 타고 외국인의 예배에 참석하기 위해 큰길로 나왔다는 소문은 삽시간에 퍼졌다.…이 일로 인식이 바뀌어 교회에 가는 것이 더 이상 체면을 손상하는 일이 아니라는 분위기가 생겼다."[3]

[2] Thomas Henry Daniel, 선교부에 보낸 편지. 1905.

의료 선교사 와일리 포사이드 박사,
전주(1904-1907)와 목포(1908-1912)에서 사역

포사이드가 세브란스에서 수술을 받았지만 항생제가 별로 없던 시대였기에 병의 진행이 확실하게 멈추지는 않았다. 잉골드 테이트 박사는 이렇게 말했다. "1906년 봄, 포사이드 박사의 건강이 매우 악화되어서 미국으로 돌아갈 수밖에 없었다." 미국으로 돌아가는 증기 여객선 갑판에 선 포사이드는 전주 진료소를 떠나는 고별의 심경을 이렇게 기록했다.

필요에 따라 의료 사역을 우선했다. 진료소는 각양각색의 질병에 시달리는 사람들로 가득 찼고 그들은 고통을 덜어 주는 어떤 처치라도 해 주기를 간청했다. 여러 가지 원인으로 발생한 질병들은 치료할 수 없는 경우도 많았지만, 낫겠다는 확신을 가지고 찾아오는 사람들은 우리의 마음을 움직였다. 하지만 항상 치유로 보상받을 수만은 없다는 사실이 슬픔의 근원이 되었다. 사역이 잘 진행될 수 있도록 최선을 다했음에도 불완전함과 실수투성이였다. 그러나 비

---

3 Dr. George Thompson Brown, *Mission to Korea*, (Board of World Missions, PCUS, 1962), p. 64.

록 이 노력이 불완전하다 할지라도 주님의 이름으로, 주님을 위하여 겸손히 드리는 자의 **사랑의 수고는 결코 헛되지 않을 것이다**.[4]

포사이드는 1908년 가을까지 미국에 머물다가 한국으로 돌아와 목포 진료소에서 봉사했다. 여기에서도 변함없이 그는 자기 삶을 통해 병든 육체를 가진 사람들을 향한 연민을 드러냈으며 만나는 모든 사람의 영원한 구원에 관심을 가졌다. "병든 자, 연약한 자, 노인, 의지할 곳 없는 어린아이들, 부랑아들, 한센병 환자들, 이들에게 포사이드는 항상 사랑의 마음을 쏟았고, 무엇보다도 그리스도의 구원의 능력을 알지 못하는 모든 사람에게 더욱 마음을 쏟았지만, 대부분의 사람은 그들을 구원하는 그리스도의 능력을 알지 못했다. 포사이드는 지칠 줄 모르고 멈추지 않으며 기도할 때 고뇌하면서 그의 가슴에 이 세상의 슬픔과 죄를 짊어졌기에 오늘날까지 그를 아는 한국 사람들은 그를 '우리 가운데 다시 온 예수'라고 말했다."[5]

의사이자 목사인 오기원(Clement C. Owen, MD)은 전라남도에서 가장 활동적으로 사역한 복음 선교사들 중 한 사람이었다. 그는 광주 선교부 개설을 도왔고 의료 사역을 그만둔 뒤에는 배유지(Eugene Bell) 목사와 함께 25개 군의 넓은 지역을 대상으로 농촌 전도에 전념했다. 오기원은 실제 말 그대로 죽도록 일했고, 1909년 봄에 폐렴

---

[4] Dr. Wylie H. Forsythe, 선교부에 보낸 편지, 1906.
[5] Brown, *Mission to Korea*, pp. 105-106.

에 걸려 53킬로미터 떨어진 광주로 이송되었다. 윌슨(R. M. Wilson) 박사는 놀라서 목포에 있던 포사이드 박사에게 도움을 청했다. "포사이드는 말을 타고 출발했다. 광주까지 21킬로미터가량 남은 지점에 왔을 때 포사이드는…한센병으로 길가에 쓰러져 죽어 가는 여인을 보았다. 바로 그때…이 여인이 포사이드에게 '살려 주세요!'라고 소리쳤다. 포사이드는 이 여인을 일으켜 세워 자신의 말에 태운 다음 자신은 말고삐를 잡고 걸어서 광주까지 남은 길을 갔다."[6]

그가 광주에 도착했을 때 이미 오기원은 세상을 떠난 후였다. 포사이드는 이 여인을 진료소로 데리고 갔다. 그러자 다른 환자들이 소리 지르고 항의했기 때문에, 진료소를 건축할 때 사용했던 벽돌 가마에 임시로 데려갔다. 남편을 여읜 오기원의 아내가 이 광경을 이렇게 기록했다.

포사이드 박사의 사랑과 움츠러들지 않고 베푸는 손의 도움을 받은 이 여인이 걷기 어려운 곳을 지나 길을 내려오고 있었다. 그 광경을 벽돌 가마 주위에 모인 많은 사람이 바라보았다. 이 장면을 본 사람들은 마음속으로 생각했다. '어쩌면 우리 주님과도 같아!' 이런 상황은 어떤 말로도 충분히 설명할 수 없다. 신사처럼 아주 말끔한 옷을 입은 포사이드는 병에 걸려 냄새나고 오랫동안 돌봄을 받지 못해 불결하기 짝이 없는 이 여인의 팔을 잡아 부축했다. 이 여인은 아마 몇

---

6 같은 자료.

달, 아니 몇 년은 머리카락을 빗지 않은 듯 헝클어져 있고 누덕누덕 기운 매우 더러운 옷을 입고 있었다. 상처투성이로 퉁퉁 부은 손과 발은 온갖 상처로 뒤덮여 견디기 힘들 정도의 악취를 뿜어내고 있었다. 한쪽 발은 그나마 짚신을 신었지만 다른 쪽 발은 두꺼운 종이를 묶어 고정했다. 그녀는 걸을 때마다 다리를 심하게 절었다.[7]

윌슨 박사와 포사이드 박사는 이 벽돌 가마 안에 고 오기원 선교사가 사용하던 야전 침대를 이용해 이 여인의 잠자리를 마련했다. 그들은 이 여인을 위해 추위를 막아 줄 은신처를 만들고 그녀의 상처를 씻겨 주었다. 이들의 수고에도 불구하고 이 여인은 2주 후 사망했다. 그러나 이 사건을 계기로 광주 선교부가 변했다. 이 가련하고 누추하며 매우 더러운 이 여인을 마치 자기 어머니처럼 돌본 포사이드 박사를 회상하는 윌슨과 그의 동료들은 이 불행한 사람들을 위한 윌슨의 사역이 이미 시작되었다고 느꼈다. 한센병 환자들을 위한 정착 사업이 1911년에 시작되었다. 1925년에 거의 600명의 환자를 수용할 정도의 대규모 정착촌이 되자, 광주 시민들이 항의하기에 이르렀다. 그 결과 1926년, 정부가 기증한 여수에 있는 새로운 부지로 이주했다. 새 정착촌의 이름은 '애양원'이었는데, "사랑으로 보살피는 동산"이라는 뜻이다.

포사이드 박사의 건강이 다시 악화되었다. 이번에는 흡수 장애

[7] 같은 자료.

를 동반한 일종의 만성 장염인 스프루 때문이었다. 그는 1912년에 켄터키주 렉싱턴으로 돌아가 은퇴했지만, 마지막 순간까지 선교에 대한 동기 부여를 제공하는 데 적극적으로 활약했다. 1918년 5월 9일 그는 이 병이 악화되어 결국 사망했다. 그는 어릴 때 다닌 켄터키주 머서에 있는 새언약교회 묘지에 안장되었다. 예수님이 요한에 대해 묘사한 것처럼, 그는 참으로 "밝게 타오른 등불"이었다. 한국 선교에 대한 기념 결의(Memorial Resolution of the Korea Mission)는 다음과 같이 기록했다.

한마디라도 기도를 하지 않고서는, 어느 누구도 그의 면전을 떠날 수 없었다. 하나님께 자기 영혼을 쏟아부었던 그의 기도를 들어 보았다면 그가 얼마나 동정심이 많은 사람이었는지 분명히 알게 된다. 또한 그가 지혜롭고 진지하게 국내외에서 일하는 사역자들의… 필요를 위해 기도할 때면, 그의 위대한 가슴이 문자 그대로 세계의 모든 구석까지 품었다는 사실을 결코 잊지 못한다. 포사이드처럼 기도의 학교에서 배운 사람은 없었으며, 이렇게 짧은 기간에 그토록 많은 영향을 끼친 사람도 없었다.…사도 바울처럼 포사이드는 "세상을 떠나서 그리스도와 함께 있는 것이 훨씬 더 좋[다]"(빌 1:23)고 말할 수 있는 삶을 산 사람이었다.[8]

---

8 Memorial Resolution of the Korea Mission, 1918.

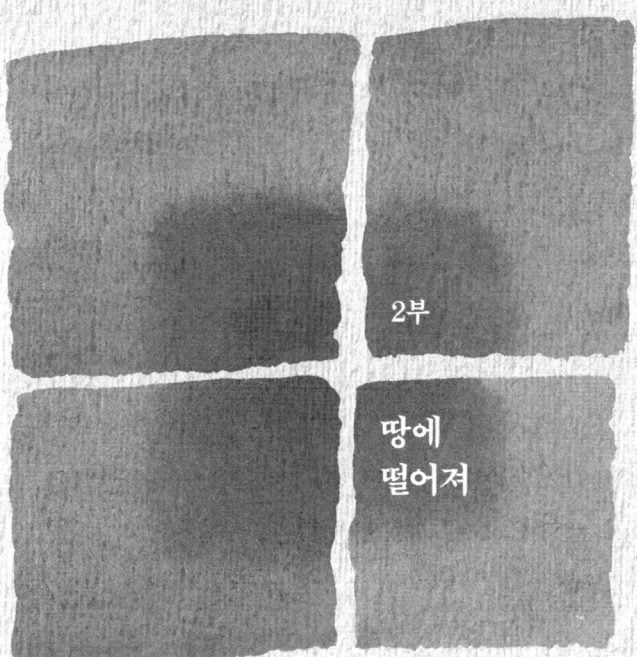

2부

땅에
떨어져

4장

호남 최초 병원의 탄생

1906년 봄에 포사이드 박사가 미국으로 돌아간 후 전주 의료 사역은 또다시 매티 잉골드 박사의 손에 존폐가 결정되었다. 비록 그녀가 이 사역에 전적으로 매달릴 수는 없었지만, 1907년에는 외래 환자 3,462명을, 1908년에는 4,000명 이상을 진료했다. 그녀는 1909년 선교부에 다음과 같이 보고했다. "여성들에게 전주의 사역이 매우 중요한 해였습니다. 올해는 이전보다 더 많은 수인 4,107명의 환자를 진료했고, 그들은 복음에 대해 예전보다 열린 마음으로 받아들이려는 자세를 보였습니다."[1]

그러나 이 사역은 특정한 제약 때문에 제한되었다. 전에도 언급했듯이 여성 의사인 잉골드는 남자 환자의 진료를 거절할 수밖에 없었다. 그녀는 먼 마을에 사는 여자들을 방문해 전도하는 것을 소명

---

1 Korea Mission Report, 1909.

으로 생각했다. 잉골드 박사는 그 시대와 관습에 따라 루이스 테이트 목사의 아내이자 동료로서의 역할에 어느 정도 우선순위를 두어야 한다고 생각했다. 군산에 있던 토머스 대니얼 박사가 전주를 가끔 방문해 진료를 도왔지만, 그가 진료해야 할 환자에 대한 부담이 매우 가중되었다. 군산 앳킨슨 기념병원(Atkinson Memorial Hospital)으로 불리는 병원에서 오긍선 박사의 도움을 받아 그는 아주 많은 환자를 진료했다. 1907년에는 그 병원에서 진료한 환자는 9,000명이나 되었다.

1908년 7월 선교부 회의에서 그해 2월에 처음으로 목포에 와서 봉사하고 있던 버드만(Ferdinand Henry Birdman) 박사를 전주로 재배치했다. (이 결정은 안식년 휴가를 떠난 포사이드 박사의 귀환이 지연되는 사안에 대한 임시방편이었다. 버드만 박사가 전주로 부임해 생긴 공백을 채우기 위해 그해 가을에 돌아온 포사이드 박사의 임지는 목포로 결정되었다.) 버드만 박사가 전주에 부임한 뒤 진료소를 찾아오는 환자는 하루에 60명에서 100명 정도로 늘어났다. 그는 병원 건축 계획을 실행하는 데 열심으로 보였다. 그러나 어떤 일이 일어나면서 이 계획을 중단했다. 1,000명이 넘는 전주 시민들이 포사이드 박사가 돌아올 것을 요청하는 청원서에 날인해 선교부 회의에 제출한 것이다. 이것은 이 사랑받는 의사 포사이드에게는 크나큰 영예였다. 버드만 의사는 사직했다. 포사이드 박사를 다시 요청한 시민들의 청원서 때문에 버드만 박사는 실망했을까? 당황했을까? 이 사연은 수수께끼로 남았다. 그래서 진지한 토론 후에 병가로 미국에 가 있는 대니얼 박사 부부가 돌아오면 전주에서 사역을 이어 가도록 하고, 버드만 박사의 사직서는 받아들이기로 했으며, 포사이드 박사의 임지는 변경하지 않기로 결정했다. "전주 사역을 위해 임시로 한국인 의사 한 명을 고용하는 문제는 전도 위원회(Evangelistic Committee)의 결정에 맡긴다"라고 회의록에 기록했다.[2] 이는 아마 오긍선 박사와 관련된 사안이었을 것이다.

이로써 전주 병원은 토머스 대니얼 박사가 이끄는 시대를 맞았다. 대니얼은 테네시주 커빙턴(Covington) 출신으로 샬러츠빌(Charlottesville)에 있는 버지니아 대학에 입학한 후, 버지니아 의과대학에 들어갔다. 샬러츠빌에 있을 때 그는 대학 도서 클럽의 비서였던 홀린스 대학(Hollins College) 출신의 새디 더닝턴(Sadie Dunnington)을 만

의료 선교사 토머스 대니얼 박사, 군산(1902-1909)과 전주(1910-1915)에서 사역

나 사랑에 빠졌다. 1902년 의과대학을 졸업한 후 대니얼 박사는 뉴욕 산부인과 자선 병원(Society Lying-In Hospital)에서 2년간 근무했다. 대니얼과 새디 더닝턴은 1904년 버지니아 대학 교회에서 결혼식을

2   Korea Minutes.

올린 후 남장로교 선교회에서 한국으로 파송되었다. 그리고 그해 초 가을에 그들은 군산에 도착했다. 다음 해 8월에 그들의 첫아기가 서울에서 태어났다. 1896년 드루 박사가 군산에서 시작하고 알렉산더 박사가 잠시 섬긴 의료 사역을 대니얼 박사가 이어받았다.[3] 그가 물려받은 의료 시설이라고 해 봐야 드루 박사가 살던 낡은 집의 뒷방 두 개에 불과했다. 그의 일에 동참한 간호사 에셜 케슬러(Ethel Kestler)는 이 상황을 이렇게 기록했다. "아주 보잘것없고 끔찍하게 작은 상자 같은 진찰실을 운영했는데, 밖에서는 환자들이 추위에 떨면서 자신의 차례가 오길 애타게 기다렸다."[4] 하지만 다행스럽게도 대니얼 박사에게는 두 개의 희망적인 요소가 있었다.

첫째, 그의 전임자 알렉산더 박사가 비록 개인적인 문제로 겨우 몇 개월밖에 여유가 없는 상황에서도 마침 오긍선이라는 청년의 잠재력을 알아보고 미국 의과대학을 다닐 수 있도록 지원해 주었다. 1907년 오긍선 박사는 군산으로 돌아와서 대니얼 박사의 파트너와 동료가 되었고, 미국 선교사들이 한국 문화를 이해할 수 있도록 큰 도움을 주었다.[5]

---

[3] Dr. Drew는 1885년 7월 군산 서문 밖에서 방 두 개를 빌려, 한국에서 처음으로 남장로교 의료 사역을 시작했다. 그해 여름, 군산에 전염병 콜레라가 발생하자 Dr. Drew는 공중 보건 위생을 위해 매우 열심히 도왔다. 다음 해, Dr. Drew와 William M. Junkin 목사는 남장로교의 두 번째 선교부를 군산에 열었다. 비참한 조건(어둡고 습기 찬 진료소와 홍수 때마다 강물이 흘러 들어오는 수술실)에서 하는 사역이 감당하기 힘들 정도로 힘들어 건강이 나빠졌고 결국 1901년에 은퇴했다. 그 후 Dr. Alexander가 잠시 진료소를 맡았다.

[4] Brown, *Mission to Korea*, p. 70.

1912년의 신축된 예수병원

둘째, 알렉산더 박사가 군산의 병원 시설 개선을 위해 모금을 시작했다.

그러나 이런 장점이 아무리 커도 그의 둘째 아들 토머스 홀 대니얼의 죽음과는 비교할 수 없었다. 이 아기는 태어난 지 불과 13개월 만에 심한 장염으로 사망해 선교부 묘지에 묻혔다.

1909년 4월에 대니얼 박사는 탈장 수술을 받기 위해 일찍 안식년 휴가를 떠났다. 1910년 9월에 대니얼 박사의 가족은 군산으로 돌아왔고, 그 후 곧 전주로 와 윌리엄 레이놀즈 박사의 집에서 임시로 거주했다.[6] 1911년 봄에 대니얼 박사는 주택 한 채와 병원을 건축할 계획을 세웠다. 그런데 이 계획은 중국 지부구(芝罘區)에서 선페스트

---

5   오긍선 박사는 후에 한국인으로는 처음으로 세브란스 의학 전문학교 총장이 되었다.
6   Dr. Reynolds는 1892년에 한국에 도착한 남장로교 선교회의 초기 7인의 선교사 가운데 1인으로, 대부분의 구약 성경 번역을 완료하는 사역의 책임자였다.

가 발생해 중국인 계약자의 발이 묶이는 바람에 일꾼들을 데려오지 못해 연기되었다.

이 병원 건축 계획이 실행되기 전에 전주 선교부는 비극적인 사건으로 충격을 받았다. 노스캐롤라이나주 콩코드 출신의 간호사 로라 메이 피츠(Laura May Pitts)가 1910년 8월 전주에 도착했다. 그녀는 대니얼 박사와 전주 진료소에서 동역하도록 임명받았다. 그녀는 노스캐롤라이나주에 있는 여러 도시에서 11년간 간호사로 일한 경험 많은 간호사였다. 대니얼 박사와 함께 그녀는 병원이 완공되기를 기대했다. 그녀는 아픈 선교사들을 정성껏 간호해 금방 축복의 존재가 되었다.

1911년 2월 13일 피츠 양과 애너벨 니스벳(Anabel Nisbet) 여사는 광주를 방문하기 위해 말을 타고 기쁜 마음으로 출발했다.[7] 니스벳은 거기서 부인반을 가르칠 예정이었다. 그날을 회상하면서 니스벳 여사는 이렇게 말했다. "작은 개울 위의 다리를 피츠 양이 건널 때 다리가 무너지는 사고가 일어났어요. 그녀의 말이 1.5미터에서 1.8미터 높이의 아래로 추락하자 그녀는 충격을 받고 두려워했어요. 그래도 다행스럽게 안장에서 떨어지지 않았고 그녀와 말은 전혀 다친 것 같아 보이지 않았어요. 그날 내내 비와 눈이 내리는 중에도 활달하게 견디면서 전혀 흔들림이 없어 보였죠. 저녁에 많은 한국 여인들이 그 조그마한 방에 몰려들어 왔을 때도 어떤 한국 사람도 자기를 지

---

[7] John S. Nisbet 목사의 아내로, 1920년에 한국에서 사망했다.

치게 하지 않았다고 말했어요. 다만 한국말을 못해서 죄송하다고 하니까 어떤 한국의 노부인이 '아, 하지만 당신은 사랑의 말은 할 수 있잖아요'라고 말했어요."

"56킬로미터의 거리를 말을 타고 지치지 않고 온 그녀는 중간 기착지였던 천원이라는 지역(정읍 고개 바로 아래)의 작은 한국 학교에서 우리와 함께 잠들었어요. 몇 시간 후 잠에서 깬 내가 어둠 속을 더듬어 피츠 간호사의 손을 만졌을 때에 그녀는 이미 차갑게 굳어 영원한 침묵에 잠겨 있었어요. 바로 그날 저녁에 그녀가 한국에서의 6개월이 자기 생애에서 가장 행복했다고 말한 것은 그녀의 친구들이 간직할 아름다운 마지막 추억이 되었죠."[8]

그녀가 갑작스럽게 세상을 떠나기 몇 주 전, 전주의 작은 진료소에서 봉사하고 있을 때 부유한 여성 입원 환자가 피츠에게 왜 가난한 농부들에게까지 자신에게 한 것과 똑같이 그렇게 사랑으로 섬기느냐고 물었다. 언어 장벽 때문에—환자들은 영어를 몰랐고 피츠 간호사는 한국말을 몰랐기 때문에—피츠 간호사가 여인의 질문을 이해하기 위해 통역해 줄 사람을 불러 왔다. 마침내 그녀는 자신이 확실하게 알고 있는 한글 성경 구절로 대답했다. "그리스도의 사랑이 나를 강권하시는도다."[9] 이 말은 그녀의 묘비에 새겨졌다.

대니얼 박사는 중국에서 선페스트의 유행으로 생긴 일꾼 문제

---

8 "An Appreciation" by Mrs. Sadie Daniel in *The Missionary*, 1911년 4월.
9 Mrs. Sarah Brice Daniel, memorial for Laura May Pitts, 1911년 2월.

가 해결될 때까지 기다리는 동안, 건축 부지의 경사를 고르는 등 병원과 거주할 주택 건축을 위한 일을 계속했다. 1911년 4월에 격리 조치가 해제된 뒤 1911년 5월 말에 군산에 있는 중국 건축업자, 서울에 있는 목수와 건축 계약을 맺었다. 한 사람은 벽돌 일을, 다른 사람은 목조 일을 맡았다. 한편 전주 선교부의 분위기는 여러 가지 일이 발생해 위기를 맞기도 하고 그 위기를 극복해 내기도 했다. 1911년 8월에 전주의 선교사가 두 번째로 사망했다. 시골 여성들을 위한 전도 개척자로 알려진 넬리 랜킨(Nellie Rankin) 양이 맹장염으로 사망했는데, 이 죽음에 대하여 대니얼 박사는 어느 정도 책임을 느꼈다. 이 시기에 긍정적인 면은 에설 케슬러 간호사가 군산에서 전주로 부임했다는 사실이었다. 그녀는 다가오는 폭풍우 속에서 천막을 지탱하는 들보가 되어 주었다. 그것은 이후 27년간 굳건하게 서 있게 될 병원의 영적 기초였다.

병원은 1912년 9월 25일에 완공해 문을 열었다. 건축비는 약 10,000달러였는데, 루이지애나주 잭슨에 있는 매코완(W. R. McKowan) 가족이 기증했다. 포사이드 박사가 은퇴한 후 목포에서 일하던 대니얼 박사의 동료 오긍선 박사를 전주로 부르기로 했다. 윌리엄 레이놀즈 목사가 사회를 보고 6명의 병원 직원이 찬양하고 해외 손님들에게 다과를 대접하고 병원을 안내해 주었다. 그런데 불행하게도 목포에서 군산으로 오는 오긍선이 탄 배의 도착이 지연되었다. 레이놀즈 목사가 그를 대신해 봉헌사를 낭독했다. 대부분의 선교사들이 그 행사의 중요성을 충분히 이해하지는 못했던 것 같다. 그래서 레이놀즈 목사가 메시지를 읽는 것은 흥미로운 일이었다. 왜냐하면 이후부터 전주에서 이루어지는 남장로교 선교부 의료 사역은 더 이상 진찰실이나 진료소 같은 곳의 일이 아니기 때문이다. 그것은 아마도 오직 한국인 그리스도인들만 이해한 결단이었다. 이제 그곳은 **병원**이 된 것이다. 이 병원은 두 가지 결단을 의미한다. 첫째는 영구적인 시설이어야 한다는 것이다. 둘째는 한국 사람들 주도로, 영구적으로 이루어져야 한다는 것이다. 이 병원은 '야소병원', 즉 '예수병원'이란 이름으로 불리게 되었다. 우리가 알기로는 어떤 선교사도 이 이름을 제안하지 않았다. 전주에 있는 한국인 그리스도인들이 이 이름을 붙였다. 지금은 우리가 한문 글자 발음이 아닌 한국말 음성학에 근거해 '예수병원'이라고 부르지만, 이 기관은 이 이름 그대로 전국에 알려졌고, 36년 후 장로교 의료 센터(Presbyterian Medical Center)의 '교육병원'이 되어서도 달라지지 않았다. 기독교 대학의 일부가 되거나 혹은 다른 기관에 속하게 된다 해도 예수병원이란 이 이름은 그대로 남아있을 것이다. 어떤 사람은 과장되었다는 인상을 받고 또 어떤 사람은 당혹감을 느끼더라도 이 이름은 무거운 짐을 지고 예수 그리스도를 이 기관의 중심에 두려는 헌신으로 이어질 것이다.

전주의 사역에서 또 다른 차원의 일이 생겼다. 톰 대니얼 박사는 의사이면서 선생이었다. 그는 군산에서 자신의 한국인 조수들을 위해 매주 강의했다. 전주에서도 그는 이 일을 계속 진행했고, 현미경 한 대를 구입하고 검사실을 설치하면서 한국인들을 과학의 세계로 이끌었다. 그는 그의 조수 세 명에게 세브란스 의학 전문학교 입학을 권했다. 그들은 병원 봉헌식이 있던 다음 날 서울로 올라갔다. 그 가운데 두 사람이 합격했다. 대니얼 박사의 부인은 미국에 있는 그녀의 가족에게 보낸 편지에 이렇게 썼다. "톰은 자기 일 못지않게 공부하고 가르치는 일도 즐기는 것 같아요."[10] 점점 규모가 커지는 병원은 필요한 것이 많았다. 진찰실 환자는 하루에 60명에서 86명으로 증가했다. 10월 6일 새디 대니얼은 이렇게 말했다. "약국 업무, 현미경 업무, 마취 업무, 간호 업무까지 도와줄 사람은 없고, 톰은 거의 죽기 직전까지 이리 뛰고 저리 뛰어다니고 있어요. 아침 6시에서 밤 10시까지 음식을 먹느라 쉬는 시간을 제외하고는 쉬지 않고 일해요. 먹는 것도 음식이 준비된 후 한두 시간이 지나서야 겨우 먹을 정도이죠." 그는 다른 선교부에 임시로라도 도와줄 사람을 요청했다. 순천에서 병원을 열기로 해서 새로 임명된 헨리 로욜라 티몬스(Henry Loyola Timmons) 박사가 한국어 공부와 의료 선교 사역에 필요한 업무를 배우기 위해 임시로 대니얼과 함께 일할 의향을 표명하기까지 그를 도와준 사람은 전혀 없었다. 티몬스 박사는 전주에 부인과 두 아이를 데려와서 8개월 동안 대니얼 박사의 가족과 함께 지냈다.

　　티몬스 박사는 1878년 사우스캐롤라이나주의 티몬스빌(Timmonsville) 부근에서 태어났다. 주로 사우스캐롤라이나주 달링턴(Darlington)의 제일장로교회에서 그는 그리스도인으로서 초기 경험을 쌓았다. 이곳은 그의 어머니와 누이가 묻힌 곳이기도 했다. 그는 의

10　Mrs. Sarah Brice Daniel, 개인 편지, 1912.

과대학에 진학하기 전에 통신 과정으로 건축학을 공부했는데, 이것이 수년 후 한국에서 병원을 건축할 때 도움이 되었다. 1911년 노스캐롤라이나 대학교의 의대를 졸업한 뒤, 페이엣빌(Feyetteville)에 있는 병원에서 인턴 과정을 수료한 뒤 아내 로라(Laura McNight Timmons)와 함께 선교에 헌신했다. 그들에게는 다섯 살, 두 살인 세라(Sarah)와 헨리 주니어(Henry L. Jr.)가 있었다. 그는 초기에 예수병원에서 대니얼과 함께 일하도록 배정되었다. 예수병원에서 일하는 동안 그와 이름이 같은 헨리 티몬스 2세는 원인 불명의 질병으로 사망했다.

1913년 2월 어느 날 밤, 대니얼 박사가 서울에서 돌아왔을 때 여섯 살 된 그의 셋째 아이 프랭크가 열이 나면서 호흡이 거칠어졌다. 대니얼 박사가 티몬스 박사에게 물었다. "디프테리아인가요?" 티몬스 박사가 대답했다. "맞아요, 톰. 디프테리아예요." 대니얼은 주저앉아 울면서 말했다. "하나님, 우리 아이가 죽어 가요." 그런데 이상한 일이었지만, 전에 대니얼 박사가 서울에 갔을 때 티몬스 박사가 무심코 항독소를 구해 오라고 부탁한 일이 생각났다. 그래서 대니얼 박사에게 혹시 항독소를 구해 왔는지 물어보았다. "예, 10,000개를 가져왔어요." 그들은 아이에게 항독소를 처방한 후 기관 절개를 준비하고 기다렸다.[11] 그들은 아이 곁에서 밤을 새웠다. 약 여덟 시간이 지나면서 프랭크가 기침을 시작하자 그의 기도를 막고 있던 막이 제거되었고 아이는 살아났다.

11 Dr. Timmons가 Dr. Paul Crane에게 보낸 편지에서 발췌. 1967년 10월 31일.

병원 전체 업무를 떠맡은 만성적인 스트레스 때문인지 아니면 그를 도울 자격을 갖춘 사람을 확보하지 못해 낙심해서인지, 또는 흔히 선교사의 삶을 지탱하는 열정이나 영성이 '소진'되어서인지, 대니얼은 1913년 하반기에 전주에서 사역을 계속하고자 하는 열정을 상실했다. 그는 선교부에 이렇게 전했다. "지금 저의 상황을 볼 때 안식년 휴가가 끝나면 한국으로 돌아올 것 같지 않습니다. 그러니 선교부에 알려서 적절한 때에 의사 한 분을 물색해서 어학 공부를 시키는 게 좋겠습니다."[12]

그는 1915년 3월에 서울에 있는 세브란스 연합 의학 전문학교 교수직을 수락할 때까지 전주에 남아 있었다. 그는 서울로 가서 1916-1917년의 안식년 휴가를 제외하고 은퇴할 때까지 세브란스에서 일했다. 그의 후임인 오언 무어만 로버트슨(Owen Moorman Robertson) 박사와 그의 가족이 1915년 8월 25일 한국에 도착했다.

하나의 꿈이 태어났다. 그것은 희미해 보였으며 전라북도의 토양에 미처 뿌리를 내리기 전에 주춤거리고 있었다.

---

[12] Dr. Thomas Henry Daniel, 선교부에 보낸 편지, 1913. (Sadie Daniel의 일기에서 인용함).

5장

견디며 지켜 낸 사람들의 시간

남장로교 선교부의 회의록과 선교사들이 내슈빌에 있는 해외 선교 실행 위원회에 보낸 서신들을 주의 깊게 살펴보면 전주의 병원에 어떤 불안정한 요소가 있었음을 발견한다. 1915년 3월에 토머스 대니얼 박사가 세브란스의 전임 교수로 이직한 후 자격을 갖춘 의료인이 없어 약 6개월간 진료가 중단되었다. 그해 8월 하순에 로버트슨 박사가 와서 1921년까지 전주에 머물렀다. 로버트슨 박사가 떠난 뒤 순천에 있던 티몬스 박사가 전주로 옮겨 오기 전까지 9개월 동안 전주 병원은 다시 공백 상태가 되었다.[1] 티몬스 박사는 1925년 여름까지 전주에 있었고 그해 9월에 로이드 보그스(Lloyd D. Boggs) 박사가 그의 후임으로 왔다. 진료 책임자들의 불연속성, 병원 정책의 중요한

1 Dr. Timmons는 1912년 한국에 와서 전주에서 Dr. Daniel과 1년 동안 함께 일했고, 그 뒤에 순천으로 부임했다. 그는 스프루에 걸려 1916년 미국으로 돌아갔다가 1922년 해외 선교부 이사회의 긴급한 요청을 받고 순천으로 돌아왔다.

변화, 일부 선교사들의 건강 문제로 발생하는 제약 등은 한국의 직원들에게 부담을 주었고, 진료를 받기 위해 이 시설을 바라보고 있는 환자들에게는 당혹스러운 일이었다.

이 불확실한 시기에 한 사람이 "천막을 떠받치는 기둥 역할을 해" 이 일이 지속되게 했다. 사실 그녀는 이 사역의 붕괴를 방지했는지도 모른다. 그 사람이 바로 에셀 케슬러 간호부장이었다.

케슬러는 1877년 노스캐롤라이나주 스테이츠빌 근방에서 태어나 어린 시절에 신앙을 고백하고 부모와 함께 교회에 다녔다. 스테이츠빌 여자 대학을 졸업한 후 샬럿에 있는 성 베드로 병원에서 간호학 학위를 받았으며 그 병원과 노스캐롤라이나주 먼로(Monroe)에 있는 장로교 병원에서 간호부장으로 근무했다. 한국에서 처음으로 부임한 임지는 군산의 앳킨슨 기념병원으로, 대니얼 박사와 함께 일했다. 그녀는 병원 2층에서 살았기 때문에 글자 그대로 밤낮을 가리지 않고 아픈 사람들을 위해 자신을 희생했다. 그녀는 매일 아침 일찍 일어나서 간호사들에게 의료 물품을 나누어 준 뒤 아침 경건회에 참석한 뒤 의사와 회진을 하고 수술실에서 의사를 보조했다. 오후에는 진찰실에서 일하고 야간에는 응급 환자나 중환자 치료를 위한 당직까지 섰다. 훗날 드와이트 윈(Dwight winn) 박사는 추도사에서 이렇게 말했다. "6년 이상 미국인 의사가 공석인 가운데 병원 운영 책임이 없는 내과와 외과를 담당한 한국인 의사 한 사람과 함께 그녀는 전주 병원을 책임졌다."[2] 이 서술은 다소 과장된 것 같아 보인다. 그렇게 긴 기간에 의사 출신 선교사의 공백이 있었다는 기록은 찾을 수 없지만, 그녀가 이 기관의 기능적 생존을 가능하게 했다는 점은 의심의 여지가 없는 사실이다.

한편 그녀는 병원 진료소에서 교회학교를 시작했다. 후에 미국에 있는 한 친구가 별도의 건물을 건축할 수 있도록 후원금을 보냈고 그녀는 수년간 매주 일요일 오후에 200여 명의 어린이들을 가르쳤다. 전주 완산교회가 설립되었을 때에 이 건물을 교회에 넘겨주었고, 이 교회는 전주에서 교인 수가 많은 교회 중 하나가 됐다.

오클라호마주의 듀랜트 출신인 무어만 오언 로버트슨 박사는 대니얼 박사가 떠난 후 의료 사역을 강화하려는 선교부의 요청에 응답했다. 그는 아내인 엘미 리먼 로버트슨(L'Mee Lehman Robertson)과 함께 의료진의 공백을 채우러 전주에 왔다. 그는 도착한 지 1년 후 본국에 보낸 편지에, 병원은 지상 2층, 지하 1층의 붉은 벽돌 건물이고, 목재로 된 건물 외관은 약간의 페인트칠이 필요하다고 보고했다. 지하는 난방 시설, 환자복과 식품을 보관하는 곳이었다. 1층은 '남자부'로 병동 3개와 병실 3개가 있었다. 2층은 '여자부'로 큰 병동 1개와 2개의 1인실이 있었다. 모두 합해서 26병상 규모의 병원이었다.

로버트슨 박사는 자신이 시도한 많은 임상 도전을 서술했다. 팔에 복합 골절을 입고 방치했다가 감염까지 발생해 수술을 받은 후 회복한 소년의 사례, 괴사가 심하게 진행되었는데 다리 절단을 거부한 남자의 사례, 복부에 커다란 종양이 있었는데 수술이 성공해 치

2 S. Dwight Winn, 1953(간행물 미상).

료된 두 여인의 사례 그리고 천연두와 진행된 폐렴을 치료한 수많은 사례가 있다. 로버트슨 박사는 어려운 질병들을 훌륭히 치료해 낸 것 같았다. 그는 또한 병원 관리 면에서도 여러 가지를 개선했다. 병원 회계 제도 정립, 각 외래 환자의 접수를 통한 투약, 요금 납부, 고가의 약품과 소모품 사용에 대한 월별 보고서 작성 그리고 매일 수입과 지출을 확인했다. 또한 시내에서 개업한 외부 의사들과 의료 분야에서 좋은 관계를 맺으려고 노력했다. 이는 국립 병원에 근무하는 9명의 의사와 소수의 개업의, 일본인 내과의 약간 명이 이런 네트워크에 포함되었다. 진료 수준을 높인 일뿐만 아니라 기초 행정 조직을 확립한 일까지 그는 이 병원의 발전에 공헌한 바가 크다.

선교사들과 일본 당국자들의 관계는 항상 미묘하고 거북했다. 1919년 일본의 식민 통치에 반대하는 자발적인 3·1 운동이 전국적으로 일어난 지 얼마 지나지 않았을 때 로버트슨은 이렇게 기록했다.

지금 우리를 기억하시고 우리를 위해 진지하게 기도해 주십시오. 한국이 독립을 선언함으로써 지금 한국에 있는 선교사들은 의심을 받고 있습니다. 일본 관리들은 한국 사람이 독립을 열망하는 시위를 하도록 우리가 몰래 도와주고 격려해 주고 있다고 의심합니다. 아마 한국에 있는 대부분의 선교사들은 마음속 깊이 한국 사람들과 한국에 대해 연민을 갖고 있을 겁니다. 만약 하나님의 뜻으로 한국이 독립한다면 크게 슬퍼할 것 같지 않습니다. 그러나 최소한 선교부에 있는 우리는 중립을 지키고 있으며, 평양에 있는 한 선교사가 법을 어겼다는 이유로 자신의 뜻과는 관계없이 옥에 갇힌 것을 제외하고는 다른 선교부도 마찬가지일 것입니다. 본국에 있는 여러분은 우리가 어떤 정치적 입장이나 주장도 할 수 없고 하지도 않으리라고 알고 계실 거라고 확신합니다. 그리스도를 높이는 데 어떤 어려움도 없게 하시고 우리에게 은혜와 힘을 주시도록 간절히 기도해 주시기를 부탁드립니다.[3]

그의 편지에는 깊고 신실한 믿음의 사람이 보인다. 1919년 4월 그는 이렇게 기록했다. "그리스도인으로서 지난날의 삶을 생각해 볼 때, 내가 얼마나 부족했는지 확실히 알았고 쓰라린 경험을 통해 '예수 그리스도가 인류의 유일한 구원이심'을 깨달았습니다. 구원은 국가들의 연합이나 국가의 전략, 문화, 문명이나 혹은 다른 무언가에 있지 않습니다. 다메섹 도상에서 그리스도를 만난 후의 사도 바울처럼, 나는 아무것도 이룬 것이 없고 너무나 부족한 사람임을 깨닫습니다. 그래서 내가 걸어온 길에는 많은 어려움이 있었던 것처럼 보입니다. 내가 확신을 가지고 살아가며 하나님이 맡기신 일을 할 수 있도록 나를 기억하고 기도해 주십시오. 그리고 어떤 경우든, 어떤 환경에 있든, 어떤 비난을 받더라도 하나님이 능력을 주시고, 어떤 대가를 치르더라도 깊이 그리고 순수하게 이 세상 것이 아닌 다가올

---

[3] Dr. Moorman Owen Robertson, St. Presbyterian Church 당회에 보낸 편지, 1919년 4월 23일.

세상의 것을 사랑할 수 있도록 기도해 주십시오."⁴

이렇게 영적으로 동기 부여를 받은 확신이 넘쳤던 그는 광산회사로 이직하려고 1919년 9월 25일에 사임했다가 1920년 전주에 돌아와 다시 사역을 시작했다. 실로 놀라운 일이다. 그의 공백 기간에 케슬러 간호사가 병원 행정의 짐을 짊어졌다. 한국인 의사가 그녀의 이 고독한 업무를 도왔다는 기록은 찾을 수 없다.

결혼 생활 8년이 지나도록 아이가 없었던 엘미 로버트슨 여사는 1920년 11월에 쌍둥이를 낳았는데 2킬로그램의 남아와 1.6킬로그램의 여아였다. 여자아이는 살아남았지만 남자아이는 태어난 지 4일 만에 사망했다. 이때 그는 "나는 영원하신 팔에 더욱 굳게 의지해야 한다는 사실을 배웠다"라고 기록했다.⁵

1921년 6월 로버트슨은 아내와 어린 딸을 데리고 안식년 휴가를 떠났고, 그 후로 다시 돌아오지 않았다. 그는 1922년에 정식으로 사임했다. 이렇게 해서 재능 많고 지적이었던 그리스도의 종은 선교사로서의 경력을 마감했다. 그러자 또다시 충성스러운 에설 케슬러는 병원이라는 짐을 어깨 위에 짊어졌다.

한편 티몬스 박사는 아들의 갑작스러운 죽음을 겪고, 순천으로 발령받았다. 그는 순천에서 새로운 선교 기지를 열고 가로세로 3미터짜리 판자로 집을 지어 의료 사역을 시작했다. 6개월 후에는 가로

---

4 Dr. Moorman Owen Robertson, 개인 서신, 1911년 4월 23일.
5 Robertson, 개인 서신, 1920년 11월 11일.

와 세로가 각각 5.5미터, 8.5미터짜리 진료소로 옮겼다. G. T. 브라운 박사가 쓴 한국 선교의 역사에는 이렇게 기록되어 있다. "이 비좁은 막사에서 티몬스 박사는 모든 수술을 했으며 수술한 환자들을 바닥에 눕혀 두어야 했다. 이런 어려운 여건에서도 첫 7개월 동안 67건의 수술과 3,814건의 진료가 이루어졌다."[6] 1915년에는 35병상을 가진 건물을 완공해 '알렉산 병원'(영어로는 Alexander Hospital)이라는 이름을 붙였다. 이는 군산에서 봉사한 알렉산더 박사의 이름을 딴 것이다. 사람들은 이 병원을 한국에서 가장 좋은 건물 중 하나라고 말했다.

1916년 가을, 티몬스 박사는 '스프루' 병에 걸렸다. 이 병은 와일리 포사이드 박사를 죽음으로 몰아간 심각한 질병이다.[7] 티몬스 박사와 그의 가족은 미국으로 돌아갔다. 그는 존스 홉킨스 대학병원에서 치료를 받았지만 별로 차도가 없어서, 콜로라도주 홀리요크(Holyoke)로 이사해 '평원에서의 승마'와 설익은 비프스테이크를 1년 동안 먹으면서 자가 치료를 했다. 그는 이제 자신이 한국에서 봉사하기에 적합하다고 생각했지만 해외 선교부 이사회의 생각은 달랐다. 그는 사우스캐롤라이나주 컬럼비아로 가서 안과와 이비인후과를 공부했다. 1921년 한국의 선교부는 그에게 한국으로 돌아오도록 압박

---

6 Brown, *Mission to Korea*, pp. 101-102.
7 풍토병인 스프루는 과거에 동양에서는 흔한 병이었는데, 설사와 섭식 장애가 특징이다. 이런 증세를 일으킬 수 있는 다른 원인으로는 지아르디아증, 아메바성 대장염과 세균성 장염이 있다. 오늘날은 이 병의 진단을 위해 소장 생검을 한다.

했다. 그는 4년 임기로 봉사할 것을 제안했다. 그는 로버트슨 박사의 사임으로 생긴 공백을 채우기 위해 1922년 6월에 전주에 부임했다.

    티몬스 박사가 전주에 도착한 후, 첫해에 진료한 환자 수는 입원 환자 5,165명, 외래 환자 8,715명, 수술은 662건이나 되었다. 선교부에 보낸 그의 보고에 따르면, 병원에서 365회의 기도회를 갖고 진료소에서 313회의 예배를 드린 것에 더 만족스러워했다. 대부분(70퍼센트)의 환자들은 무료 진료를 받았다. 그는 이렇게 기록했다. "우리가 하는 일의 영적 열매를 계산하는 것은 불가능하다. 그러나 우리가 가진 기록을 살펴보면 우리에게 오기 전에는 예수님에 대해 전혀 들어 본 일이 없던 많은 사람이 지금은 매주 교회를 다니고 있다. 그리고 그 가운데 많은 사람은 확실히 그리스도를 구주로 받아들였다."[8]

    예수병원의 역사를 더듬어 보면 잦은 책임자의 교체로 진료 중단의 문제가 발생했다는 사실에 놀라게 된다. 치유 사역에 공백이 발생한 것은 의료 선교사가 없었을 시기였다는 사실을 발견한다. 의료 기관의 안정과 그리스도의 이름을 높이기 위한 헌신이 부족했기 때문에 이와 같은 공백이 발생했다고 우리는 해석한다. 초기 선교사들은 이와 같은 책임을 다소 가볍게 다루었다고 말할 수 있다. 한국 교회의 일부에서는 그렇게 불렸을지 몰라도 공식적으로는 아직 '예수병원'이 아니었다. 한국에 온 미국인 의사들은 의료 선교사의 소명에 부응했지만, 특정 기관에 충성하는 것은 그리 중요한 문제가 아니었

---

[8] Henry Loyola Timmons, 연례 개인 보고서, 1924.

을 것이다.

한국에서 시작된 5개의 선교 병원에 대한 개개인 의료 선교사의 애정이 느슨해졌다는 점 이외에도 한국 선교부에는 어떤 심리적인 경향이 있었는데, 이 경향이 선교부의 의료 사역 전반에 어느 정도 영향을 미쳤다. 이 심리적 요인은 의료 사역을 이등급으로 보는 마음의 자세를 갖게 했다. 아마도 많은 선교사들은 의료 사역이 단지 전도의 수단으로서만 당위성을 갖는다고 생각한 듯하다. 그래서 의사는 선교 정책을 돕는 조수였고, 그 결과 어느 특정 의료 기관에 충성하는 것은 그들에게 중요한 문제가 아니었다. 이런 생각에 변화가 생긴 것은 긴 세월이 흐른 뒤였다. 치유 사역의 역할은 예수님도 병을 고치셨다는 성경의 기록에 근거를 둔다. 또한 하나님도 인간의 연약함에 대해 마음 아파하시고 고통받는 자들을 불쌍히 여기셨다는 성경 말씀에 따른 것이다. "언덕 위의 불빛"으로 섬기는 치유의 집이라는 개념이 구체화되는 시기가 다가오고 있었다. 이 개념은 의료 선교사들의 헌신을 이끌어 냈고 아픈 사람들과 고통당하는 사람들에게 신뢰와 믿음을 불러일으켰다. 로이드 보그스(Lloyd K. Boggs) 박사의 사역은 이 진리를 보여 준다.

6장
내 별명은 요한복음 3:16입니다

로이드 보그스는 1897년 사우스캐롤라이나주 리버티(Liberty)의 시골에서 제분소를 경영하는 농부의 아들로 태어났다. 그의 큰아버지 조지 워싱턴 보그스(George Washington Boggs) 목사는 1832년부터 1838년까지 인도에서 선교사로 일했다. 그의 증조할아버지는 독실한 개혁교회 전통을 따랐으며 리버티 장로교회(Liberty Presbyterian Church) 설립에 앞장섰다.

이렇듯 보그스는 사우스캐롤라이나주의 시골 가정에서 장로교에 많은 영향을 받으며 자랐다. 그의 아버지 마커스 애디슨 보그스(Marcus Addison Boggs)는 첫 번째 아내 리베카에게서 여섯 자녀를 낳았고, 첫 번째 아내가 죽자 재혼해 두 번째 아내 루시에게서 네 자녀를 낳았다. 로이드는 1년간 데이비드슨 대학(Davidson College)에 다녔고, 그 후 클렘슨 대학교(Clemson University)로 전학해 그곳의 장대높이뛰기팀에서 스타가 되기도 했다. 그는 찰스턴 대학교(University of

Charleston)의 의과대학을 다녔다. 스물일곱 살 때, 몬트리트에서 개최된 남장로교 하기 대회에 참석한 그는 여기서 나중에 아내가 될 조지아주 서배너(Savannah)에서 목회자의 딸 마거릿 패터슨(Margaret Patterson)을 만났다. 몬트리트는 노스캐롤라이나주 서부의 산악 지방에 있는 인공 호수 수전호(Lake Susan) 주변에 자리 잡은 경치 좋은 휴양지다. 로이드와 미래의 아내 마거릿 패터슨은 수전호에서 수영하다가 만났다고 알려졌는데 움찔할 만큼 차가운 물을 극복한 뜨거운 로맨스였다고 할 수 있다.

이들은 1924년에 한국 선교사로 임명되었고, 그해 여름 동양으로 떠나기 직전에 결혼했다. 그들이 전주에 도착했을 때 티몬스 박사 부부는 떠나 버렸고, 케슬러 간호사가 병원의 운영을 맡고 있었다. 보그스 부부의 초기 봉사에 대한 자료는 거의 없다. 우리가 찾은 첫 보고서(1926년)에서 보그스는 선교와 전문직의 효율성에 대한 감각에 대해 이렇게 기록했다.

우리가 생각하기에는 전주 선교 병원은 잃어버린 영혼을 그리스도에게로 이끄는 데 사용되는 소중한 기관이다. 우리의 목표는 이 병원에 입원한 사람 어느 누구도 구원의 길에 대해 들어 보는 일 없이 돌아가지 않게 해야 한다는 것이다. 지난해 600여 명의 입원 환자와 진료소에서 6,000여 명의 외래 환자를 진료했다. 이 숫자 중에서 724명의 결신자가 있었다. 실행 위원회가 이 기관에 투자한 돈을 생각하면 우리는 주를 위해 큰일을 한다고 생각한다. 하지만

미국으로부터 우리가 1년 동안 받은 돈은 1,900달러뿐이다.[1]

보그스 박사는 잉골드 박사나 대니얼 박사처럼 어학 공부 시간을 갖지 못했다. 언어에 제한이 있었지만 그는 실용적으로 쓸 방법으로 요한복음 3:16을 암송해 환자들에게 처음 전도할 때마다 인용했고 나중에 한국인 직원에게 인계했다. 그러다 보니 그는 성경의 중심 신앙인 '요한복음 3:16 의사'로 알려졌다.

보그스 박사 내외는 1929년 안식년에 미국에 가서 당시 그의 형 웨이드 보그스 1세가 목회하고 있는 조지아주 애틀랜타에 있는 드루이드 힐스(Druid Hills) 장로교회를 방문했다. 보그스는 형에게 진단용 방사선 장비 구입을 위한 기금 후원을 부탁했다. 그해는 주식시장이 폭락한(1929년 10월 24일의 '검은 목요일') 해였음에도 불구하고 충분한 기금이 모였다. 1930년 여름에 진단 방사선 장비는 보그스의 짐과 함께 화물로 운송되어 전주에 설치되었다. 보그스는 미국에 있는 후원자들에게 이런 편지를 썼다. "미국인 의사가 돌아오자 병원 일은 3배가 되었고, 새 진단용 방사선 장비를 설치하자 더 많은 환자들이 몰렸습니다." 보그스 부인은 남편의 진료 업무를 지원하는 한편으로 별도의 시간을 내서 여성의 자립을 돕기 위한 재봉반을 운영하는 직업 교육을 시작했다.

---

1 수년 후, 예수를 믿는 환자의 수가 1년에 2,089명에 이르렀다. 그 당시 병상 수는 342개에 이르렀다. 분명, 과거에는 압제, 가난, 절망의 시기에 예수 그리스도의 복음을 더 쉽게 받아들이는 경향이 컸다.

1930-1931년 선교부에 보낸 연례 보고서에는 주식 시장 폭락으로 일어난 대공황과 미국에서 보내 주는 기금의 현저한 삭감에 따른 재정 위기를 처음으로 언급했다. 이때를 선교사들은 '삭감의 해'라고 불렀고 의료 선교 기관은 큰 위기를 맞았다. 보그스는 어쩔 수 없이 무료 진료를 55퍼센트에서 41.8퍼센트로 줄였다. 그렇지만 환자 수는 1930년 대비 단 16명만 감소했다.

　예산 삭감 소식을 듣고 보그스 박사와 직원들은 아무 환자나 받지 말고 중환자들만 받기로 결정했다. 바로 그다음 날 심한 출혈로 혈색소가 정상의 30퍼센트에 안 되는 여자 환자가 찾아왔는데, 수술비로 가져온 돈은 5전뿐이었다. 보그스는 훗날 다음과 같이 보고했다. "이 여인은 생명을 구했을 뿐만 아니라 회복된 후 난생처음 복음에 대한 이야기까지 듣고 아주 행복하게 병원 문을 나섰다."[2]

　1934년 봄에 세브란스 의학 전문학교를 막 졸업한 배보석 박사가 보그스 박사와 함께 일하기 위해 전주에 왔다. 장로교 목사의 아들인 그는 곧 환자에게 좋은 평판을 얻었다. 마거릿 보그스 부인은 케슬러가 장티푸스 후유증으로 다시 아픈 것을 제외하고는 그해가 "사역에서 전례 없이 행복한" 해였다고 말했다. [그녀는 1932년 11월, 위독한 상태가 되어 수술을 받아야 했다. 순천에서 온 윌슨(R. M. Wilson) 박사의 마취하에 순천의 제임스 로저스(James M. Rogers) 박사와 보그스 박사가 수술을 했다.] 이런 일 외에는 병원 일은 번창해서 당시 28명 규

2　Lt. Thomas Daniel, 가족에게 보낸 편지, 1945년 9월 23일.

모의 수용 능력을 넘어서 종종 입원 환자가 40명을 넘는 경우도 있었다. 보그스 부인은 이렇게 썼다. "병원을 넓혔으면 좋겠어요. 너무 혼잡해서 공간이 더 필요해요."

1935년 1월 9일 일어난 화재로 병원 건물이 소실되면서 이 행복하고 생산적인 기간은 중단되고 말았다. 화재는 새벽 5시 건물 다락에서 발생했고 2층 숙소에 있던 케슬러가 처음 발견했다. 그녀는 "지붕에서 뭔가 떨어지는" 소리를 들었는데 폭풍우가 몰아치고 있다고 생각했다. 하지만 곧 무언가 타는 냄새를 맡는 순간 벌떡 일어나 옷을 걸치고 야간 당직 간호사를 불렀다. 36명의 모든 환자를 무사히 병원 밖으로 대피시켰다. 선교사 버지니아 스위코드(Virginia Swicord)는 화재가 나기 4일 전에 남자아이를 출산한 상태였다. 그녀의 남편 도널드 스위코드(Donald Swicord) 목사는 동이 트기 전에 "불이야, 불이야, 불이야!" 하고 외치며 그의 집 근처를 뛰어가는 사람들의 소리에 잠이 깼다. 창문 밖을 내다보니 병원 건물이 온통 불길에 싸여 있었다. 그는 잠옷만을 걸친 채 맨발로 언덕 아래 병원까지 약 300미터를 정신없이 뛰어 내려갔다. 그는 훗날 이 상황을 이렇게 기록했다. "사람들의 소리가 들릴 만큼 가까이 다가가자 뜨거운 열기가 느껴졌다. 나는 기진해 쓰러졌는데 내 옆에 있던 사람들이 내가 화재 현장 가까이로 갈 수 있도록 나를 부축해 주었다. 현장에 도착하자 케슬러가 내 음성을 알아듣고 모두 안전하다고 내게 소리쳤다. 36명의 환자가 있었는데 **그들 모두가 안전한 것이다! 내 아내와 아이도 그 36명 중에 있었다.** 하나님께 영광을 돌릴 수밖에 없었다. 한 사람도

희생되지 않았다니."³

병원에 있던 장비, 침대, 담요, 모든 소모품까지 거의 모든 것이 소실되었다. 보그스 부인은 한국인 직원 한 사람과 같이 진단 방사선실 문을 억지로 열고 들어가 좀 손상되기는 했지만 방사선 장비를 꺼냈다. 그녀는 수술실에 들어가 대부분의 수술 기구를 꺼내 왔다. 투열기도 무사했다. 검사실에서는 현미경 한 대를 제외하고 쓸 만한 게 없었다. 불타지 않은 건물 두 채를 개조해 입원 치료 중인 19명의 환자를 수용했고 외래 건물의 방 하나를 개조해 이틀 뒤부터 임시 수술실로 사용했다. 보그스 박사는 자신의 모든 의학 서적, 학위증 및 의사 면허증, 타자기와 서류들을 전부 잃었다. 다행히도 건물은 25,000엔짜리 보험에 가입되어 있었다. 이 위기 중에 신속한 행동으로 많은 생명을 구한 케슬러는 영웅이었다. 그러나 그녀는 자신의 개인 소지품을 모두 잃어버렸다. 그 후 지역 사회에서 연민의 눈길이 쏟아졌다. 도지사, 시장을 비롯해 정부의 많은 고위급 인사들이 찾아와서 병원 소실에 대해 안타까움을 표시했다. 보그스는 즉시 병원 재건축 작업에 돌입했다. 앞에서 설명했듯이, 장비를 제외한 건물은 25,000엔 상당의 보험에 가입되어 있었는데, 이것은 그 당시 환율로 5,500달러에 해당했다. 건축 재료와 인건비가 저렴했기 때문에 보상금으로 소실된 정도의 건물은 만족스럽게 지을 수 있었다. 1935년 9월 10일, 한국과 외국의 친구에게서 격식을 갖춘 인사말,

---

3 Reverend Donald A. Swicord, 1935년 1월 15일 자 편지.

1935년 1월 9일에 일어난 화재로 소실된 예수병원

축하하는 마음을 담은 축전이 답지하는 가운데 정초식을 가졌다. 이들이 보낸 메시지의 주제는 "영원한 반석이신 예수 그리스도 위에 세운 병원이 되기를 바란다"는 것이었다.[4]

재건축한 병원은 1936년 어느 봄날에 문을 열었다. 보그스는 안식년 휴가 차 수에즈 운하를 경유해 미국으로 가는 윌슨호(S.S. President Wilson) 선상에서 모든 직원의 헌신적인 열심에 대해 감사의 편지를 썼다. "새 병원은 참으로 큰 기쁨이었으며 조력자들과 간호사들은…모든 것을 깔끔하게 정돈하고 원활하게 처리하는 데…더할 나위 없이 열심이었습니다. 새 병원은 예전 병원보다 더 많은 환자

---

4 Mrs. Margaret Patterson Boggs, 선교 서신, 1935년 1월 15일.

를 수용할 수 있지만, 지금 빈 병상이 거의 없습니다. 우리는 마르세유에서 케슬러의 편지를 받았는데 배 박사와 김 박사는 최선을 다하고 있으며 약 40명의 입원 환자를 위해 그들은 무척 바쁘게 일한다고 합니다. 이 두 젊은 한국 의사들은 참으로 훌륭한 분들이며 둘 다 목회자의 아들입니다. 우리는 이 두 젊은 의사에게 크게 의지하고 있습니다."[5]

보그스 가족은 1937년 7월에 전주로 돌아왔고 돌아오자마자 곧 일로 바빠졌다. 보그스 박사는 주 2회 군산에 가서 앳킨슨 기념병원의 업무를 도왔다. 광주 그레이엄 기념병원의 원장인 루이스 브랜드(Louis C. Brand) 박사가 사망하자 현지에 남은 남장로교 출신의 의료선교사는 순천에 제임스 로저스 박사, 여수 한센병 환자 요양소의 윌슨 박사 그리고 전주의 보그스 박사까지 세 명뿐이었기 때문이다.

이 시기에 국제 정세로 미묘한 변화가 느껴졌다. 1938년 3월 마거릿 보그스는 이렇게 기록했다. "여러분은 동양이 지금 아주 위험한 시기라고 들으셨겠지만, 그런 문제가 모두 태평양 바다 건너 중국에서 일어나는 일이라 우리에게는 그다지 영향을 미치지 않기 때문에 우리는 매우 안전합니다. 한국에 있는 일본 관리들은 우리에게 대단히 친절하며, 우리는 그들의 보호에 감사하게 생각합니다." 그러나 불과 3개월 후 그녀는 다른 징후를 전해 주었다. "지금이야말로 한국의 그리스도인들에게는 여러분들의 기도가 전에 없이 필요합니

---

[5] Dr. L. K. Boggs, S.S. President Wilson호에서 쓴 편지, 1936년 6월 8일.

예수병원을 재건축할 시기의 보그스 박사 부부

다. 이곳 한국에서 나타난 기독교의 놀라운 역사를 여러분은 잘 알고 계실 겁니다. 놀라울 정도로 복음을 받아들이는 사람들이 많습니다. 오늘날 이곳 '조용한 아침의 나라'에는 그리스도의 이름을 부르는 사람들이 25만 명이나 있습니다. 이 고요함이 어찌나 빨리 사라지고 고통스러운 사건들과 더불어 혼란이 자리를 잡았는지 모른답니다."[6]

그녀의 6월 27일 자 편지에는 '배포 금지'라는 문구가 적혀 있었는데 다음과 같이 이어졌다.

정부는 모든 사람에게 신사 참배를 강요합니다. 이에 반대하는 사람들은 감옥에 갇힙니다. 많은 사람이 고문, 박해, 협박에 굴복하고 신사 참배를 했습니다. 이 일은 우리를 무척 슬프게 합니다. "아닙니다! 신사 참배를 하느니 차라리 죽고 말겠습니다"라고 말하던 강인한 목사, 장로, 집사 그리고 우리를 돕던 사람들도 한두 번 고문을 받으면 다 굴복하고 이 불명예스러운 일을 하고 맙니다.…권력에서 나오는 폭력은 한도가 없어 보입니다. 그들은 그리스도인들을 두들겨 패고 끓는 물을 목에 들이붓는 등 말로 표현할 수 없는 지독한 고문을 가했습니다. 그리스도인들은 말로 다 옮길 수 없는 끔찍한 고문을 당했습니다. 실제로 감옥에서 이런 지독한 일을 겪은 사람들이 이런 이야기를 전해 주고 있습니다.…시골 어떤 마을에서

---

6   Margaret Patterson Boggs, 선교 서신, 1938년 6월 27일.

는 그리스도인들에게서 성경책과 찬송가를 모두 빼앗아 경찰서에 쌓아 놓고는 "자발적으로 그렇게 했다"고 보고서를 작성하는 것으로 끝을 맺었습니다. 또한 끌려간 그리스도인들은 "더 이상 예수를 믿지 않겠다"라고 종이에 쓰고 지장을 찍게 했습니다. 이들을 위해 기도해 주세요. 강요로 한 행동이긴 하지만 이들은 주님을 배반했다고 생각하면서 가슴이 미어지는 괴로움을 느낍니다.

[어떤 목사들은] '정부의 앞잡이' 노릇을 했습니다. 그들은 자진해서 신사 참배를 했고 그렇게 해도 괜찮다는 설교를 하고 사람들을 가르쳤지요.…그렇지만 "바알에게 무릎을 꿇지" 않았고 앞으로도 꿇지 않을 사람들이 아직 수백 명이나 있습니다.[7]

시골에서 전도하는 일에는 긴장이 커졌음에도 불구하고 병원 일은 여전히 고무적이었다. 1937년 그리스도를 구주로 받아들인 결신자 수는 600명이 넘었고 1939년에는 병원 모든 부서의 업무가 20퍼센트 정도 증가했으며 직원들은 전도 일에 자유롭게 참여했다. 1940년까지만 해도 비록 시골 전도사들은 괴롭힘을 당하고 심문을 받아도 병원 일은 조화롭게 진행되었으며 전도 사업에 더욱 역점을 두었다고 보그스 부인은 기록했다. 그렇지만 외국인들은 그들의 감시하에 있었다. 더욱이 선교사들과 한국인 지도자들의 항의에도

---

7 Margaret Brown Boggs, 1938년 6월 27일.

불구하고 많은 미션 스쿨의 부지가 일본 천황을 참배하는 신사를 짓기 위해 정부로 넘어갔다. 이는 전주 선교부에 있는 어느 누구에게나 "칼로 살을 저미는 것과 같은 고통"이었다. 1940년 여름 선교부에 보낸 보그스 박사의 보고서는 일련의 고난의 편람이다.

극심한 가뭄으로 많은 사람들은 생계 수단을 잃었다. 또 다른 많은 사람들은 전쟁으로 부자가 되었다. 부유층 사람들은 더욱 부유해졌고 가난한 사람들은 그 어느 때보다도 더 가난해졌다. 여든 살에서 아흔 살 된 노인들은 최악의 흉작으로 이어진, 평생 경험한 가장 극심한 가뭄이었다고 말했다. 이런 상황은 환자 수와 병원 수입에도 영향을 미쳤다.

엎친 데 덮친 격으로 재난이 우리를 엄습했다. 그때 당시 우리는 이것을 재난이라고 생각했다. 그때는 재난처럼 보였다. 그렇지만 나는 주님이 이를 선한 것으로 돌려주신다는 것을 알았다. 우리를 너무나 잘 도와주었고, 우리의 옛 병원이 화염에 휩싸이는 것을 보았고, 병원이 재건축되는 것을 지켜보았고, 내가 안식년 휴가로 미국에 가 있는 동안에도 효율적으로 병원 일의 운영을 도와주면서 5년 이상 우리와 함께 일했던 배보석 박사가 사직했다. 그는 시내에 병원을 짓고 우리 병원의 입원 환자 절반가량을 데려가 버렸다. 이것 역시 그때는 재난처럼 보였다. 그러나 겨우 한두 주뿐이었다. 병원은 곧 다시 채워졌다. 모두가 감당할 만큼 환자가 충분히 많았던 것이다.…우리와 4년간 함께 일했던 김 박사가 갑자기 다른 의사 2명과 가장 잘 훈련되고 믿음직한 여러 간호사에게…2배의 봉급을 약속하고 그들을 데려가 버렸다.…우리는 봉급을 30-60퍼센트 정도 인상해 직원들의 사직 움직임에 제동을 걸었다.[8]

브라운 박사는 1940년 가을 무렵에 병원만이 선교 기관으로 존속 중인 유일한 기관이라고 기록했다. 그러나 "10월, 당국은 환자와 직원들이 참배할 수 있도록 각 병원에 소형 신사를 설치할 것을 요구했다. 선교부는 또다시 가슴이 찢어지는 결정을 내려야만 했다." 그러나 타협할 수는 없었다. 신사 참배는 어느 사역지에서나 저항에 부딪혔다. "여기에 타협이란 있을 수 없었다. 결국 5개의 병원 문을 모두 닫았다. 결국 여수에 있는 한센병 수용소만 남았다."[9]

일본 당국은 외국인들과 가까운 한국인들을 전방위적으로 위협했다. 그달에 일본은 추축국과 군사 동맹을 맺었다. 내슈빌에 있는 선교부에서는 모두 철수하라는 전문을 보내 왔다. 브라운 박사는 이렇게 기록했다. "선교사들은 이제 자신들이 세우고 긴 세월 동안 일해 온 교회에 도움은커녕 오히려 방해가 되는 상황으로 변했다. 최종 결정은 선교사 각 개인에게 달렸다." 하는 수 없이 7명을 제외하고 모든 미국인들은 한국을 떠나라는 서울 주한 미 총영사의 권고

---

8 Dr. L. K. Boggs, *Report to Korea*, pp. 162-165.
9 Margaret Patterson Boggs, 1940년 11월 4일 자 편지.

로이드 보그스 박사,
예수병원 원장(1924-1940)

를 따르기로 했다. 보그스는 이렇게 기록했다.

한국 교회 친구들과 우리가 사랑하는 일을 남겨 두고 떠나게 되어 마음이 무겁습니다. 모든 선교 병원들은 잠시 문을 닫습니다. 이곳 전주에서 하는 병원 일도 내일이 마지막이라 생각하니 슬프기 그지없습니다. 그러나 우리를 만나기 위해 찾아온 우리 친구들에게 말했듯이 "슬픈 일은 생각하지 말고 행복했던 일과 하나님 아버지와 예수 그리스도를 증거했고 또 앞으로도 증거해야 할 그 특권을 생각하십시오."[10]

---

10 Margaret Patterson Boggs, 1940년 11월 4일 자 편지.

그리하여 1940년 11월 16일 남장로교 선교부는 한국에 남기로 결정한 7명의 강직한 선교사를 제외하고 한국에서의 모든 업무를 마감했다. 이들 중 선교부 재단법인 사무국장 직무를 맡았던 탈마지 (J. V. N. Talmage) 박사는 남장로교 선교부 명의의 모든 부동산을 일본 당국에 양도하라는 압력에 맞서다가 121일간 독방에 투옥되었다. 탈마지 박사는 양도 요구를 거절했고 어떤 협박에도 굴복하지 않았다. 그의 강직한 믿음의 결과 훗날 예수병원, 광주 기독병원, 윌슨 한센병원과 재활센터, 7개의 중고등학교를 설립할 수 있는 선교부 부동산에 대한 법적인 소유권이 보존되었다. 그의 용기와 신실함은 그 어떤 사람의 꿈이나 추측을 훨씬 넘어서는 결과를 낳았다. 제2차 세계대전이 끝나자 이 기관들은 다시 문을 열어 50년 동안 수백만 명의 생명을 그리스도에게 인도하고 수십만 명의 질병을 치료할 의료 기관 사업을 가능하게 해 줄 토대가 되었다.

보그스 부부와 다른 217명의 미국인들은 여객선 마리포사호로 철수했다. 이들 대부분은 선교사와 그 자녀들이었고 이 가운데는 남장로교 출신 50여 명이 포함되었다. 이 상황에 대해 한 목격자는 이렇게 기록했다.

일찍이 이번 마리포사호처럼 인천을 떠난 배는 없었을 터이다. 부모를 두고 떠나는 자녀, 남편과 이별하는 아내, 어려운 세월을 함께 이겨 내며 형제보다 더 가까워진 친구들이 다시 만날 기약도 없이 헤어지고…미완성의 계획들, 포기한 사업들, 그토록 소중히 여겼던

일들은 지속될 희망이 없이 버려진 채…하나님만이 이들의 의연한 미소 속에 숨겨진 비통함을 아시리라.[11]

보그스 부부는 앨라배마주 버밍햄(Birmingham)에 정착한 후 외과, 산부인과, 소아과를 진료하는 일반의로 개원했다. 그의 동생 어윈 보그스(Erwin Boggs)도 그곳에 살았는데 그들은 아주 가깝게 지냈다. 후에 의사가 된 그의 조카 로렌스 보그스(Lawrence Boggs)가 어렸을 때 그의 병원에서 잔심부름을 했는데, 로렌스는 삼촌인 로이드가 개원한 병원을 성공적으로 운영했음에도, 한국에 다시 갈 수 없게 된 상황을 아쉬워했다고 전한다. 보그스 박사는 환자에게 친절했고 어린아이들을 사랑해 아이들에게 이야기해 주는 것을 즐거워했다고 한다. 보그스 박사는 버밍햄 지역에서 많은 가난한 환자들을 치료했다. 그는 조카에게 의사가 되라고 권유했다. 그는 낚시를 무척 좋아했고 호숫가에 지은 조그마한 오두막에서 단독 개업 의사가 가진 긴장을 해소했다. 그는 의학의 변화를 실감하고 로렌스(래리) 보그스에게 전문 분야 수련을 받으라고 권하기도 했다. 보그스 내외는 자녀가 없었다. 1952년 보그스는 흑색종 진단을 받고 뉴욕의 슬론 케터링 메모리얼 암 센터에서 근치 수술을 받았다. 하지만 암이 재발해 같은 곳에 다시 입원해야 했다. 그래서 래리 보그스가 그를 문병하러 왔다. 그는 혼수상태에 들어가기 전에 조카에게 말했다. "내 시대

---

11 Brown, *Mission to Korea*, pp. 161-162.

는 지나갔어. 더 수련을 받도록 해!"

래리 보그스[12]는 삼촌의 한결같은 인자함과 관대함을 기억했다. 동양과 버밍햄에서 섬긴 보그스를 잘 아는 베테랑 일본 선교사 해리 브라이언(Harry Bryan) 박사는 그에 대해 이렇게 말했다. "그는 배려의 전형이었다. 그는 환자의 아픔을 함께 나누었다." 한국에서 그는 진실로 환자에게 하나님의 성품을 드러낸 삶을 살았다. "하나님이 세상을 이처럼 사랑하사 독생자를 주셨으니 이는 그를 믿는 자마다 멸망하지 않고 영생을 얻게 하려 하심이라"(요 3:16)라고 하신 말씀처럼.

---

12 Dr. Larry Boggs는 Charlotte 출신의 정형외과의 Dr. Bill Tracy와 1950년대 초 예수병원에 와서 봉사했다. 두 사람 다 영원한 안식에 들어갔다.

7장
1945년 해방의 감격

역사상 가장 야만스러웠던 전쟁(제2차 세계 대전)에서 강제로 일본군에 징집된 한국인을 제외하면 한국은 직접 군사적 충돌로 인한 유혈 사태는 모면했다. 그러나 일반 시민들은 전체주의의 지배로부터 벗어날 수 없었다. 역사학자 한우근에 따르면 "전쟁이 끝날 때까지 한국인 2,616,900명이 한국에서 강제 노역에 동원되었고, 723,900명이 해외로 끌려갔다.…1939년에는 신사 참배를 거부한 모든 그리스도인이 투옥되었으며 그 가운데 많은 사람들이 고문을 당했다."[1]

전주에서 보그스 박사와 4년간 함께 일했던 배보석 박사가 임시로 병원을 맡았다. 이런 일이 언제부터 발생했고, 언제까지 지속되었는지는 확실하지 않다. 정규봉(이 글을 쓸 당시에 예수병원 컴퓨터 단층 촬영실 실장의 부친)은 이 시기에 병원에서 약사로 일했다.

---

1 한우근, *The History of Korea*, 『한국의 역사』(을유인쇄소, 1970), p. 496.

선교부의 운전기사로 일한 김창수가 1940년에 폐결핵으로 사망했다. 그의 아내는 가족들이 병원 입구 바로 아래에 있는 간호사 기숙사에서 살 수 있게 해 달라고 요청했다. 용기를 잃지 않고 일한 덕분에 그의 가족은 살아남았다. 장남 김용진은 국회의원이 되었고, 수년 후 병원은 그의 중재 덕분에 정부의 결정적인 도움을 받았다. 그의 동생 김용성은 장학금을 받아 미국에서 대학과 의과대학을 다녔다. 그는 흉부외과 의사가 되어 25년 후 새로 병원을 건축했고 예수병원 자문 의사로 봉사했다.

1945년 8월 15일은 광복절이었다. 1912년 예수병원에서 태어난 토머스 대니얼 박사의 아들 밥(Bob)이 1945년 9월 23일에 쓴 편지에는 이 시기의 흥분이 잘 드러난다. 그는 직업 군인으로 해군 장교였다. 그는 동료 장교인 척 래니어(Chuck Lanier)와 함께 전주에 있는 아버지의 병원을 처음으로 방문하기 위해 '대덴'(Teiden, 대전을 일컫는 일본 발음)행 군용 열차를 탔다. 알고 보니 계급이 훨씬 높은 미 육군 장교 2명이 공식 방문할 것이라는 소문이 시민들에게 널리 퍼졌는데, 이 해군 장교들이 더 높은 고위 계급의 2명보다 먼저 가게 된 셈이다. 이런 혼돈의 결과로 이 하급 장교들은 그들 뒤에 올 고위급 장교들을 위해 준비한 환영을 대신 받았다. 그들이 대전역 플랫폼에 도착하자 "수천 명의 한국인들이 우레와 같은 함성으로 우리를 환영했습니다.…환영은 전적으로 자발적이었으며 미국인을 보기만 하면 한국인들은 웃으며 갈채를 보냈지요."²

1941년에 마지막 선교사들이 추방당한 후 이날까지 한국의 남서부 지역에는 미국인이 단 한 사람도 없었다. 대니얼 중위는 이런 기록을 남겼다. "그들은 미군을 한 번도 본 일이 없습니다.…8월 16일에는 수많은 사람들로 환영 위원회를 구성해 군인들이 도착하기만을 기다렸지요. 모든 사람이 거의 하루 종일 해방의 기쁨을 만끽했어요.…논산이라는 작은 도시에 도착하기 전까지는 특별한 일이 없었습니다. 논산에는 약 200명 정도로 구성된 소녀 합창단이 아름다운 합창으로…만주로 망명했다가 귀향하는 한국 사람들을 환영했습니다. 앞쪽 열차 칸의 어떤 사람들은 유리창 밖으로 고개를 내밀어 우리를 바라보기도 했습니다. 그때 갑자기 큰 소리가 들리더니 적어도 500명 정도 되는 사람들이 우리 차 바깥쪽 철로로 내려왔습니다. 그들은 우리를 위해 '올드 랭 사인'(Auld Lang Syne)을 합창했습니다. 거기 모인 열광적인 군중은 모두가 무척 행복해했고 나도 그들처럼 웃다가 울곤 했습니다. 남녀 노인들의 표정에는 진심 어린 감사가 깃든 진지한 모습이 보였고, 어떤 사람들은 눈물을 흘리기도 했습니다. 이런 모습을 바라보면서 나는 처음으로 진정한 해방이 무엇인지 느낄 수 있었습니다. 이 환영은 미리 계획한 행사가 아니었습니다. 다만 이것은 40년 만에 처음으로 사람들이 자신을 표현할 기회를 가졌다는 뜻입니다."[3]

이리(익산)에서 그들은 시장, 로터리 클럽, 키와니스 클럽, 청년 실

---

2 Lt. Thomas Daniel, 가족에게 보낸 편지, 1945년 9월 23일.
3 같은 자료.

업인 클럽, 상공 회의소, 교회, 학교, 경찰서, 소방서 등의 대표들로부터 대대적인 환영을 받았다. 대니얼 중위는 이렇게 기록했다. "우리는 자동차로 전주까지 가기로 했습니다. 그러나 먼저 우리는 환영을 받기 위해 밖으로 나가야만 했습니다. 나는 결코 그 장면을 잊을 수 없습니다. 사무실 문을 열고 나가자 도시의 중심 도로가 이어진 광장이 나왔습니다. 두 개의 악단이 연주를 시작하자 광장을 가득 메운 군중이 일제히 함성을 질렀습니다.…수많은 환영 깃발과 국기로 뒤덮인 이 광경은 할리우드에서 본 장면과도 비교할 수 없었습니다. 믿기 힘든 장면이었습니다."

밥 대니얼이 보낸 편지의 하이라이트를 계속 인용해 보자. "이리에서 받은 환영은 대단했지만 전주에서 우리가 본 것과 비교하면 보잘것없는 수준입니다.…우리는 세 번이나 멈춰 서서 많은 전주 관리들을 만났는데, 만나는 사람마다 준비된 환영사를 했고, 당연히 나도 답사를 해야만 했습니다.…우리는 시청사로 보이는 곳으로 떠밀려 갔는데, 그곳에서 본격적인 공식 환영식이 열렸습니다.…나는 전적으로 개인적인 일로 여행 중이며 이 환영식은 잠시 후에 도착할 미군들에게 해야 한다고 거듭 강조했지만 소용이 없었습니다. 그들은 미군 제복을 입은 사람만 보면 그가 누구든 무언가를 보여 주려고 결심한 것 같았습니다. 공식 연설을 한 후 우리는 진짜 대대적인 환영을 받기 위해 자동차로 안내되었습니다. 우리는 브로드웨이에서조차 볼 수 없는 형형색색의 색종이와 종이테이프를 날리며…열광적으로 소리를 지르는 군중이 꽉 메운 거리를 통과해 차를 운전했습니다.…후에 사람들은 이때 모인 군중의 규모가 80,000명이 넘었다고 알려 주었습니다."[4]

해군 장교들은 서문교회 계일승 목사의 사위 배보석 박사의 집에서 그날 밤을 보냈다. 그들은 연회, 음악 연주, 마지막 부대 사열까지 마친 다음에야 잠자리에 들 수 있었다. 다음 날 그들은 선교부를 방문하고 병원을 둘러본 뒤 공립학교로 안내받았다. 해방 기념으로 공휴일이 선포되었다. 밥 대니얼의 편지에는 한국인이 병원을 맡아서 운영하고 있다는 말 이외에 특별한 언급이 없었다. "지난 4년간 별로 성장이 없었지만 자산은 잘 보존되어 있었고, 병원은 전과 다름없이 기능을 유지하고 있습니다.…모든 사람은 선교사들이 다시 돌아오기를 갈망하며 기다리고 있습니다. 지금이야말로 미국 교회가 한국을 도울 절호의 기회라고 믿습니다. 한국이 자치를 배울 수 있도록 의지와 능력이 있는 일꾼을 한국에 보내야 합니다."

이들 미 해군 장교들을 환영했던 들뜬 분위기는 이후 한국이 분단국가가 되었다는 사실을 알고 난 후 낙심과 좌절과 분노로 변했다. 어떻게 이런 일이 일어났는가? 카이로 회담(1943년 11월 22-26일)에서 루스벨트 대통령, 처칠 수상, 장제스 총통은 처음으로 "식민 지배에 대한 한국 사람들의 인식"에 같이하여 군사적으로 일본에 대항하는 공동 정책을 취할 것을 선포했다. 이들은 "한국이 적절한 절차에 따라 자유와 독립을 회복하게 한다"라고 결정했다. 1주 후에는

---

[4] 같은 자료.

테헤란에서 스탈린이 이 선언을 지지했다. 서방 세력은 완강한 '가미카제' 정신을 가진 일본과 싸울 때의 전쟁 비용을 염려해 독일에 승리를 거둔 뒤에도 소련으로부터 도움을 받기를 간절히 원했다. 또한 각국 군대의 주둔 지역의 국경에 대한 합의도 관심사였다. 이것은 전쟁을 일으킨 추축국 군대의 호전성을 억제하고 독일과 한국에서 의도하지 않은 갈등이 발생하지 않도록 하기 위한 조처였다. 분명히 이것은 단순히 전술적인 문제로 고려되었던 방식으로, 카이로 회담이나 얄타 회담 혹은 포츠담 회담 어디에도 역사적 문서에 공식적으로 언급된 바가 없다.[5] 돌이켜 보면 이 결과를 예견하지 못했다는 사실은 믿을 수 없는 일이었다. 그 결과 독일은 거의 40년간 분단되었고 한국은 오늘날까지 분단 상태로 남았다.

역사학자 김영흠은 이 격변에 대해 상세히 설명한다. 어떤 지점에서 합의가 체결되었다. "미국은 일본군의 항복을 받아 내 38선 남쪽을 점령하고, 소련도 마찬가지로 이 분계선 북쪽을 점령한다는 합의였다.…이 결정에 따라 두 강대국의 군대가 각각의 지역을 점령했다.…해방된 한국은 국제 사회에서 강대국들이 정치적 힘겨루기를 하는 주된 지역 중 하나가 되었다.…여기에 두 개의 다른 정치적 이념인 민주주의와 공산주의 중 어떤 체제가 더 우월한지를 시험하기 위해 두 진영이 서로 대치하게 되었다. 이렇게 생긴 '임시' 38선이 남

---

[5] *A Handbook of Korea*의 저자는 "일본 군대의 무장 해제를 촉진하기 위해" 한반도 북쪽은 소련이, 남쪽은 미국이 점령하는 형태에 대해 미국, 영국, 소련 사이에 비밀 합의가 이루어졌다고 언급한다. 『한국 핸드북』(한국해외자료 서비스, 삼화, 1979).

북 사이에 '영구적인' 정치적 경계선이 되고 말았다.…이와 같은 결정에 한국인들은 즉각적이고 고통스러운 반응을 보였다."[6] 다른 역사학자 한우근은 이렇게 기록했다.

나라의 분단 소식은 전국적인 분노를 불러일으켰다.[7]…이에 대한 저항은 즉각적이었고 전 국민은 일치된 마음이었다. 긴 세월 동안 독립을 향한 뜨거운 갈망으로 투쟁한 한국 국민들은 아무리 호의적이라도 외세의 통치를 받아들일 수 없었다.

외세의 통치는 1948년 5월 10일 선거 후 한반도 절반인 남쪽에서 종식되었고, 그 후 헌법이 국회를 통과했다. 새로운 대한민국 정부가 미군정으로부터 권한을 넘겨받았다. 하지만 국토는 반으로 갈라졌고 50년이 지난 지금도 분단된 상태다.

전쟁과 외교 역사에서 사소한 계산 착오가 수백만 명의 생명을 빼앗고 아직 태어나지도 않은 세대들에게까지 영향을 미치는 참혹한 뿌리를 남기는 경우가 얼마나 많았던가?

그러나 이와 같은 소용돌이의 세월 속에서도 장로교 의사 2명이 전라도의 위기를 해결하기 위해 한국에 왔다. 이들은 한센병 환자를 치료하는 애양원[8] 설립자의 아들 존 윌슨(John Wilson) 박사와

---

6   김영흠, *East Asia's Turbulent Century* (Appleton-Century-Crofts, 1966).
7   한우근, 『한국의 역사』.
8   영어 명칭은 Wilson Leprosy Center and Rehabilitation Hospital이다.

일본 당국의 강압에 굴복하지 않고 선교부 자산을 지킨 선교사의 아들 데이비드 탈미지(David Talmage) 박사였다. 이번 위기는 콜레라였다.

1945년 미군이 한반도의 남쪽을 점령했을 때 더글러스 맥아더(Douglas MacArthur) 장군은 공중 보건과 관련된 혼란스러운 상황에 부딪혔다. 한센병 환자들이 거리를 떠돌았고 전염병 또한 심각한 위협이었다. 맥아더 장군은 버지니아주 리치먼드에 사는 존 윌슨의 아버지 윌슨 박사에게 연락했다. 그에게 한국으로 다시 와서 군정 자문 역을 맡아 달라고 요청했다. 아버지 윌슨 박사는 일주일 만에 현지에 도착해 상황을 두루 살펴본 다음 조수 한 명이 필요하다고 당국자에게 보고했다. 그는 도움이 될 만한 한 젊은 의사를 알고 있다고 했다. 그러고는 당시 미주리주 육군 병원에서 중위로 복무하고 있던 아들 존을 지명했다. 존은 다음과 같이 상세히 말했다.

한국에 도착했을 때 나는 일시적으로 부친과 함께할 수 없었다. 당시 중국 범선을 통해 한국에 유입된 콜레라가 전북 지역에 창궐했기 때문이다. 데이브 탈미지(훗날 미국 학회장을 역임한 세계적으로 저명한 면역학자가 되었고 기독의학연구원을 설립할 때에는 예수병원에 6개월간 머물며 큰 도움을 주었다－옮긴이)와 나는 이 포악한 전염병을 근절하는 일을 맡았다. 데이브는 북쪽 절반을, 나는 남쪽 절반을 책임졌다. 매일 아침 우리는 지프차를 타고 전날 환자가 발생한 마을로 향했다. 새로운 환자가 보고된 마을에 가면 우리는 세 가지 일을 했다. 첫째는 마을로 들어올 가능성이 있는 모든 사람에게 예방 접종을 했다.…둘째, 마을의 촌장을 만나서 마을의 식수원을 하나 선택하게 하고 어떻게 우물을 하루에 두 번 염소 소독을 하는지 시범을 보였다. 그러고는 정맥 주사로 수액을 공급하며 콜레라 환자들을 치료했다. 혼수상태에 빠진 환자들에게는 정맥 주사를 놓고 집에 있는 사람에게 첫 번째 병이 다 비면 다음 병으로 바꾸도록 부탁했다. 우리는 네댓 병의 수액을 두고 갔다가 다음 날 아침에 환자를 확인할 때면 환자 상태가 아주 좋아져 있었다.

다섯 살, 일곱 살, 열 살짜리 세 아이를 두고 콜레라로 부모가 모두 사망한 안타까운 가족의 사례가 기억난다. 열 살 된 소년은 혼수상태였고 더 어린 두 여자아이들은 따로 떨어져 마당에 있었는데, 이웃들이 담 너머로 음식을 던져 주었다. 나는 혼수상태의 소년에게 정맥 주사를 놓았고 일곱 살 먹은 여자아이에게 수액이 다 들어가면 바꾸라고 지시했다. 그 후 나는 그 마을에 다시 가 볼 수가 없었다. 그때 그 장면에 대한 기억이 악몽처럼 지금까지 나를 쫓아다닌다. 혼수상태인 소년이 누워 있는 담장 그늘에 여동생 둘이 쪼그려 앉아 있고 담장에는 포도당과 생리 식염수 병이 걸려 있었다. 이 여동생들은 오빠의 생명을 구하기 위해 용감하게 자기 몫을 해냈다.

가을이 되자 전염병은 점점 수그러들었다. 그러나 이미 전북에서

10,000명의 생명을 앗아 간 후였다.⁹

이처럼 전라도는 장로교 선교부의 마음에 아픈 기억으로 남았고 이제 그들이 사랑했던 사람들에게 돌아가기 위해 인력 자원을 다시 모으기 시작했다.

9　Dr. David J. Seel, *Challenge and Crisis in Missionary Medicine*, (Pasadena: William Carey Library, 1979). 『상처받은 세상, 상처받은 치유자들』(IVP).

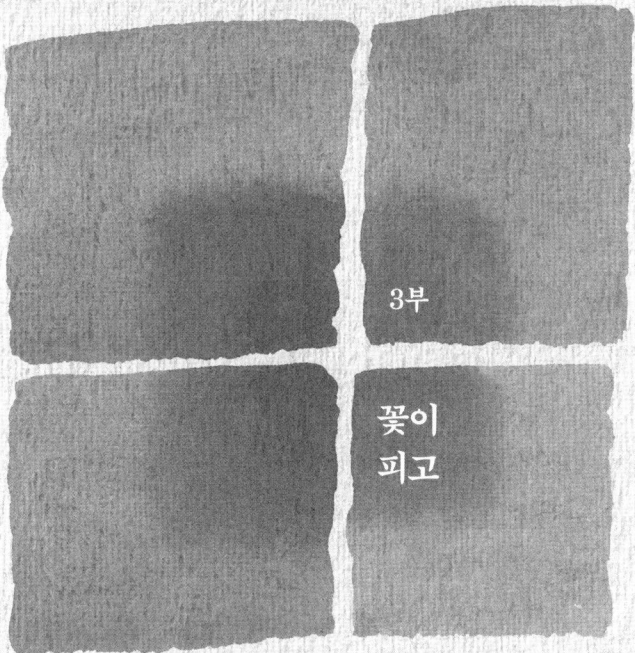

3부

꽃이
피고

8장

예수병원의 부활

소련과 미국의 주둔군이 한국을 분할해 통치한다는 현실은 1945년 9월 8일 존 호지스(John R. Hodges) 장군이 지휘하는 미군이 처음 도착한 후 몇 주 지나서야 한국인들에게 알려졌다. 다음 날 일본군이 서울에서 공식적으로 항복했다. 거의 동시에－어쩌면 며칠 전에－소련군은 38선 이북에 자신들의 군사 정부를 수립했다. 『한국 핸드북』(A Handbook of Korea)[1]에 따르면, "미국은 여전히 38선은 정치적 분계선이 아니라 군사 작전을 용이하게 수행하기 위한 임시방편이었다고 주장한다. 실제 동기가 무엇이든, 소련은 이 선을 최대한 활용해 정치적 대결을 공고히 하고 이 경계선 북쪽에 위성 국가를 수립해 민족주의자들의 반발을 하나씩 제거해 나갔다."[2]

---

1 A Handbook of Korea, p. 409.
2 한우근, 앞의 책, p. 500.

3·1 운동이 일어난 이후로 독립운동의 지도자였던 이승만 박사가 33년간 해외에 머무르다가 10월 중순에 귀국했다. 같은 달 "연합국이 한국을 최장 5년간 신탁 통치하기로 결정했다는 충격적인 소식이 전해졌다."[3] 한국인은 외세의 통치라는 개념을 결코 받아들일 수 없었다. 통일 정부 수립을 위한 양국의 공동 위원회에서 소련과 소모적인 논쟁에 직면한 미국은 1947년 11월 이 문제를 유엔에 상정했다. 유엔에서는 남과 북 양쪽에서 총선거를 실시하기로 결정했으나, 유엔의 결의를 소련이 거절했다. 그래서 유엔은 유엔 사절단이 접근할 수 있는 지역에서라도 선거를 실시하라고 요구했다. 결국 30개월의 정치 활동 이후에 1948년 5월 10일 국회의원 선거가 실시되었고, 이어서 헌법이 제정되고 공포되었다. 1948년 7월 15일에는 이승만 박사가 대한민국의 초대 대통령으로 선출되었다.

　이 시기에 남장로교 선교사들은 이 분단국가의 남서부 지역으로 다시 돌아오기 시작했다. 1948년에 유진 대니얼(Eugene L. Daniel) 목사 부부는 순천으로, 1948년에 허버트 코딩턴(Herbert A. Codington, 고허번) 박사 부부는 광주로, 1947년에 폴 크레인(Paul Shields Crane, 구바울) 박사 부부와 마거릿 프리처드(Margaret Pritchard, 변마지) 간호사는 순천의 선교사로 처음 임명되었다. 구바울 선교사는 미국에서 태어났지만 순천에서 자랐고 – 하나님의 섭리로 – 전주 예수병원을 부활시켰을 뿐만 아니라 교육 기관으로 성장시키는 길을 열었다.

3　같은 책.

순천 선교사 폴 크레인 박사(구바울, 1947년 전주 예수병원 복원 및 재개원 담당)

폴 크레인 박사는 당시 메릴랜드주 볼티모어에 있는 존스 홉킨스 의과대학을 졸업한 뒤 네브래스카주 오마하(Omaha)의 미 육군 의무대에서 복무 중일 때 미국 장로교 세계 선교 위원회 사무총장인 다비 풀턴(C. Darvy Fulton) 박사의 편지를 받았다. 이 편지에서 그는 폴 크레인 박사에게 만약 미 육군에서 조기 제대가 가능하다면 한국에 선교사로 갈 의향이 있는지를 물었다. 폴 크레인 박사는 이렇게 기록했다.

나는 오래전부터 티베트에서 의료 선교를 개척하는 꿈을 꾸었다. 그러나 공산주의자들이 그 가능성을 막아 버렸다. 만약 [풀턴 박사가] 나를 조기에 제대시켜 준다면 나는 어디든지 기꺼이 가겠다고 응답했다. 3일이 채 지나지 않아 나는 워싱턴에 국방부로부터 즉시 제대를 명하는 전보를 받았다.

제2차 세계 대전이 일어나기 전에 한국에 파송되었던 의료 선교사들은 다양한 연유로 한국에 다시 돌아가는 것이 불가능해졌다. 나는 한국에서 의료 선교 사역을 재개해 달라는 요청을 받았다.

1947년에 미 육군은 모든 잉여 재산과 제2차 세계 대전이 끝나고 더 이상 쓸모없어진 장비들을 헐값에 내놓았다. 나는 입찰자로 명단에 이름을 올렸고, 세계 선교 위원회가 할당해 준 8,000달러로 한국 병원에 필요한 의료 장비 등을 구입하기 위한 경매에 참여했다.…그 결과 250,000달러 상당의 의료 장비와 소모품을 구입할 수 있었다. 담요부터 병원 침대, 주방 싱크대, 수술 기구, 발전기 등 현대화된 병원에 꼭 필요한 온갖 물품을 구입했다. 이 물품들은 미국 철도 화물열차 2칸을 가득 채울 정도로 어마어마한 양이었다.[4]

한국으로 출발하기 전에 폴 크레인(구바울) 선교사는 선교부의 요청으로 버지니아주 리치먼드에 있는 유니온 신학교의 신학 과정을 한 학기 수강했다. 그가 신학을 공부하는 동안, 그의 아내 소피

---

[4] Dr. Paul S. Crane, *Memoirs*, 1947-1969, 미발간 원고.

몽고메리 크레인(Montgomery Crane)은 임상 병리 검사 부문의 단기 집중 과정에서 혈액학, 기생충학, 혈액 화학, 세균학과 혈액형 검사 등을 포함한 기초 과정을 이수했다. 구바울 선교사 역시 타고난 설득력을 발휘해 "충성스러운 후원자 군단"을 모집했다. 그 가운데 샬럿에 있는 캐롤라이나 탈지면 회사(Carolina Absorbent Cotton Company) 대표 톰 반하르트(Ton Barnhardt)가 수술용 면제품을 기증했고, 런던의 스미스(H. N. Smith)는 정형외과 소모품을 기증했다. 이들은 훗날 예수병원의 정기 후원자가 된다.

1947년 9월, 구바울 선교사 가족과 변마지 선교사는 샌프란시스코에서 승객으로 붐비는 군 수송선을 타고 동양으로 향했다. 그들은 군함인 어드미럴 메이요(Admiral Mayo)호에서 군용 상륙선으로 옮겨 타고 10월 30일 한국에 도착했다. 구바울 선교사의 부친 존 커티스 크레인(John Curtis Crane) 목사가 그들을 마중 나왔다. 존 커티스 크레인 목사가 직접 운전해 몰고 온 차로 그들은 서울에 도착했다. 미군정의 모습은 어디서든 볼 수 있었고 거리마다 미국 지프차와 트럭이 넘쳐 났다. 다음 날 구바울 박사는 군정 치하에서 임시로 운영되던 보건부에서 의사 면허증을 받을 수 있었다. 사실 군 보건국장은 과거 평양에서 장로교의 의료 선교사로 활약했던 오랜 친구 비거(J. F. Biggar) 박사였다. 의사 면허증을 손에 들고 구바울 박사 부부와 그들의 아버지는 순천으로 향했다. 그곳에서는 구바울 박사의 어머니가 그들을 기다리고 있었다.

앞에서 언급했듯이, 구바울 박사는 내슈빌 세계 선교 위원회의

풀턴 박사로부터 "한국에서 의료 선교 사역 재개"라는 역할을 위임받았다. 이것은 선교부가 통일된 의료 사역 정책을 세워야 한다는 의미였다. 1947년부터 1948년 겨울까지 구바울 박사 부부와 간호사인 변마지 선교사는 선교부의 요청에 따라 남장로교 선교지의 전 지역에 대한 의료 선교 실태 조사를 했다. 제2차 세계 대전이 벌어지기 전에 선교부는 군산, 전주, 광주, 순천, 목포 등 5개 도시에 소규모 병원들을 세워 운영했었다. 하지만 이 모든 기관은 의료진의 인력 부족으로 문을 닫는 일이 종종 있었는데, 조사 기간에는 광주에 있는 그레이엄 기념병원만 운영되고 있었다. 이에 대해 구바울 박사는 이렇게 기록했다.

우리는 우리의 과제를 진지하게 검토했다. 변마지 선교사, 아내 소피와 나는 지금은 폐쇄된 5개의 옛 선교 병원들을 둘러보고 그리스도인 의사, 개업 의사, 미군 의료 장교들과 이야기를 나누었다. 45년간 한국에서는 일본 의료진들이 의료 체계의 대부분을 운영했다. 한국 의료인들을 충분하게 훈련시키지 않은 채 일본 사람들이 갑자기 본국으로 철수하자 한국은 의료 공백 상태가 되었다. 일본 의료는 우리보다 최소한 20-30년 뒤처져 있었고, 옛 독일의 권위주의 위계질서를 따르고 있었다. 그들이 가장 중요하게 여긴 것은 안락한 의사 지위와 생활이었다. 환자 진료는 우선순위에서 한참 밀려났다. 때로 학식 있는 의사의 수면은 신분이 낮은 한국인 아이나 성인의 생명보다 훨씬 중요하게 여겨졌다…

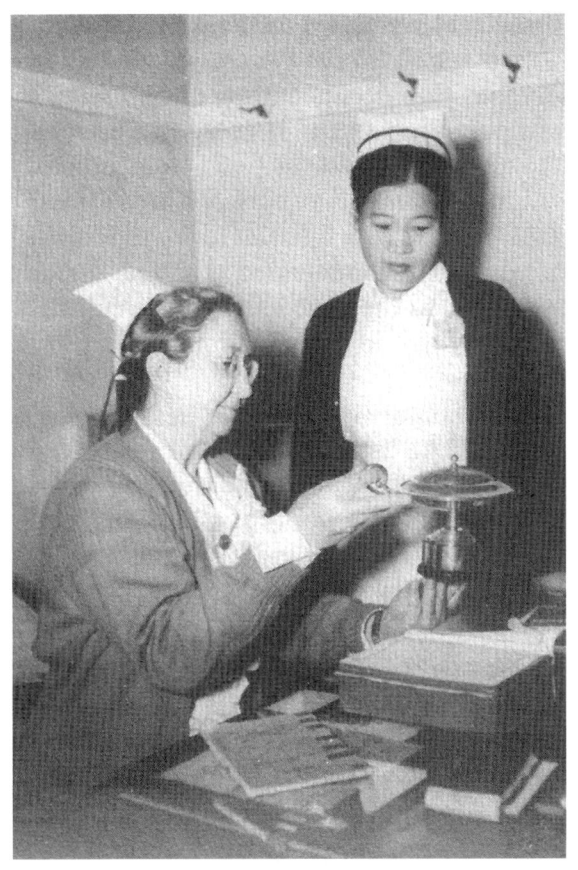

전주 예수병원 간호대학의 설립자 변마지 간호사(1948)

우리는 한국 의료계에서 가장 시급한 일은 모든 계층의 의료 인력을 훈련시키는 것이라는 결론을 내렸다. 선교부의 한정된 자원과 의료 인력을 그리스도인 의사, 간호사, 의료 기사를 훈련하는 데 주력하고 이들이 다시 다른 사람들을 훈련시키도록 하는 포괄적인 의료 선교 계획을 제안했다. 이들이 미래에 현장에 나가 한국의 막

대한 의료 수요를 담당하게 될 것이다. 우리는 이전에 운영했던 모든 병원을 재가동하려는 시도가 그다지 좋지 않은 결과를 낼 거라는 의견을 냈다. 하나의 거점 교육 센터를 설립하고, 다른 지역에서는 결핵, 한센병, 공중 보건에 관한 문제들은 중점적으로 다루는 방안을 제안했다.

우리는 전주가 의료 센터를 설립하기에 가장 적합한 지역이라는 결론에 도달했다. 한국의 남서부에 위치한 호남 지역의 의료 상황은 질적으로나 양적으로나 매우 열악해 보였다.…역설적이지만, 병원 건물이 텅 비어 있어서 전주에서 사역을 시작할 수 있었다. 우리가 계획을 제안하자 한국 선교부는 이를 승인하고…미국에 있는 교회에 의료 선교 인력 파송을 요청했다.[5]

전주에 있는 옛 병원 건물은 문도 창문도 없고, 전기 배관이나 수도도 설치되지 않은 채 텅 비어 있었다. 현지의 농부들은 빈 병원 건물을 볏짚 보관 창고로 이용 중이었다. 구바울 선교사는 직접 목수, 전기 기술자, 배관공들을 감독하고 시설의 모든 시스템을 재가동하는 데 매일같이 매달렸고, 병원 부지 안에 아파트도 마련해 그의 아내도 합류할 수 있었다. 난방 문제는 기름 난로로 해결했다.

1948년 1월 초순에 병원 물품을 실은 배가 인천에 도착했다. 지

---

5 같은 자료.

리한 세관 통과 절차뿐 아니라 병원에 사용할 소모품과 장비를 전주로 운반할 기차 화물칸을 확보하기 위해서는 미군의 협조가 필요했다. 안전한 운송을 위해 구바울 박사와 조수 한 사람이 화물칸 안에서 화물을 지켰다. 그들은 3일 동안 군인에게 배급되는 'C등급 식량'으로 버텼다. 한겨울에 엽총으로 무장한 이들은 열차의 목탄 화로에 몸을 녹이며 화물과 자신을 보호했다.

구바울 박사가 서문교회의 김세열 목사를 진찰하기 위해 불려 갔을 때, 변마지 간호사는 4월 1일 개원을 목표로 매우 분주하게 일하는 중이었다. 김 목사는 우측 상복부 통증이 더 심해졌고 임상 소견상 급성 담낭염으로 판단되었다. 구바울 박사는 이렇게 기록했다. "이 지역에서 일하는 몇몇 의사들은 이 환자를 위해 할 수 있는 일은 없고 그가 곧 죽을 것이라고 말했다.…나는 병원으로 돌아와 변마지 간호사에게 그날 저녁 대수술을 할 것이라고 말했다." 변마지 간호사는 그에게 말했다. "제정신이에요? 수술은 불가능해요." 그러자 구바울 박사는 어쨌든 수술할 것이라고 말했다. "더 이상 반대하지 않고 변마지 간호사는 수술 도구들을 풀어 정리하고 가솔린 동력 소독기, 수술대와 물품들까지 미리 준비했다. 밤 9시에 임시 수술실이 준비되었다. 환자가 들어오자 정맥 주사를 놓고 기도했다. 그리고 펜토탈 주사와 에테르로 마취하자 곧 환자는 잠이 들었다. 환자는 괴사성 담낭염이었으며 나는 이것을 제거할 수 있었다.…환자는 수술 후 경과가 좋았다. 우리는 환자를 손님용 방에 들이고 그다음 주까지 간호했다. 그는 매우 빨리 회복되었고 10일 만에 교회에서

설교할 수 있었다."⁶

1948년 4월 1일에 병원 문을 열었다. 보그스 박사의 의료진들이 '나타나' 일을 하기 시작했다. 1934년 광주 그레이엄 기념병원에서 변마지 선교사가 시작한 간호학교를 졸업한 간호사 몇 명이 전주에 와서 일을 시작했다. 이들 중에는 김야모(스피어 학교 교장의 아내)도 있었다. 구바울 박사의 아내 소피 여사는 임상 검사실을 시작했다. '골동품' 엑스레이 장비도 다시 작동하기 시작했는데, 아마 1930년에 보그스 박사가 기증받은 물품일 것이다. 학교에서 사용하던 낡은 스팀 난로도 손을 보고 설치했다.

구바울 박사는 입원 환자의 병실 운영은 한두 달 후에 개시하려고 했지만 봉헌식 다음 날부터 병원은 "중환자들로 꽉 찼다." 구바울 박사는 이 상황을 이렇게 기록했다. "그날 저녁까지 입원 환자 병실이 가득 차서 터져 나갈 지경이었다. 주요 응급 수술은 그다음 날부터 이어졌다. 이때부터 우리는 계속 호랑이 꼬리를 잡고 있었다"(잡은 것이 호랑이 꼬리임을 알아도 놓을 수 없는 곤경에 처한 상황을 의미하는 관용 표현, 감당하기 힘든 많은 환자들이 몰려와서 난감했지만 돌려보낼 수 없어 진료할 수밖에 없었다는 뜻이다—옮긴이).⁷

구바울 박사는 변마지를 가리켜 "철두철미하고 유능한 간호사"라고 칭찬했다. 버지니아주 웜스프링스(Warm Springs) 출신인 그녀는

6 같은 자료.
7 같은 자료.

1929년 뉴욕시의 컬럼비아 대학교 장로교 병원 간호대학(Columbia University Presbyterian Hospital Nursing College)을 졸업하고 같은 해 광주 그레이엄 기념 병원 선교사로 임명되었다. 그녀는 아픈 선교사들을 간호하느라 한국말을 배울 기회를 별도로 갖지 못했다. 그녀는 간호학교를 시작해서 제2차 세계 대전으로 선교사들이 한국에서 철수해야만 했던 1940년까지 10명의 학생을 졸업시켰다. 그녀는 구바울 박사가 전주의 병원을 재정비하는 동안 그의 오른팔 역할을 감당했다.

1948년 5월 1일에 45병상 규모로 입원실을 열었지만 입원 환자 수는 평균 60명이 넘었다. 처음으로 임상 과장으로 부임한 한국인 의사 송정석은 세브란스 의학 전문학교를 졸업했으며, 주로 내과 환자를 진료하면서 구바울 박사의 업무를 도왔다. 보그스 박사와 함께 일했던 전임 엑스레이 기사 정귀빙이 다시 합류해 1935년의 화재에서 구해 낸 골동품 같은 기계를 재생시켰다. 처음 11개월 동안 7,000명 이상의 새로운 환자를 진료했고 이 기간에 구바울 박사는 338건의 주요 수술을 했다.

1948년 10월 23일 민간인 복장의 미국인이 갑자기 나타나 구바울 박사 부부의 부모와 다른 선교사들이 여수와 순천 등 3개 군을 점령한 공산당 반군들에게 사로잡혔다는 소식을 전했다. 구바울 박사는 모든 일을 멈추고 부모가 어떤 상황에 처했는지 알아보기 위해 친구 한 사람과 함께 떠났다. 순천 외곽에 도착했을 때 그들은 미군 소령이 운전하는 지프차에 타고 있는 부모를 만났다. 구바울 박사는

"반란이 일어나기 전날 여수 근처의 한 군부대에 있던 부사관들이 '기동 훈련'을 구실로 지역 경찰을 속여 탄약을 빌려 갔다는 사실을 알게 됐다. 다음 날 아침 일찍이 이 부대는 장교들과 지역 경찰을 죽였으며…순천으로 가는 기차를 탈취하고 경찰서를 습격했다. 그들은 지역 경찰서 서장을 지프차 뒤에 밧줄로 매달아 죽을 때까지 읍내에 끌고 다녔다. 폭도들은 3일간 '인민재판'으로 1,500명이 넘는 민간인을 심문하고 처형했다."[8]

순천에 있는 선교사들의 사택은 여수 반란 기간 중 그곳에 기거하는 4명의 선교사들뿐만 아니라 2명의 미 육군 중위에게 피난처였다. 그들은 몇 명의 지역 고위 공무원들과 함께 다락방에 숨었으며 집 위로 날아다니는 비행기에서 보이도록 지붕 위에 미국 성조기를 내걸었다. 폭도들이 이 집을 습격하기 위해 접근했을 때 마침 전주에서 온 지원군이 존 커티스 크레인 박사의 집 마당 옆에 박격포를 쏘았고 모든 선교사를 무사히 구출했다. 이후 정부군은 다시 순천의 통제권을 되찾았다. 구바울 박사는 모든 선교사를 전주로 데리고 가서 휴식을 취하게 했지만, 제2차 세계 대전 후 공산주의자들

---

[8] Dr. Paul S. Crane, *Memoirs*, 1947-1969, 미발간 원고. 처형당한 사람 중에는 애양원 장로교 목사의 아들인 두 명의 고등학교 학생도 있었다. 이 학생들은 기독 학생회의 지도자였다는 이유로 동창인 다른 학생에게 끌려 나와 인민재판에 회부되어 처형되었다. 훗날, 그 지역을 정부군이 회복한 후 장로교 손양원 목사는 군사 법원에 나아가 자신의 아들들을 죽인 청년의 목숨을 구해 줄 것을 간청했다. 그는 그 소년을 법적인 양자로 받아들여 그를 변화시키는 책임을 맡았다. 그러나 1950년, 북한 공산당이 다시 순천을 점령했을 때 손양원 목사는 처형당하고 말았다.…손 목사와 두 아들의 순교자 가족 무덤은 애양원의 해안이 내려다보이는 아름다운 작은 언덕 위에 있다.

제1회 간호대학 졸업생, 1952년 무렵

이 한국을 점령하려는 첫 시도에 대해 취재하려고 몰려든 많은 외국 기자들에게 에워싸였다. 이 반란에 관여한 공산당 세력은 지리산으로 도망쳐 게릴라전에 가담했다. 이들은 1953년 휴전 협정이 체결될 때까지 그곳에 남아서 농민들과 여행자들을 계속 위협하는 존재가 되었다.

구바울 박사의 업무 중에는 윌슨 한센병 진료소를 감독하는 일도 있었다. 이 진료소는 와일리 포사이드 박사가 '한센병'에 걸린 한 여인에게 베풀어 준 사랑을 기념해 설립되었다. 병원장이었던 R. M. 윌슨 박사는 포사이드 박사의 사랑에 감동해, 애양원(사랑으로 보살피는 동산)이라는 한센병 환자를 위한 정착촌을 만들었다. 하지만 광주 시민들의 반대로 이 시설은 정부가 기증한, 순천과 여수 사이에 있는 아름다운 반도로 옮겨야만 했다. D. T. 브라운 박사가 보고한 것처럼 이 기관은 "의료 선교의 명소가 되었고 많은 찬사를 받았다."[9] 구바울 박사는 한센병 환자들의 상처를 치료하는 방법과 수족 절단술을 가르치기 시작했고 신경 마비로 발생하는 족하수나 갈퀴손 같은 복잡한 기형을 가진 환자는 전주로 이송해 수술했다. 이때 다년간 인도에서 봉사한 적이 있는 영국의 세계적인 한센병 학자 로버트 코크레인(Dr. Robert Cochrane) 박사가 애양원을 방문해 한센병 조직 검사, 조기 진단, 재활 기술을 가르쳤고 눈썹 이식까지 시술하도록 권장했다.

한정된 자원과 사회적 격변 그리고 군사적인 위협의 소용돌이 속에서도 구바울 박사는 지칠 줄 모르는, 결단력을 지닌 타고난 지도자였다. 변마지와 그는 교육병원과 간호학교를 설립하고자 하는 비전을 공유했다.

한국에 세브란스 의대와 국립 서울대학교 의대가 있었지만 의대를 졸업한 이후 의학 이론을 단계적으로 가르치고 임상 능력에 따라 점진적으로 책임을 맡기는 정식 교육 제도는 아직 구축되지 않은 상태였다. 구바울 박사는 "고급 의료 수준과 자비의 마음을 동시에 갖춘 의료진을 양성해서 재산이나 지위와 상관없이 모든 환자에게 관심의 초점을 맞추기" 원했다. 그는 일본 사람들의 전통적인 의료 행위에 대해 "그들은 종종 환자의 회복보다는 의사의 지위에 훨씬 큰

---

9   Brown, *Mission to Korea*, pp. 127-129.

관심을 보였다"라고 지적하고, "과학적인 의료와 환자에 대한 그리스도인으로서의 관심, 이 두 가지의 조화가 한국에서 내 생애의 첫 번째 목표였다"라고 기록했다.[10]

1949년 4월에 첫 번째 그룹의 인턴들이 들어왔다. 이 의사들 중에는 김영우, 이근영, 임경열, 송경진이 포함되었다. 다른 의료진들이 합류하면서 알찬 임상 프로그램을 갖추기 위해 치열한 노력을 기울였다. 광주에서 태어난 베테랑 선교사 J. V. N. 탈마지 목사의 딸 마리엘라(Mariella Talmage)가 버지니아 의과대학 간호학과를 졸업한 후 1948년 10월에 한국으로 돌아와 병원에 합류했다. 1949년 8월에 듀크 대학에서 수련받은 의료 기사 진 린들러(Gene Lindier, M.T. ASCP)가 합류했고, 곧이어 내과 의사인 오비드 부시 2세(Ovid B. Bush Jr.)와 그의 아내 플로렌스 부시(Florence Bush)가 도착했다.[11] 1950년 5월에는 하워드 스미스(Howard B. Smith)가 와서 사무 행정 업무를 책임졌다. 순천 반란이 일어난 첫날에 목포로 파송받아 한국에 도착한 마리엘라 탈마지는 얼마 지나지 않아 바로 어느 선교사의 분만을 돕기 위해 전주의 병원으로 향했다.

앞에서 말한 것처럼 변마지 선교사는 전주 예수병원의 발전 과정에서 구바울 박사의 오른팔 역할을 했다. 1949년 변마지 간호사와 구바울 박사는 간호대학 설립 계획을 세웠다. 2층짜리 건물로 설

10　Crane, *Memoirs*.
11　Miss Lindler의 고향은 South Carolina, Rock Hill이다. 그녀는 1897년 한국에 Mattie Ingold를 파견한 교회에 소속된 듯하다.

계했는데 1층은 교실로 쓰고 2층에 기숙사를 만들기로 했다. 변마지는 간호대학의 발전 방향에 대한 분명한 개념을 갖고 있었다. 광주의 그레이엄 기념병원에서 간호 교육을 시작하기 위해 노력한 10년 세월의 경험 덕분에 그녀가 극복해야 할 문화적인 장애들이 어느덧 익숙하게 느껴졌다. 1930년대에 간호사는 그리스도인 여성에게 적합한 직업으로 여겨지지 않았다. 신분이 낮은 여성들만이 한국 남자들을 간호한다는 인식이 있었다. 이런 사회적 장벽에 대응하기 위해 변마지는 "한국의 간호사는 낮에는 간호 업무를 하고 밤에는 창녀 일을 하는, 제대로 훈련받지도 못한 여자들이라는 전통적인 편견을 깨뜨릴 때가 되었다고 생각했다."[12] 그래서 간호 대학 응시자를 받을 준비를 마치자 변마지는 목사나 장로의 딸만 응모할 수 있다고 명문화했다. 이 일은 지역 장로교회의 항의를 불러일으켜 세계 선교 위원회에 변마지의 본국 소환을 요청하는 회의가 열렸을 정도로 분위기가 심각했다. 그러나 변마지는 자신의 주장을 고수했다. 간호학교는 1950년 6월 1일에 개교했다. 비록 북한의 침략으로 27일 만에 문을 닫아야 했지만 원칙은 지켜졌다. 훗날 유엔은 이 학교의 훌륭한 프로그램을 칭송하기도 했다. 간호학교의 깃발은 오늘날까지 하늘 높이 휘날리고 있다. 이 학교는 사랑의 봉사 정신을 품은 전문인으로 잘 양성되어 그리스도를 위해 헌신하는 수많은 간호사들을 배출했다. 이 학교 출신의 간호사들은 예수병원과 간호대학뿐만 아니라 전

---

[12] Dr. Paul S. Crane, "Memorial to Margaret Prichard," 1988.

세계에 그리스도의 이름을 드높이고 있다.

구바울 박사는 변마지에 대해 다음과 같이 기록했다.

변마지 선교사는 자신이 할 수 있는 최대의 능력으로 하나님의 인도하심을 따르는 것을 삶의 철학으로 삼고 살아왔으며 이웃을 섬김으로써 하나님을 섬기려 했던 간호 선교사였다.[13]

소피 몽고메리 크레인 여사는 이렇게 기록했다.

1950년 6월 20일에 (남장로교) 선교부는…전주에 최근 완공한 간호학교 연례 회의를 열었다. 남한과 북한 사이에 갈등이 있다는 소문에도 불구하고 분위기는 낙관적이었다. 정치적 상황은 안정되었고 경제는 개선되었으며 교회는 놀랄 만큼 성장했다. 22명의 신임 선교사들이 전쟁 전에 사역했던 고참 선교사들의 사역에 합류해 많은 성과를 이루었으며 굉장한 날들이 기다리고 있었다. 모든 방면에서 선교 사역 확장을 고려하고 있었다.

그러나 6월 25일 일요일 예배를 마쳤을 때 북한군의 대규모 남침 소식이 들려왔다. 미국 대사관에서는 선교부에 철수 항구로 지정된 부산으로 이동할 준비를 하라는 지침이 내려왔다. 충격 속에서 6월

---

[13] 같은 자료.

27-28일, 화요일과 수요일에 철수 준비가 이루어졌다.[14]

그렇게 20세기 한국의 비극이 시작되었다.

---

[14] Sophie Montgomery Crane, *A Legacy Remembered—A Century of Medical Missions* (Franklin, Tenn.: Providence House Publishers, 1988).

9장

한국 전쟁, 전방 군 병원으로 활약

한국 전쟁에 대해 공식적인 한국 역사는 이렇게 서술한다.

"1950년 6월 25일 이른 새벽, 전쟁에 대한 어떤 경고나 선전 포고 없이 대규모 북한군이 38선을 넘어 무방비 상태의 남한으로 밀고 내려왔다. 대한민국 군인들은 용감히 싸웠지만 러시아제 탱크 T-34로 중무장한 공산군과 상대가 되지 않았다. 정부는 할 수 없이 수도를 부산으로 이전했고 수많은 서울 시민들은 침략자들의 선발대가 들이닥치기 전에 서울을 떠났다. 북한군은 대구 부근 낙동강까지 파죽지세로 밀고 내려왔다."[1]

1950년에 두 살 이상이었던 한국 사람은 누구나 이 무서운 전쟁에 대해 나름의 기억을 이야기할 수 있다. 공산군이 도시와 시내와 마을을 휩쓸아칠 때의 공포, 정부의 공무원과 기독교 지도자들

[1] 한우근, *The History of Korea*, p. 505.

의 처형, 낙동강 방어선을 지키기 위한 영웅적인 저지 작전, 맥아더 장군의 대담한 인천 상륙 작전, 중국의 예기치 않은 참전, 두 번째 서울 함락 그리고 결국 1953년 7월 27일 비무장 지대가 설정되고 휴전이 조인될 때까지 고지와 부락을 차지하기 위해 뺏고 빼앗기는 끝을 모르는 혈투가 벌어졌다. "100만 명 이상의 사망자가 발생했고 250만 명이 집을 잃었으며 도시와 산업 시설, 통신과 운송 시설이 폐허로 변했다."[2]

이 전쟁이 예수병원에 미친 영향을 파악하려면 구바울 박사가 자녀들을 위해 쓴 미출간 회고록을 살펴볼 필요가 있다. 미국 대사관에서 철수 지시가 떨어지자 선교부는 '방어 위원회'(defense committee)를 구성했고, 전주에 있던 의료진 중에서 마리엘라 탈마지 간호사와 의료 기사 진 린들러만 병원에 남기로 했다. 구바울 박사와 오비드 부시 박사는 변마지 간호사를 포함해 대부분의 선교사들을 엄호하며 순천을 거쳐 부산까지 데려다주었다. 이때의 상황을 구바울 박사는 이렇게 기록했다.

철수 도중에 우리는 이동식 라디오에서 서울이 함락되었고 트루먼 대통령이 12대의 해군 전투기를 투입해 남한을 돕기로 했다는 소식을 들었다.…미국 대사관은 항구에 몰려온 피난민과 부상병들을

---

[2] Nehmer, Stanly, and McCune, Shannon, *Encyclopedia Britannica*, 1968, vol. 13, p. 463.

실어 나르기 위해 화물선 한 대를 대기시켜 놓은 상황이었다.…우리 선교사 그룹은 맨 마지막에 도착해 증기선인 러티샤 라이크스 (Letitia Lykes)호에 승선하기 위해 서둘러 부두로 갔다.³

선교사들의 아내들과 자녀들 그리고 대부분의 비의료인 선교사들이 일본으로 철수한 후, 구바울 박사와 부시 박사에게 정보부의 책임자인 대령이 다가와서 자신의 부대에 남아 의료 지원을 해 달라고 요청했다. 곧 그들은 이 부대와 기차를 타고 이동했다.

맥아더 장군이 현재의 군사 사태에 대해 이승만 대통령과 회담을 하기로 되어 있었다. 우리와 동행한 부대는 도쿄에서 비행기로 오는 맥아더 장군에게 차량을 제공하기 위해, 수원 근처의 전방을 향해 기차로 떠날 예정이었다. 그들이 탄 기차가 저녁 무렵 부산을 떠날 때 군중이 몰려와 손을 흔들면서 우리를 격려했다. 우리는 피난 방향과 반대로 전방을 향해 가는 첫 미국인들이었다.…맥아더 장군은 전방 시찰을 하기 위해 비행기 2대에 장교들과 영관급 장교들, 기자들을 가득 태우고 왔다. 절망적인 군 상황은 이 순간 명확해졌다.⁴

맥아더 장군은 이승만 대통령과 회담을 마친 후 부산에서 온

---

3 미국 화물선 회사 Lykes Lines 소유의 화물선 이름.
4 Crane, *Memoirs*.

이 '특수 부대'를 소개하면서 이들이 한국의 미군 선발대라고 선포했다. 맥아더 장군은 대전에 사령부 설치를 명령했다. 예수병원은 한국에서 전방 군 병원으로 지정되었고 구바울 박사와 부시 박사는 미군 전상자들의 진료를 준비하기 위해 군용 지프차를 타고 전주로 향했다. 갑자기 폭우로 길이 험해지면서 삼례 근방의 배수로를 건너는 것이 위험해져서 전상자를 받기로 한 계획을 변경했다. 전상자들은 비행기로 일본으로 후송되었다.

이후 구바울 박사는 이렇게 기록했다.

병원은 일상 업무를 계속했고 온종일 수술 환자, 가끔 총상 환자를 비롯해 수많은 중환자들로 넘쳤다.…우리는 밤마다 라디오를 들었는데 전투 상황은 날마다 점점 나빠졌다. 우리는 전날 북한군이 점령한 마을 이름을 듣고 최전방 위치를 알 수 있었다.

7월 17일 한 무리의 미군 정보 장교들이 우리 병원을 방문해 우리와 함께 점심을 먹었다. 그들은 금강 전선을 지키는 데 대해 낙관했다.…그러나 오후 4시경 그들이 다시 와서 전선이 무너졌다고 소리쳤다. 공주에서 금강 다리를 지키던 미군 부대가 무너진 것이다. 순진한 미군들은 흰색 농민 옷을 입고 등에 무거운 짐을 진 젊은 한국 '민간인들' 행렬이 다리를 건너는 것을 허락했다. 일단 강을 건넌 다음 그들은 흰옷을 벗어던지고 총부리를 미군들에게 돌려 댔다.

북한 탱크들이 전주에서 48킬로미터 떨어진 논산까지 다가왔다. 이제 이들이 몇 시간 이내에 전주까지 들이닥칠 것이고, 그들을 막을 방법이 전혀 없었다.…우리는 병동을 돌아다니며 환자들과 가족들에게 즉시 병원을 떠나 집이나 인근 여관으로 갈 것, 병원에 있다가 북한군에 발각되면 현장에서 총에 맞게 될 것이라고 경고했다. 병원 직원들에게는 병원 금고에 있는 돈을 모두 꺼내 나누어 주고 마을이나 산으로 도망가라고 말했다.[5]

선교사들 중 전쟁이 끝난 후에 한국에 왔거나 너무 어려서 당시 상황을 기억하지 못하는 사람들은 공산군이 들이닥치기 전에 집으로 돌아가기 위해, 그것도 대부분 걸어서, 허겁지겁 쫓겨 가던 환자들의 절망스럽고 극도로 혼란스러운 상황을 짐작할 수조차 없을 것이다. 우리는 병원 직원들이-의사, 간호사, 지원 부서 직원-자신의 집이나 피난지로 황급히 떠나고 텅 빈 병원 건물을 상상해 볼 뿐이었다. 의사들 중 이근영 박사와 김영우 박사는 남쪽 순천까지 145킬로미터를 걸어가 애양원(한센병 환자 요양소)에서 그날 밤을 보냈다. 그들은 손양원 목사에게 자신들과 함께 부산으로 가자고 설득했지만 그는 환자들과 함께 있겠다고 거절했다. 이근영과 김영우는 해안으로 가서 어선을 타고 부산에 무사히 도착했다. 애양원에 도착한 공산군은 손양원 목사를 체포해 고문한 뒤 총살하고 말았다. 손양원

5 같은 자료.

목사는 죽음 앞에서도 믿음을 지킨 사람이었다. 그는 처음에는 일본 사람들에게 고문을 당했고 그 후 1948년에는 공산주의자들의 반란으로 두 아들이 처형당했고, 마지막에는 자신도 공산군에 목숨을 잃었다. "한 알의 밀이 땅에 떨어져 죽지 아니하면 한 알 그대로 있고 죽으면 많은 열매를 맺느니라." 그는 그의 주님 되신 그리스도의 말씀을 그대로 실천했다.[6]

구바울 박사, 부시 박사, 마리엘라 탈마지와 진 린들러는 7월 17일 밤 10시에 전주를 떠났다. 구바울 박사는 당시 위험했던 상황을 다음과 같이 기록했다. "그 지역에 게릴라의 총격이 있을 거라고 예상했는데, 다행히 달이 밝아서 전조등을 끈 채 차를 몰았다. 정읍 남쪽의 범산 고개를 막 넘어서자 40명가량의 무장한 사람들과 마주쳤다. 우리는 그들의 정치적 성향을 확인하기 위해 차의 속도를 늦추거나 멈추지 않았다. 다음 순간 총알이 빗발치는 가운데 좁은 비포장 길에서 지그재그로 전속력으로 내달렸다. 마침내 무사히 빠져나왔다!"[7]

한밤중이 지나서야 광주에 도착한 그들은 전라남도에서 선교사로 사역 중이던 피트리 미첼(Petrie Mitchell) 부부, 플로렌스 루트(Florence Root)의 피난을 도와주려고 이들을 깨웠다. 그러나 루트는 피난을 떠나기를 거절했다. 피트리 미첼은 루트를 혼자 남겨 둘 수가 없

---

6 안용춘, *The Seed Must Die*, (Inter-Varsity Fellowship, London, 1965).
7 Crane, *Memoirs*.

다고 했다. 루트가 계속 잔류를 고집하자 결국 새벽 4시에 구바울, 부시, 마리엘라 탈마지, 진 린들러, 미첼 부부는 광주를 떠나 부산으로 향했다. (몇몇 한국인이 루트를 산속에 숨겨 주었다. 전해진 말에 따르면 그녀를 보호했던 한국인 3명은 북한군에 잡혀 살해되었다.)

선교사들을 태운 자동차가 부산 방어선의 전방 기지에 접근했을 때, '무인지대'에서 아군과 가까운 선교사들의 차량이 나타나리라고 상상조차 하지 못한 미군들에게 하마터면 총격을 받을 뻔했다. 선교사들은 자신들의 신분을 밝히고서야 부산에 들어올 수 있었다. 구바울 박사와 부시 박사는 부산에 있는 군부대 본부에 보고했고, 이때 전상자들이 일본에 있는 미 육군 병원으로 직접 이송된다는 사실을 알았다. 그들은 일본으로 가겠다고 자원했고, 일본 승무원으로만 구성된 대형 해군 상륙함(LST)에 그들의 픽업트럭을 싣고 사세보(Sasebo)로 가는 것을 허락받았다. 그러나 규슈 해안을 떠나자 태풍이 접근 중이라는 통보를 들었고, 상륙함은 적어도 3일간은 하카타항이 보이는 어느 섬 뒤로 대피하라는 지시를 받았다. 하지만 구바울 박사는 해안에 상륙해야 한다고 강하게 주장했고 기어이 그의 뜻을 관철시켰다. 그들은 크레인 여사와 부시 여사에게 연락할 수 있었고, 탈마지 부인과 린들러 부인은 탈마지의 가족과 함께 머물렀다. 구바울 박사와 부시 박사는 나고야로 갔다. 그곳에서 부시의 아내 플로렌스가 중증 연수회백수막염에 걸려 오사카에 있는 미 육군 병원으로 이송해야만 한다는 사실을 알게 되었다. 부시 박사와 구바울 박사는 오사카 군 병원에 합류했는데 부상병들이 너무 많아서

120병상을 5,000병상으로 확장했다. 구바울 박사는 대령급, 부시 박사는 일반 의무 장교 계급으로 활동하게 되었다. 맥아더 장군이 인천 상륙 작전으로 전쟁의 흐름을 바꿀 때까지 그들은 그곳에 몇 개월간 근무하다가, 1950년 10월에 한국으로 돌아갈 것을 허락받았다.

그들은 전주로 향하는 길을 지나오는 동안, 완전히 파괴된 마을과 도시들의 모습을 보고는 경악했다.

러시아제 탱크를 포함한 차량들이 길가에 흩어져 있었다.…교량들은 모두 날아가 버렸고…언덕마다 온통 참호가 파여 있었다.…불에 타 버린 열차와 파괴된 철로가 어느 마을에나 있었다. 대전시는 몇 개 남아 있는 굴뚝을 빼고는 모든 것이 파괴되어 평평해진 상태였다.…전주는 아직도 충격에서 벗어나지 못한 상태였음을 한눈에 알 수 있었다. 도시 중심부는 폭격으로 파괴되어 있었다. 전기도 들어오지 않았고 사람들은 망연자실한 상태로 거리를 배회했다. 그러나 선교부 내의 건물들은 그나마 잘 보존된 편이었다.…병원 건물은 그동안에 병원으로 사용되었다. 공산당의 병원 직원 명단이 그대로 벽에 붙어 있었다.…7월에 피난을 가기 전에 새 병원을 확장하려고 1층의 벽체 공사를 완료한 상태였다. 북한군은 이 벽을 이용해 구치소를 만들었는데…작은 방에 촘촘하게 창살을 설치했다. 이 작은 방에 12구의 시신이 놓여 있었다. 새로 지은 간호학교 건물은 비밀경찰 본부로 이용되었다. 간호학교 뒤편의 바위 채석장에서 몇몇의 어린아이를 포함한 시신 24구를 발견했다. 이들은 모두 철사로 등 뒤에서 손목이 묶인 상태였다. 북한군은 떠나면서 감옥에 가두었던 약 3,000명 모두를 잔인하게 학살했다.[8]

구바울 박사와 부시 박사가 전주에 돌아왔을 때까지 이들의 시신은 감옥 뜰에 쌓여 있었다.

식품과 휘발유는 늘 부족했고 물가는 하늘 높은 줄 모르고 치솟았다. 배관과 난방은 제대로 작동하지 않았고…날씨는 살을 에는 듯 매서웠다. 우리는 병원 안에서 일할 때도 두꺼운 파카를 입은 채 잠을 잤고, 병원에서 일할 때도 입었다. 이렇게 추운 진찰실에서 세밀한 신체 검진을 하는 것도 어려웠다.[9]

한국군사고문단(KMAG)은 살균 처리된 물품과 기구를 포함한 20병상분의 병원 설비를 보내왔다. 구바울 박사와 부시 박사는 직원들을 모아 일주일 안에 진찰실을 열고 이어서 입원 병동을 열었다. 린들러와 탈마지는 돌아와서 간호 업무와 검사실 업무에 돌입했다. 이들은 병원에 의료 용품이라고는 철제 침대를 제외하고 남은 것이 없다는 사실을 알게 되었다. 마리엘라 탈마지는 "병원에 남기로 결정한 한 의사는 3일 동안 어떤 음식도 먹지 못한 채 나무에 묶여 있

---

8 같은 자료.
9 같은 자료.

었다. 여전도사 한 사람은 이 마을 저 마을에서 세 번씩이나 투옥되었으나 결국 무죄 방면되었다."[10] 구바울 박사는 이 당시 상황을 이렇게 요약했다.

> 진찰실은 매일매일 꽉 찼으며, 병실은 총상 환자와 또 다른 응급 환자로 가득 찼다. 우리는 침대가 없어서 짚으로 된 다다미를 침상으로 이용했다. 나는 가끔 장갑도 없이 수술해야만 했다. 때로는 펜토탈 마취를 할 때 쓸 주사기가 바닥나기도 했다. 모르핀과 페니실린도 마찬가지였다. 대부분의 약과 스트렙토마이신은 구할 수조차 없었다. 우리 병원에 많은 파상풍 환자가 몰려왔다.[11]

그해 크리스마스가 다가오자 부시 박사와 구바울 박사는 교대로 일본에 있는 가족들을 방문하기로 했다. 그들은 동전 던지기로 먼저 갈 사람을 정하기로 했고 구바울 박사가 이겼다. 1950년 12월 22일 자동차로 서울을 거쳐 김포공항으로 향했다. 그러나 10월에 대규모 중공군이 전쟁에 개입하면서 전선의 상황이 악화되어 유엔군은 인천 상륙 작전 이후 점령했던 대부분의 영토를 포기하고 (서해안은 안주에서, 동쪽은 창진 저수지에서) 전략적인 후퇴를 해야만 했다. 구바울 박사가 김포에 도착했을 때 한강을 따라 공항 근처까지 포격

---

10 Mariella Talmage, R. N. 개인 기록.
11 Crane, *Memoirs*.

소리가 들렸다. 그는 가까스로 도쿄로 가는 군용 비행기를 탈 수 있었다. 김포공항은 다음 날 중공군의 손에 들어갔다. 남아 있던 부시 박사, 탈마지와 린들러는 "그린 씨가 부산으로 이동했다"는 라디오의 철수 명령 암호에 귀를 기울이라는 지시를 들었다. 1951년 1월 4일에는 서울이 중공군에 함락되었다. 곧바로 "그린 씨가 부산으로 이동했다"는 철수 전언이 라디오에서 흘러나왔다. 병원에 남아 있던 선교사들은 게릴라들이 지리산 일대를 손아귀에 넣자 다시 대전을 거쳐 철수했다. 수많은 중공군들은 계속 남하했고 전선은 오산에서 동쪽의 원주로, 그리고 동해안 삼척시까지 밀려났다.

구바울 박사가 상세히 설명한 것처럼 "서울에서 남쪽으로 80킬로미터 떨어져 있는 오산에서 전개된 엄청난 포격전 끝에 결국 중공군은 포격을 멈추고 후퇴했다. 군인들은 이 전투가 한국전에서 벌어진 교전 가운데 가장 격렬한 포격전이었다고 말한다."[12] 3월 12일 드디어 서울을 재탈환했다.

예수병원에서 처음 인턴 수련을 받은 4명 중에 세브란스 병원장의 아들인 이근영 박사가 있었다. 1950년 7월 예수병원 직원들이 철수한 후 이근영은 부산으로 피난을 와서 몇 달을 지내다가 9월에 맥아더 장군이 인천 상륙 작전에 성공한 이후 전주로 돌아왔다. 임경열(후에 안과와 이비인후과 의사가 되었다), 일반 외과 수련을 받은 전주 출신 송경진 그리고 내과에서 부시 박사와 함께 일했던 송정석이 그

---

12 같은 자료.

와 함께 수련을 받은 동료들이었다. 중국이 전쟁에 개입하면서 서울의 남쪽으로 80킬로미터까지 내려오자 이근영은 부산으로 피난을 떠났고, 후에 미국 버지니아 의과대학에 가서 외과 레지던트 과정을 이수했다. 하나님의 섭리로 그는 1964년에 예수병원에서 다시 일하기 시작했다.

1951년 2월 5일, 구바울 박사와 부시 박사는 일본에서 부산을 경유해 전주로 돌아왔다. "곧 병원은 환자로 가득 찼고 진찰실은 분주해졌다. 안면 재건술, 심한 화상을 입은 환자의 피부 이식과 피판 이식을 통한 재건술, 수많은 위암 환자, 자궁외 임신, 사지 절단 수술 등으로 나는 무척 바빴다."[13]

늦은 봄 유엔 사령부는 비무장 지대(DMZ)에 사는 사람들을 전부 철수시키기로 결정했다. 수천 명이 여러 도시로 흩어졌고, 심지어 먼 거리의 전주까지 내려와서 정착했다. 이들은 비단 공장, 도립병원, 예수병원 간호대학에도 투숙했다. 천연두가 창궐했으며 극심한 영양실조로 6명이 하루 만에 사망하기도 했다.

마리엘라 탈마지 간호사와 린들러 의료 기사는 일본을 출발해 부산에 도착한 후 각각 기관총으로 중무장한 트럭 2대에 나누어 탄 33명의 한국군과 같이 전주로 돌아왔다. 마리엘라 탈마지는 그 후 몇 주 동안 수천 명의 피난민이 도시로 몰려 들어오는 광경을 보았다.

13 같은 자료.

대부분의 사람은 누더기를 걸치고 있었고 보잘것없는 물건들을 싼 작은 보따리 1개만 가지고 있었다.…국립병원은 입원 환자를 200명 정도 수용했지만 목욕이나 수술은 말할 것도 없이 그 많은 환자의 상처를 치료조차 해 주지 못하고 있었다.…얼마 후 우리는 구호 병실 2개를 비워 중환자 12명을 우리 병원으로 이송해 왔다.…일주일 후 유엔에서 일하는 우리 친구 한 사람이 와서 부상자를 실은 기차가 전주에 도착했는데 우리 병원에서 이들 중 몇 명을 수용할 수 있는지 물었다. 누가 이 불쌍한 사람들에게 도움을 거절할 수 있단 말인가? 우리는 이들을 위해 지난해 완공한 간호학교 1층을 내주기로 결정했다.…오후 2시 30분에 환자를 태운 첫 트럭이 도착했다.…한 시간 만에 49명의 모든 환자에게 병실을 배정하고 휴식을 취하게 했다. 그들은 낡은 트럭을 타고 왔기 때문에 몹시 지쳐 있었지만 매트리스도 없이 침대 스프링 위에 눕는 것도 전혀 개의치 않았다.[14]

이런 격동의 세월에 병원 의료진이 믿기 어려운 방법으로 보강되었다. 북한에서 온 피난민 의사 박영훈(안드레)은 남한에 오기 위해 북한 최북단에 있는 고향 신의주에서 순례의 길을 떠나 무려 6개월 동안 600킬로미터를 걸어서 내려왔다. 그리스도인 부모의 아들

---

[14] Mariella Talmage, correspondence to Nashville (PCUS Mission Board), 1951년, 6월 30일.

이며 세브란스 의과대학 출신인 그는 공산주의를 단호하게 반대하는 요주의 인물이었다. 그는 낚시를 좋아했다. 유엔군이 안주시로 진격해 온다는 말을 어쩌다 듣게 된 그는 90킬로미터 정도 떨어진 곳에 있던 미군에 합류하려고 낚시꾼으로 위장해 안주로 떠났다. 그러나 중공군이 중부의 산악 지대를 가로질러 유엔군의 측면을 공격했다. 박영훈이 도착하기 전에 미군이 안주시에서 철수하자 그는 꼼짝없이 고립되는 신세가 되고 말았다. 피난민으로 그는 어느 날은 무덤 사이에 숨어 밤을 새기도 했고 때로는 배를 타기도 하면서 6개월을 이동했다. 그리고 마침내 남한으로 넘어왔다. 서울에 도착한 그는 동창인 송정석이 예수병원에 있다는 사실을 알게 되었다. 그는 그 당시 세브란스 의과대학이 임시로 이전한 부산으로 가려고 기차를 타고 내려가던 중이었다. 전주역에 도착했을 때 잠시 열차에서 내렸다가 약간 늦게 돌아가는 바람에 기차를 놓치고 말았다. 이때 송정석은 그에게 말했다. "하나님은 당신이 예수병원에 머물기 원하시는 것이오." 그는 전주에서 사랑받는 의사, 품격 있는 학자, 믿음 좋은 장로, 유능한 신경외과 의사가 되었다. 그를 아는 모든 사람은 그의 친절과 온유한 모습을 보며 예수 그리스도를 떠올렸다.

내슈빌의 남장로교 선교부는 지난 4년 동안 긴장 가운데 일했던 구바울 박사 부부에게 안식년 휴가를 주고 미국에 돌아오게 했다. 병원 업무와 피난민 구제 사업을 다시 부시 박사와 변마지, 탈마지, 린들러 등에게 맡기고 구바울 박사는 비행기 편으로 일본으로 가서 거기 있는 가족들과 함께 미국으로 돌아갔다. 안식년 동안 구바울 박사는 미시시피주 걸프포트(Gulfport)에 있는 그의 부모님을 방문했다가 우리가 의료 선교에 관심이 많다는 이야기를 들었다. 그는 뉴올리언스에 있는 채리티 병원(Charity Hospital)에서 일하고 있던 우리 부부를 찾아내 예수병원에서 그리스도를 섬기는 일에 동참해 달라고 요청했다. 회고해 보면 이 사건은 우리에게 일종의 역사적인 '진실의 순간'이었다.

10장

불확실함 가운데 싹이 자라나

예수의 이름을 딴 교육병원을 만들기 위한 공동의 소명을 위해 인생의 황금기를 바친 젊은 남녀의 순전한 헌신에 대해서는 오직 하나님만이 아신다. 이 소명은 구바울(폴 크레인) 박사와 그의 아내 소피 몽고메리 크레인 그리고 변마지(마거릿 프리처드)에게서 탄생했다. 이어서 오비드 부시 박사, 마리엘라 탈마지 그리고 진 린들러가 병원에 합류해 이들의 헌신을 뒷받침해 주었다. 그러나 오래 지나지 않아 이들의 비전이 불안한 기초 위에 세워져 있음을 알게 됐다. 일본의 식민지였다가 이제 막 독립한 나라, 빈약한 공급선으로 간헐적으로 공급되는 의료 용품과 약품, 한국 전쟁의 발발로 모든 의료진이 뿔뿔이 흩어진 충격, 결정하기 어려웠던 애매한 문제로 수개월 동안 갈등하다 일부 내국인 직원이 병원을 떠난 일, 심지어 우여곡절 끝에 되찾았지만 이미 전부 약탈당한 병원의 의약품과 장비들. 이 시기에 병원의 '들보를 지탱'하려고 노력했던 구바울 박사와 그의 팀이 보인

불굴의 의지는 어떤 말로도 제대로 표현할 수 없다. 이들의 헌신으로 10년이 지난 후 하나님의 도우심으로 예수병원은 한국의 남서부 지방에서 치유의 집이라는 확고부동한 명성을 얻었다.

앞 장에서 언급한 바와 같이 1951년 6월, 한국 전쟁이 한창일 때 구바울 박사 부부는 안식년을 갖도록 권유받았다. 그는 이미 한국에서 4년 동안 봉사했고 전쟁 중에도 병원이 안정적으로 기능할 수 있도록 수준을 끌어올렸다. 1951년 봄, 부시 박사는 가족과 함께 잠시 일본에서 휴식을 취한 후 진 린들러와 마리엘라 탈마지를 데리고 왔다. 이렇게 의료팀이 보강되자 구바울 박사 부부는 미국 여객선 프레지던트 클리브랜드(President Cleveland)호를 타고 미국으로 떠났다. 부시 박사가 구바울 박사의 휴가 기간에 병원장 직무 대행을 맡았다. 구바울 박사는 볼티모어에 있는 존스 홉킨스 의과대학 산하 유니온 메모리얼 병원에서 수석 외과 레지던트로 일했다.

구바울 박사의 부모인 크레인 목사 부부는 1912년부터 1948년까지 순천과 평양에서, 1954년부터 1957년까지 서울에서 봉사했다. 이들은 은퇴해 미시시피주 걸프포트의 남쪽 해안가의 작은 마을에서 살았다. 앞 장에서 이야기한 것처럼 1952년 여름에 구바울 박사는 부모님을 방문했을 때 뉴올리언스 부근에 살던 나와 메리를 찾아와서 자신과 함께 예수병원에서 봉사하자고 제안했다. 나는 그때 미국에서 큰 병원 중 하나인 채리티 병원에서 외과 레지던트 3년 차로 일하고 있었다. 메리는 임상 병리사 훈련 과정을 수료해 미국 임상 병리학회 기사 자격을 받았고 루이지애나 주립대학에서 대변 방

전주(1947-1969)에서 사역했던
폴 실즈 크레인(구바울) 박사와 그의 아내
소피 몽고메리 크레인 부부

부제로 새로운 배지를 사용해 아메바 종류(*Amoeba histolytica*와 *Amoeba coli*)를 구별하는 염색법 개발 연구에 참여하고 있었다. 검체물은 한국 거제도에 있는 전쟁 포로 수용소에서 공수되어 왔다. 그래서 한국 전쟁은 그 당시 우리의 마음에 큰 비중을 차지하고 있었으며 전쟁의 와중에 한국에서 선교 교육병원을 위해 봉사할 수 기회는 우리에게 크나큰 도전이었다.

나는 우리 부모님이 북장로교의 교육 전도 선교사로 봉사한 남미에서 성장했다. 누나와 형과 함께 칠레의 산티아고(Santiago)에서 거의 9년을 살았다. 그 후 우리 부모님은 콜롬비아 선교부에서 전도와 행정 업무를 맡았다. 장인 장모님은 남장로교인이었는데 장인인 앨릭스 배첼러(Alex Batchelor) 박사는 플로리다 주립대학교 교목으로, 청년 사역, 교회학교 행정, 흑인 사업부 책임자 등 많은 목회 사역을 했다. 메리와 나는 플로리다주 청년 캠프에서 처음 만난 후 메리빌 대학(Maryville College)을 다니는 동안 사랑에 빠졌고, 1949년에 메리가 기독교 교육부장으로 봉사했던 피치트리 장로교회(Peachtree Road Presbyterian Church)에서 결혼식을 올렸다. 우리 양쪽 집안은 선교에 대해 강한 사명감을 가졌고, 우리 부모님의 침실 벽에 걸린 액자에 쓰인 말은 이 마음을 잘 나타내 준다.

자신보다 더 위대한 분의 종이 되지 않고서는
훌륭한 종이 될 수 없다.

우리 가족과 메리의 가족에게 젊은 시절에 선교사가 되는 것은 당연한 선택 사항 중 하나였다. 나의 형이 목사가 되고 베네수엘라 선교사가 된 것은 우리 집안의 신앙 분위기로 볼 때 우연한 일이 아니었다. 나는 열일곱 살 때 의료 선교에 관심을 가졌다. 그러나 라틴 아메리카 국가들은 미국 의사를 환영하지 않았으며 대부분의 나라에서 외국인이 의사 면허를 취득하기란 불가능했다.[1] 우리는 그래서 테네시주 내슈빌에 있는 미국 남장로교 선교 위원회에 가능성을 타진했다. 하나님이 구바울 박사를 우리에게 보내신 것이 정확히 이 무렵이었다. 메리와 나는 1952년 10월에 남장로교 선교 위원회 회의에 참석해 달라는 초청을 받았고 성령의 감동으로 선교 사역에 자원했다. 몇 분 후 우리 인생의 계획이 바뀌었고, 우리는 한국에서 봉사하

---

[1] 우리는 북장로교 선교부에서 내 스페인어 지식을 활용할 수 있는 곳, 즉 아프리카의 스페인 식민지 국가로 우리를 파송할 거라고 생각했다. 그러나 스페인의 식민지였던 적도 기니에서 사역한다는 생각은 그다지 끌리지 않았다. 그 당시 스페인 정부에서 파견된 Francisco Franco 총독은 반개신교 정책을 펼쳤고, 그 결과 개신교 선교사들은 공식적으로 환영받지 못했기 때문이다. 지속적으로 추방 위협을 받는 곳에서 의료 사역 프로그램을 어떻게 구축할 수 있겠는가?

예수병원(1953-1990)에서 사역한 설대위 박사와 설매리

10장 불확실함 가운데 싹이 자라나

새로운 실험 기술을 소개하는 의료 기사 설매리

도록 임명받았다.

병무청에서 구바울 박사가 병역 의무를 다하지 않았다는 이유로 한국으로 귀환하는 일정이 지연되었다. 그러자 그는 제대를 요청하는 호소문을 대통령 집무실로 보냈다. 이에 대한 허락을 기다리는 동안 소피는 첫 아들 존(John Curtis Crane)을 분만했다. 구바울 박사는 1952년 12월에 한국으로 돌아올 수 있었고, 즉시 병원의 기능을 완전히 회복시키는 데 몰입했다. 부시 박사가 일본으로 전근을 떠나면서 구바울 박사가 돌아오기 전까지 병원장이 부재한 상태가 이어졌다. 구바울 박사는 아스트리드 크라케네스(Astrid Krakenes) 간호사를 영입해 간호 업무를 보강했다. 1953년에는 방사선 기사 코레 마이허르(Kore Myhrer)가 직원으로 합류했다. 이 두 사람은 노르웨이 출신이었다. 토머스 테일러(Thomas Taylor)가 1954년 말경에 합류해서 병원 행정 업무를 맡았다.

나는 구바울 박사보다는 제대로 군 복무를 했다. 우리는 1953년 세계 선교 대회에서 선교사로 임명되었고(남북이 휴전 협정을 조인한 바로 그해) 9월에 떠날 수 있었다. 그해 5월에 우리 첫아들 데이비드 존실 2세가 태어났다. 이 일은 우리가 한국에 바로 들어가 예수병원에서 봉사할 수 없는 사유가 되었다. 유엔 사령부에서 어린아이는 전쟁 지역에 들어갈 수 없다는 정책을 세웠고, 1953년 7월에 휴전 협정이 조인되긴 했지만 전라도는 아직 안전하지 않은 지역으로 여겨졌기 때문이다. 남서부 지역, 특히 지리산 부근은 게릴라군의 활동 때문에 안전하지 않은 것으로 여겨졌다. 4개월 된 조니, 아내인 매리와 나까지 단출한 우리 가족은 1953년' 9월 화물선을 타고 일본을 향해 출발해 10월에 요코하마에 도착했고 도쿄 근교에서 6개월 동안 살면서 한국어를 공부했다. 이 동안에 게릴라들의 위험에서 대체로 안전해졌고 연합 사령부는 갑자기 어린아이들에 대한 제한 규정을 해제했다. 남장로교 선교사 일곱 가족은 바로 짐을 싸서 한국으로 입국했다. 도쿄에 맨 나중에 도착한 우리 가족은 '조용한 아침의 나라'를 향해 맨 나중에 출발했는데 비행기로 부산을 경유해 광주에 도착했다. 변마지의 마중을 받은 우리는 1954년 4월 16일 지프차를 타고 전주로 갔다. 새로운 고향으로 가기 위해 덜컹거리는 차편으로 먼지 나는 길을 따라 가는 동안 일본의 푸른 산과 생존을 위해 땔감으로 나무를 베어 내 붉게 변해 버린 한국의 산들이 대조적으로 다가왔다. 마을과 산을 지날 때마다 시골 사람들이 구름처럼 일어나는 먼지 속에서 누가 오는지 호기심을 가진 눈빛으로 바라보았고 우리를 보고는 미소 지으며 손을 흔들었다. 며칠 후 본국으로 보낸 편지에 나는 한국의 첫인상을 이렇게 썼다.

여기 수 세기 동안 불의의 짐을 짊어지고 살아가는 백성이 있습니다. 그러나 천진하고 정말 소박하며 공감이 뛰어나고 친절한 백성입니다. 여기 웃음을 잃어버리지 않은 백성이 있습니다. 우리는 일본에서 느낄 수 없었던 무언가를 느낄 수 있었습니다. 또한 환영도 받았습니다. 이 나라의 산처럼 참되고 튼튼하며 굳센 이 백성들은 우리가 온 것을 기뻐했습니다. 우리는 환희에 가득 찼습니다. 이곳은 우리의 땅이고, 이들은 하나님의 백성이며, 우리는 새로운 고향에 왔습니다.[2]

해질 무렵, 우리는 전주에 도착했다. 다가산 언덕 위의 병원은 70병상 규모로 지어졌지만, 평균 입원 환자는 150명에 이르렀다. 언덕 위에서 내려다보니, 병원 너머로 전주 시가지를 행해 불빛이 반짝이고 있었다. 내가 일본에 있을 때 건축 자재를 공급해 증축한 건물이 거의 완공 단계에 있었다. 더 나은 수술실, 검사실, 방사선실을 갖추기 위해 증축이 이루어진 것이다. 미국에 있는 친구들에게 보낸

---

[2] Dr. David J. Seel, 개인 서신.

첫 번째 편지에서 나는 이렇게 썼다.

의료 수요를 완전히 충족시키는 일은 불가능하다. 이 지역 여러 곳에서부터 환자들이 몰려와서 부근 여관이나 병원 입구, 심지어 계단에서 입원할 병실이 배정될 때까지 기약 없이 기다린다. 진찰실은 하루에 80-100명이 찾아와서 발 디딜 틈이 없었다. 전임 전도사 2명은 영광스러운 구세주를 모든 환자에게 전하는 일에 전념했다. 매일 아침 일과는 병동을 가득 채우는 찬양과 감격스러운 예배로 시작한다. 그리고 모든 수술은 기도로 시작했다.

구바울 박사는 이와 같은 일을 한국인 직원들의 도움을 받아 해 나가고 있었다. 병실과 진찰실에서, 수술실에서 그분의 짐의 일부를 나누어 지며, 의료 사역을 지원하게 되고 그분과 같이 일하게 된 것을 나는 축복이라고 생각한다.…아내 매리는 우리 집 식모를 가르치고 우리 가정이 하루 빨리 정착할 수 있도록 돕느라 분주하다. 인류를 위한 하나님의 사랑을 전파하기 위해 이 나라에 부름받은 것은 일종의 특권이다.[3]

우리는 한글을 배우기 시작했고 한편으로는 우리가 살 집을 건축하기 시작했다. 처음 진찰할 때는 전적으로 통역에 의지해 환자와

---

3 Seel, Nashville에 보낸 선교 서신. 1954년 6월 3일.

의사소통했다. 매리는 검사실에서 할 일을 찾았고 병원 검사실의 업무와 집에서의 가사 업무에 시간을 나누어 사용했다. 나중에 나는 전북대학교 교수였던 문성규라는 훌륭한 언어 교사를 만났다. 반면 매리의 어학 선생은 별로 만족스럽지 못했다.

우리가 여기에 도착하고 8개월이 채 지나지 않아 내가 결핵 초기인 것을 알게 되었다. 흉부 방사선 사진에서 우측 폐의 우상엽에 활동성 음영이 발견된 것이다. 요즘이라면 이런 정도는 아마 통원 치료를 받았을 테지만 그 시대에는 대응할 약이 겨우 세 가지 정도밖에 없었다. 그 당시는 이런 진단에 대해서 오늘날 생각하는 것보다 더 심각하게 우려했다. 어쨌든 나는 침대에 가만히 누워 안정을 취하며 보통 쓰는 스트렙토마이신(streptomycin), 아이소나이아지드(isoniazid), 파라미노벤조인산(paraminobenzoic acid)을 투약했다. 나는 증상을 전혀 느끼지 못했다. 내 병에 대한 걱정은 장인의 죽음이 준 충격과는 비교할 수 없었다.

매리의 아버지 앨릭스 배첼러 목사는 미국 남장로교회에서 가장 존경받는 목사 중 한 분이었다. 그는 교회의 여러 분야에서 봉사했고 마지막에는 미국 흑인 공동체에서 전도하고 교회를 세우는 사역을 하는 흑인 사업부의 책임자로 일했다. 그는 자신의 자리를 맡을 아프리카계 미국인 목사인 로렌스 보톰스(Lawrence Bothoms)를 훈련시켰다. 훗날 보톰스는 교단에서 첫 흑인 총회장이 되었다.[4] 1952년 불

---

4   1974년 총회장 Lawrence Bottoms 목사가 방한해 예수병원을 방문했다.

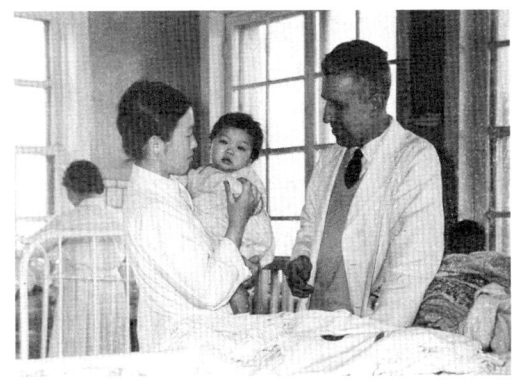

프랭크 굴딩 켈러 박사
(1955-1967)

행하게도 배첼러 목사는 자신이 폐암에 걸린 것을 알았다. 그는 완화 목적의 폐절제술을 받았고 그 후 나이트로겐 무스타드(Nitrogen Mustard)라는 항암제 치료를 받았다. 그런데 그로부터 3년이 지난 그 당시 그는 내가 결핵에 걸렸다는 소식을 듣고 나에게 이런 편지를 보냈다.

기억해라. 데이브! 십자가 없이는 부활도 있을 수 없음을.[5]

이것은 1955년 1월 3일 자 편지에 나온 문구였다. 그런데 1955년 1월 9일, 우리는 군산 공군 기지를 통해 전보를 받았다. 그 내용은 "아버님 일요일에 사망"이었다. 매리는 가슴이 찢어지는 듯한 고통을 느꼈다. 우리는 우리가 한국행 배를 타기 위해 애틀랜타에서 뉴올리

---

[5] Alex J. Seel, 개인 서신.

언스로 가는 기차를 타고 떠날 때 어린 존을 매리에게 넘겨주시던 당시의 비팝(B-Pop, 아이들이 할아버지를 부르는 애칭이다)을 가만히 떠올려 보았다. 그때 비팝은 우리를 다시는 못 볼 것이라는 사실을 이미 알고 있었던 것이다. 한국에서도 전쟁으로 이별을 경험한 가족들이 얼마나 많은가! 다시 만날 날을 기대하며 가장과 소년들을 남한으로 떠나보내야 했던 이별은 또 얼마나 많은가? 이들은 그리스도를 통해 하늘나라에서 만나지 못한다면 영원히 이산가족이 된 것이다.

매리는 두 가지 충격을 받았다. 남편의 투병과 사랑하는 아버지의 죽음에 대한 소식을 들은 것이다. 하나님은 그분이 하는 일을 알고 계셨다. 누워서 쉴 수밖에 없게 된 나는 한국어를 공부할 기회를 더 많이 가질 수 있었다. 매리는 검사실 조직 병리 부문을 발전시켰고 두 번째 아이 제니퍼(Jeniffer)를 낳았다. 나는 집에서 침대 위 받침대에 현미경을 놓고 슬라이드를 판독했다. 내가 병가를 내면서 의료진의 보강이 필요해지자 소아과 의사인 프랭크 켈러(Dr. Frank Keller)가 자원해 전주로 와서 구바울 박사와 다른 직원들을 도왔다. 이러한 일들을 미루어 볼 때 하나님은 자신이 하는 일을 다 알고 계셨던 것이다.

켈러는 1955년 5월 29일에 도착했다. 그때 쓴 편지의 일부분을 인용해 보겠다.

그는 땅딸막하고 머리가 회색인 40대 남자로 항상 미소와 유머 감각이 뛰어난 사람이었다. 와서 도와 달라는 요청을 받자 바로 그는 앨라배마주 모빌에서 잘 운영되고 있던 소아과 병원을 포기했다. 급하게 장비, 자동차, 병원을 팔고 한국행 배를 타고 온 것이다. 그가 오게 되어 우리는 너무 기뻤다. 그는 병원에 도착하자 곧 일을 시작했고 소아과와 내과를 맡았다.

1955년에는 병원의 프로그램을 강화시킨 두 가지 일이 있었다. 첫 번째는 군산에 있는 미군이 퀸셋 막사를 기증해 주어서 예배당을 지은 것이다. 그것은 전형적인 반원형으로 된 군부대용 막사 모양이었지만 그 종탑 위에는 십자가가 있었다. 이것은 16년 이상 우리 병원의 영적 모임의 장소로 사용되었다. 둘째는 유엔 한국재건기구(UNKRA, United Nations Korean Rehabilitation Agency)가 10,000달러를 기증해 전염병 환자 병동을 재건할 수 있었다. 이 건물은 1912년 이후 전염병 환자를 수용하기 위해 사용했던 (1908년, 테이트 목사가 지은) 원래 병원 건물을 대체했다.

잠시 병원 역사의 기록을 멈추고, 마침내 1956년 등나무 꽃이 만개한 4월, 소아과 의사 켈러와 간호사 재닛 탈마지 사이에 애틋한 로맨스가 꽃피어 이 퀸셋 예배당에서 결혼식을 올렸다는 소식을 언급해 둔다.

구바울 박사는 전주 병원의 다른 발전 사항에 이렇게 썼다.

1953년에서 1960년까지는 전주의 의료 사역이 큰 진전을 보인 해였다. 전쟁의 피해로부터 어느 정도 회복되자 일이 활발히 전개되었다. 병원을 증축해 병상을 160병상 규모로 늘렸다. 암 환자를 치료하기 위한 방사선 심부치료기도 설치했다. 병실은 늘 꽉 찼고 진찰실은 지속적으로 늘어나는 환자를 감당하기 위해 확장해야 했다. 이렇게 병원 시설은 빠른 속도로 발전되어 갔다.[6]

1954년 후반부에 어시 리스페스(Ocie Respess)가 와서 임상 검사실을 맡아 주었다. 그 덕분에 설매리는 조직 병리 부문의 일만 하고 옛 세브란스 병원에 조직 병리과를 개설하는 업무를 도왔다. (또한 메노나이트 교단에 속한 군산 도립병원의 검사실 설치를 돕기도 했다.) 부지런한 리스페스는 검사실의 수준을 높였고 기사 훈련 과정도 정착시켰다.

1955년 엘리자베스 보이어(Elizabeth Boyer)가 와서 병원에서 일을 하고 재닛 켈러는 임시로 변마지를 대신해 간호대학 업무를 보았다. 보이어는 예전의 예수병원에서 태어났는데 1935년 화재로 건물이 불탄 사실까지 기억하고 있었다(당시 그녀는 네 살이었다).[7] 그녀는 "무슨 일이든 할 수 있는 사람"으로서 식당, 세탁실, 청소, 병동과 창고까지 감독했다. 특히 버려진 아기들을 돌보는 일에도 많은 시간을 할애했다. 1957년 간호학교 제1회 졸업생들이 병원에서 일을 시작한 것도 그녀는 기억했다. 1957년 간호사 퍼트리샤 하일리그(Patricia Heilig)가 와서 병실 간호를 감독하며 간호 업무 정착에 크게 기여했다. 소피

---

6 Crane, *Memoirs*.
7 그녀는 전주와 순천에서 개척 선교사였던 Elmer T. Boyer 부부의 딸이었다.

크레인 여사는 미화부를 조직하고 설매리는 기록실과 의학 사진실에서 협업하면서 교육 프로그램을 지원했다.

구바울 박사는 의료 자원봉사 제도를 시작하게 된 과정에 대해 자세히 설명한다. 이는 매년 미국에서 의사들이 와서 몇 개월씩 전문 분야에서 봉사하는 프로그램이다. 댈러스(Dallas)의 이비인후과 전문의 컬버슨(M. C. Culbertson) 박사는 이 분야의 레지던트 수련을 위해 자주 왔고 산안토니오(San Antonio)의 정형외과 전문의인 코일 윌리엄스(Coyle Williams) 박사는 수차례에 걸쳐 소아마비 환자의 재활을 돕는 교정 수술을 포함한 뼈와 관절 수술 부문의 수련에 많은 도움을 주었다.

앞에서 설명한 바와 같이 수련의 훈련 과정은 1948년에 시작되었다. 4명의 첫 수련의는 김영우, 이근영, 임경열, 송경진이었다. 이들 중 두 사람이 한국 전쟁 후 다시 돌아왔다. 임경열은 세브란스 병원에서 안과·이비인후과를 전공했고 후에 미국에서 2년(1953-1955년)을 보냈는데, 첫해는 존스 홉킨스 병원에서 안과를, 그다음 해에는 노스캐롤라이나 대학에서 이비인후과를 공부했다. 송경진은 1956년까지 일반 외과에서 일했다. 예수병원에서 수련받은 박신배는 이리(지금의 익산시)에서 개업하기 전까지 잠시 병원에서 봉사했다. 이문호는 예수병원에서 외과 경력을 쌓기 시작했다. 많은 사랑을 받은 피난민 의사 박영훈은 1953년부터 1959년 사이에 외과 의사로 일하면서 내과 일도 도왔다.

1955-1956년의 겨울은 혹독하게 추웠고 흉년까지 들어 궁핍함

은 이루 말할 수 없을 정도였다. 전라북도 일부 지역에서 아사자가 발생했다. 병원은 난방 연료의 부족으로 간호사들이 환자들에게 담요를 덮어 주어서 체온을 유지하도록 도왔다. 어린 아사자가 늘어나자 우리는 버려진 아이들을 위한 탁아소를 열어 40-50명의 많은 영유아를 수용해 돌보았다. 또한 약품과 소모품도 부족한 상태라, 미국에 있는 교회들이 보내 준 '샘플 약품 사업'으로 대부분을 충당했다. 보이어 간호사에게 중환자를 위한 항생제가 있는지 다시 확인하라고 요청하면 겨우 환자 한 사람분의 생명을 구할 수 있는 약품을 찾아왔다. 탈지면 소모품과 드레싱에 필요한 물품은 톰 반하르트(7장 참조)가 계속 보내 주었다. 이 물건들이 병원에 도착할 때마다 우리는 매우 기뻐했다. 또 다른 종류의 응급 환자도 있었다. 전투가 끝난 들판에 남은 지뢰를 가지고 놀던 아이들이 다쳐서 병원에 실려왔다. 언젠가는 외과 의사들이 수류탄 폭발로 다친 예닐곱 명의 어린아이들을 치료하느라 밤을 새웠다.

추위, 굶주림, 폭발 사고, 기생충 감염은 한국 전쟁의 후유증 속에서 살아가던 한국인들이 흔히 겪던 현실이었다. 의료진, 서양인, 간호사, 의사, 기사 등 가느다란 선으로 이어진 소수의 인력들이, 한국에서도 비교적 외진 이곳에서 선한 사마리아인처럼 생명을 구하는 복음을 전하기 위해 고군분투했다.

한편 우리 병원의 사기를 진작시키는 일도 있었는데, 1956년 봄에 인턴 10명이 들어온 것이다. 구바울 원장과 나는 한 차례 서울에 올라가서 의과대학들을 면밀히 살펴보았다. 그 후 프랭크 켈러와 나는 보건부와 국방부, 육군 군의감을 방문해 그들의 지원을 요청했다. 구바울 원장은 다소 조급해 보였는데 그가 한국에서 민간인으로서 훌륭하게 일을 해내고 있음에도 불구하고 징병 유예 결정을 내려 주지 않아 병역 의무를 다하기 위해 다시 미군에 복귀해야 했기 때문이다. 다행히 그는 1956년 여름부터 서울에 기지를 둔 미군에 배속되었고 우리는 필요할 때마다 그와 상의할 수 있었다. 그러면서 내가 임시로 원장 직무 대행을 맡게 되었다.

하지만 건강 문제가 다시 불거졌다. 설매리는 허리 디스크 때문에 지속적인 요통을 겪고 있었다. 이것은 생명을 위협하는 응급 상황은 아니었지만 설매리는 첫 임기에서 후반부의 많은 나날을 이 만성 통증 때문에 견인 치료를 받아야만 했다. 우리는 첫 임기가 끝나는 1957년 여름까지 견딜 수 있을지 확신할 수 없었다. 일이 더 꼬여 1957년 3월 30일 프랭크 켈러에게 일과성 뇌허혈증(경미한 중풍)이 발생했다.

남장로교 선교 역사학자인 이거보 목사(Homer Rickabaugh)는 다음과 같이 지적했다. "1957년은 재정적으로 어려운 한 해였다. 환을 달러로 안전하게 환전하는 데 문제가 있었다. 전년도에는 벼농사가 흉작이어서 다른 어느 해보다도 무료 환자가 더 늘어났으며 병원 운영에 필요한 일상 소모품 비용이 증가했다."[8]

선교사들은 보통 국가의 정치 문제에 일정한 거리를 두는 입장

---

8 Homer T. Rickabaugh, *A Brief History of Presbyterian Medical Center*, 1971.

예수병원 의료진, 1962년 무렵

이었다. 그렇지만 정치적 불안이 있었던 것은 분명했다. 이승만 정권은 더욱더 권위주의적이 되었다. 한배호 교수는 이렇게 기록했다. "이승만 정권의 정통성은 점차 약화되어 갔고, 소수의 기득권 지배 세력은 강압에 의존하는 정도가 정비례로 증가했다. 폭력과 부정한 방식이 선거 전략으로 더욱 공공연하게 사용되는 일이 많아졌다.…언론과 학계에 대한 탄압 조치가…강화되어 지식층을 배제하는 결과를 초래했다. 지식층 인사들은 이승만 정권과 그의 '독재' 스타일의 통치를 공개적으로 비판했다."[9] 1956년 야당 대통령 후보 신익희가

---

[9] 한배호, *The Authority Structure of Korean Politics — Korean politics in Transition*, Wright, R. W., editor. 『한국정치의 권력구조-과도기의 한국정치』(광명인쇄소, 1975), p. 305.

전주로 오는 열차에서 뇌출혈로 사망한 사건의 충격과 이것을 계기로 일어난 자발적인 군중 소요 사태를 기억한다. 날이 갈수록 더 많은 소요가 이어졌다.

구바울 원장은 여전히 서울에서 군 복무 중이었는데, 우리 가족의 안식년이 다가오자 선교부는 미국 선교회에 "외과 의사 자격을 가진 선교사가 긴급히 필요하다는 요청을 했다. 콩고에 가기로 예정되어 있던 로버트 필립스(Robert D. Phillips) 박사 부부가 이 긴급 요청에 응해 9월 초 한국에 도착했다."[10] 며칠 후 아내와 나는 비행기 편으로 미국으로 돌아갔다. 어떤 사람들은 우리가 다시 한국으로 돌아오지 않을 것이라고 생각했다. 그러나 떠나기 전 마지막 주간에 우리는 한국에 다시 돌아와서 사용할 가구를 구입했다. 이것은 우리가 남긴 믿음의 표시였다.

교회와 선교부의 관계에 대한 협의회가 1957년 6월에 열렸다. 이 협의회는 여러 선교 사역의 목표에 대해 깊이 생각하게 하는 계기를 마련해 주었다. 이 협의회에서 여러 선교 기관에 내국인들을 포함한 자문 회의를 두기로 결정했다. 이거보 목사는 이 협의회의 보고서에 이들 기관들을 관리하는 것과 관련해 다음과 같은 문장을 넣기로 했다고 보고했다.

선교부는 충분한 자격을 갖춘 한국 지도자가 선교부의 주요 기관

---

[10] Korea Mission Minutes.

들을 관할해야 한다는 점은 인정한다. 그러나 이런 기관들이 장로교회 조직의 통제를 받는 것은 결코 현명하지 않다고 생각한다. 그보다는 우리는 이와 같은 권한을 법인에 이양하되 정관에 장로교회와 영구히 유대 관계를 유지하는 편으로 구상하고자 한다.[11]

나는 아내 매리와 두 아이를 데리고 미국으로 돌아왔다. 아내는 두 번의 척추 수술을 받아야 했고 나는 내가 맡은 임상 역할을 분명히 해야 했다. 나는 병리학과 종양 외과 분야의 수련에 더 매진하기로 했다. 감염과 전쟁의 상처, 응급 환자 치료가 진정되자 이번에는 두 번째 질병의 파도처럼 밀어닥친 상당히 진행된 암 환자들의 모습에 나는 경악을 금치 못했다. 대수술을 해야 할 정도로 깊이 진행된 많은 암 환자의 상황에 나는 준비되어 있지 못했음을 깨달았다. 하나님의 은혜로 뉴욕에 있는 메모리얼 슬론 케터링 암 센터에서 시니어 레지던트의 자리를 얻었다. 설매리는 예수병원에 돌아가서 팝 염색 검사(Paps smears)를 하기 위해 파파니코라우(Papanicolaou) 박사의 지도하에 공부할 기회를 가졌다. 1958년 켈러 박사가 안식년이 되어 본국으로 돌아가자 필립스 박사가 그해 여름 몇 달 동안 병원장의 책임을 맡아 주었다. 8월에는 구바울 박사가 군 복무를 마치고 돌아와 다시 병원장 직무를 맡았다. 그해 가을, 외과 의사 출신 선교사인 로널드 디트릭(Ronald B. Dietrick, 이철원) 박사가 새로 와서 우리의 사

---

11 Rickabaugh, *Brief History*.

역에 힘을 더해 주었다. 필립스 부부는 1959년 7월 건강 문제 때문에 긴급 안식년을 얻어 귀국했다.

군 복무에서 돌아온 구바울 원장은 의료진이 안정되고 한국인과 미국인 동료 직원들의 원만한 업무로 병원이 발전하고 있음을 확인했다. 그는 서울과 인천 사이에 육군 기지창이 있는 제121후송병원에 배속되어 복무했다. 외상 센터로 설립된 이 병원에서 그는 전상자 치료를 위한 탁월한 수술 능력을 인정받았다. 한번은 복부에 총을 맞아 총알이 복부 대정맥을 관통한 어느 한국 해병대원의 생명을 구한 일이 있었다. 또 한 번은 260명을 태운 C-120 수송기가 한강 개펄에 추락해 대규모로 군인 사상자들이 발생하자 초기에 이들을 분류하고 치료하는 일에 관여하기도 했다. 이때 얻은 수술에 대한 명성 덕분에 구바울 원장이 전역하자, 환자들이 그의 치료를 받기 위해 서울에서 전주로 내려오는 일도 있었다.

또한 그는 장내 기생충 박멸 운동을 주도했다. 이 일은 비참하게 죽은 아홉 살 난 어린아이 때문에 시작되었다. 병원 문 앞에 놓여 있던 이 어린아이는 기생충 때문에 심한 빈혈과 장 폐쇄 상태였다. 박영훈 선생이 이 아이를 수술했는데 소장에서 1,000마리 이상의 회충을 발견했다. 이 회충들이 소장을 막고 있었던 것이다. 박영훈 선생은 소장을 열고 대부분의 기생충을 제거했고 장을 봉합했다. 그러나 불행하게도 이 어린 여자아이는 너무 허약해서 끝내 회복하지 못했다. 구바울 원장은 이때의 상황을 이렇게 표현했다.

기생충들이 위 수술 후 코를 통해 위에 넣어 둔 관을 막았고, 총담관과 충수돌기도 막았다. 이 기생충이 폐를 통과하면서 기관지염을 일으켰는데, 이것은 기생충이 살아가는 한 과정으로, 종종 신경통, 은근한 복통, 만성 영양실조 및 전신 쇠약감 등을 일으키는 원인이 되었다.…어린아이들은 영양분을 확보하기 위해 이 기생충들과 생존 경쟁을 했던 것이다. 회충으로 감염되어 올챙이 배 모습을 하고 있는 어린아이들은 성장 발육이 불량하고 형편없이 야위어 있었다.[12]

구바울 원장은 「코리아 타임스」(Korea Times)지 영문판에 이 어린아이에 대한 이야기를 기고해 "대대적인" 반향을 일으켰다. 그는 연세대학교 기생충학 강의를 맡은 소진탁 교수와 협력해 전국적인 기생충 박멸 사업을 이끌었다. (그 결과 25년 후 전국 기생충 감염률은 95퍼센트에서 3퍼센트로 떨어졌다.)

윤씨 집안의 두 형제 중 형인 윤호영 박사는 외과 레지던트 3년을 포함해 예수병원에서 10년간 근무했다. 그는 병원의 가족적인 분위기와 직원들의 신앙적인 소명감을 잊지 않았으며 멀리 전라남도와 충청남도 심지어 경기도에서부터 찾아오는 환자들에게 종종 극적인 수술들을 시행했다. 그는 양잿물을 먹고 식도가 협착된 환자에게 시행하는 난해한 시술과 암으로 방광 절제술을 시행해야 하는 경우에

---

[12] Crane, *Memoirs*.

회장 대치술 시술을 시작했던 일도 기억한다.

이렇게 한국 전쟁이 발발한 후 10년 동안 예수병원의 명성은 높아졌고 의료진 수련 프로그램도 인정받았다. 거시적으로 볼 때 이는 병원 업무의 대부분을 수행해 주었던 내국인팀과 의사, 간호사, 기사, 사무원, 지원 부서 직원들의 헌신을 잘 보여 준다. 예수병원은 이제 안정권에 진입한 것이다. 인간의 연약함과 재정적 불안정, 불확실한 미래에도 불구하고 병원은 수련 기관으로서 생존했을 뿐만 아니라 한국 토양에 확실한 뿌리를 내렸다.

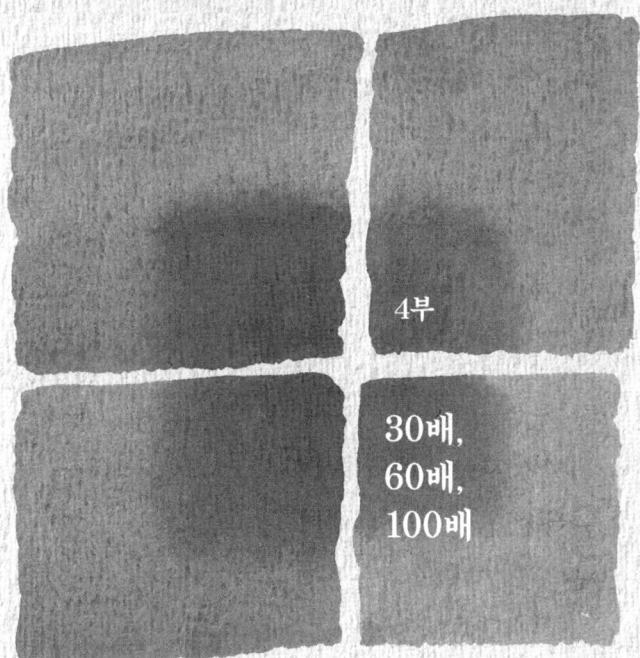

4부

30배,
60배,
100배

11장

암과의 싸움에 도전하다

매리와 나는 1960년 12월에 한국으로 돌아왔다. 나는 더럼(Durham)에 있는 왓츠 병원(Watts Hospital)에서 6개월간 병리과 수련을 받고 이후 2년간 뉴욕시에 있는 메모리얼 슬론 케터링 암 센터에서 종양 외과 임상의(Fellowship) 과정을 마쳤다. 이 기간에 설매리는 허리 안정과 신경 뿌리 통증을 치료하기 위해 두 번에 걸쳐 척추 수술을 받았다. 두 아이들은 제법 자랐고 우리를 지원해 주는 교회들과의 관계는 훨씬 더 깊어졌다.

수련을 받는 동안 나는 종양이 흔히 자라는 부위의 수술뿐만 아니라 부인과 암과 두경부 암 치료도 경험했다. 더욱이 방사선 동위 원소를 사용한 근접 방사선 치료에 대해서도 연구할 수 있었다.

왜 선교 병원이 암 치료에 관여해야 하는가? 어떤 사람들은 이를 반대할지도 모른다. 일반적으로 암은 응급 치료가 필요하지는 않다. 하지만 복합적이고 복잡한 장비가 필요하며 치료 성공률은 그다지 높지 않다. 특히 병세가 진행된 경우에는 더욱 그렇다.

이에 대한 나의 대답은 또 다른 질문을 던지는 것이다. 암 환자의 고통과 공포, 쓸쓸히 살아가는 한 인간의 얼굴을 들여다본 적이 있는가?

암은 통제되지 않고 분열하며 새로운 세포가 자라나는 현상으로 아무런 유익한 기능을 하지 않는다. 암의 세 가지 특성은 잠행성, 자율성 그리고 미분화성이다. **잠행성**이란 암세포가 보통 임상적으로 진단할 수 있는 시기가 되기까지 수개월 혹은 수년 동안 존재하면서, 비정상적인 세포가 임상적으로 진단할 수 있는 정도의 크기가 되기까지 10배에서 12배로 분열해 증가하는 것이다. **자율성**은 암이 정상적인 한계를 무시하고 끊임없이 번식해 결국 그의 주인인 환자를 파멸시키는 것을 말한다. 이는 어떤 면에서 **미분화성**과도 통하는데, 전혀 유익한 기능을 하지 않고 쓸모없는 미분화 세포들로 구성된 것을 말한다.

암은 한국에서 흔한 병이다. 가장 흔한 것은 위암이지만 머지않아 흡연과 관련이 있는 폐암이 가장 흔한 암이 될지도 모른다.

암에 걸린 환자가 그리스도를 알지 못하고 그분을 구세주로 믿지 않는다면 절망에 빠지고 말 것이다. 영생의 신앙을 가진 사람이라도 격려가 필요하다. 암이 항상 치명적인 것은 아니다. 실제로 많은 과학자는 우리가 중년의 연령이 될 때까지 우리 몸속에 생겨났던 많은 암을 이미 죽여 왔다고 생각한다. 임상적으로 암이라고 진단되는 것들만이 인체의 방어 기전을 통과해 살아남은 것이다.

어쨌든 상당히 진행된 두경부 암 환자의 모습은 1958년에 내가 메모리얼 슬론 케터링 병원으로 가게 된 계기가 되었다. 매리는 척추에 반복적인 신경 뿌리 통증으로 척추가 불안정했음에도 불구하고 훌륭하게 나를 지지해 준 동반자였다.

울리히 헨슈케(Ulrich Henschke) 박사에게 조직 내 및 강내(疆內) 방사선 치료를 배우며, 방사선 치료의 효과를 더 깊이 이해하게 되었고, 헨슈케의 '야뉴스' 코발트-60 치료 장비에 대한 식견을 넓혔다. 후에 헨슈케 박사는 이 장비 한 대를 우리에게 기증했으며 우리 병원을 두 번이나 방문했다.

그러나 초기의 도전은 두경부 암 환자를 치료하는 것이었다. 해부학적으로 이 부위는 매우 복잡한 부위인데 대단히 중요한 혈관과 신경이 사방으로 얽혀 십자 모양으로 분포되어 있다. 이들 신경과 혈관이 제거되거나 손상을 입으면 장애를 일으키거나 심하면 치명적인 일이 일어날 수 있다. 그래서 절제할 수 있는 부위가 매우 제한적이다. 하지만 해부학적으로 골반 종양, 자궁암 및 폐암 등도 도전해 볼 만한 병이었다.

우리가 메모리얼 슬론 케터링 병원에 있을 때 북한에서 내려온 피난민 외과 의사 박영훈이 미국에 왔다. 7년 이상 우리 병원 외과에서 근무한 것을 인정해 1960년에 박영훈에게 안식년 연수 기회를 제안했을 때 그는 신경외과 의사가 되겠다는 암시를 전혀 하지 않았다. 우리는 그가 뉴욕에서 북쪽으로 두 시간쯤 떨어진 코네티컷주의 하트퍼드 병원(Hartford Hospital)에서 시작하는 신경외과 분야의 펠로

박영훈 박사(북한 피난민 출신 외과 의사)

십 과정을 밟도록 주선했다. 우리는 그를 보고 너무나 기뻐서 하트 퍼드까지 그와 함께 가서 같이 일할 신경외과 교수에게 그를 소개했다. 그는 "해 봅시다"라는 말을 잘 썼는데, 영어로 표현하자면, "모험을 하지 않으면 얻는 것도 없다"라는 말과 같은 말이었다.

예수병원에서 종양 진찰실과 암 프로그램은 1961년에 시작되었다. 이 일의 기본 철학은 '치유'가 될 때까지, 혹은 환자가 암으로 죽을 때까지 우리는 계속 치료한다는 것이다. 암 통계에서는 편의상 **근치를 목적으로**(with intent to cure) 치료한 후 5년 동안 이상이 없으면 완치로 간주한다.

후에 나는 우리를 지원해 주던 미국 교회들에게 이렇게 편지를 썼다.

백혈병에 걸린 열여섯 살짜리 소년, 호지킨병에 걸린 학교 교사, 편도선에 생긴 암으로 방사선 치료를 받고 있는 나이 많은 할머니, 위암으로 근치 수술을 받은 전 국회의원, 하악골에 악성 종양이 자랐지만 무사히 절제한, 서울 출신의 가정주부, 후두암에 걸린 긴 수염의 점잖은 농부. 나는 그들을 잘 알게 되었습니다. 때로는 확실한 보장이 없지만, 이들은 자신들의 모든 희망을 우리가 제공할 수 있는 것에 걸었습니다. 이는 냉혹하면서도 감동적인 책임입니다.[1]

근치 수술을 받고 방사선 치료나 약물 치료를 받는 환자들은 대개 복음을 받아들인다. 암 환자와 의사 사이의 상호 신뢰는 위로와 고통에 동참하겠다는 연대를 이루며, 때로 이런 연대감은 그리스도께서 복을 주시며 신앙으로 인도하기도 한다. 불치병에 걸린 환자에게 오히려 더 큰 관심과 사랑을 투자해야 한다. 그리스도인 종양 의사는 자신의 환자가 빌린 시간을 살고 있으며 그의 생의 시계 초침이 째깍거리며 마지막 날을 향해 가고 있음을 알아야 한다. 또한 그는 그리스도가 구세주이며 주님이심을 고백할 기회를 영원히 잃어버릴 수도 있다는 사실을 알아야 한다. 한 인간의 영혼의 영원한 목적지와 연관된 중대한 문제를 직면해야 하는 그리스도인 의사는 바울의 충격적인 외침을 알아야 한다.

"내가 복음을 전하지 아니하면 내게 화가 있을 것이로다"(고전 9:16).

---

[1] 설대위, Nashville에 보낸 선교 서신. 1963년 4월 27일.

12장

그가 지으실 터가 있는 성을 찾아

1960년 12월 우리가 한국에 도착했을 때 구바울 원장은 볼티모어에 있는 존스 홉킨스 의과대학으로 흉부외과 분야의 수련을 더 받기 위해 떠난 상태였다. 예수병원은 프랭크 켈러 박사, 로널드 디트릭(이철원) 박사, 한국인 의사 윤호영 박사, 송경진 박사의 지도 아래 매우 분주해졌다. 지난여름에는 미국에 있는 남장로교 선교 위원회 사무국장 휴 브래들리(Hugh Bradley) 박사가 한국 선교부를 방문했다. 광주 기독병원과 전주 예수병원 같은 교육병원의 발전을 포함해 한국 선교 사역의 장래 방향성을 토의하기 위한 방문이었다. 장기적인 목표의 틀 안에서 의료 사역을 전개해야 한다는 인식이 힘을 얻고 있었다.

한편 한국 의료계는 점차 규정을 제정하기 시작했다. 대한 외과학회는 회원이 되기 위해 자격시험을 요구하기로 했다. 이런 시험은 다른 모든 주요 전문 학회의 표준이 되었다. 병원은 전국적으로 조그마한 도시에까지 들어서기 시작했다. 무료 자선 치료가 차지하는 비중은 40퍼센트에서 25퍼센트로 줄어들었다. 한편 한국의 화폐인 '환'의 가치는 계속 불안정해 재정적 불안정 상태를 더욱 심화시켰다.

나는 종양 진찰실을 개설해 새로운 기법의 수술(특히 두경부 수술)을 시행하고, 외부 방사선 치료법을 보완하는 코발트-60으로 '후장진법'을 사용하는 새로운 방사선 치료 기술을 실용화하는 데 관심을 기울였다. 그러나 나의 관심은 종양 외과에만 국한되지 않았다. 우리 병원 모든 전문 분야에서 장래의 임상 진료와 수련 프로그램의 범위를 정해야 했다. 또한 협소하고 낡은 병원 건물을 사용하는 것이 더 이상 어려워지리라는 사실도 분명했다.

1961년 디트릭 박사는 광주 기독병원으로 옮겨 갔다. 존스 홉킨스 의과대학에서 수련을 마치고 돌아온 임경열 박사는 안과를 개설했다. 1962년 봄에 코네티컷에 있는 하트퍼드 병원, 포틀랜드에 있는 메인 병원(Maine Medical Center), 채터누가(Chattanooga)에 있는 얼랭거 병원(Erlanger Hospital), 앤아버(Ann Arbor)에 있는 미시간 대학병원(University of Michigan) 등에서 연수를 마치고 돌아온 박영훈 박사는 신경외과 전문의로 새로운 분야에서 임상 경력을 시작했다. 연세대학교 의과대학의 코틀랜드 로빈슨(Courtland Robinson) 박사는 예수병원 산부인과 객원 교수로 수고해 주기로 했다. 또한 메릴 그럽스 (Mr. and Mrs. Merrill Grubbs, 권익수) 선교사 부부가 한국에 입국해 연세대학교 어학당 과정을 등록했다. 공부를 마친 후, 권익수 선교사는 예수병원의 행정 업무를 책임졌고 부인 권애순 여사는 한일신학교에

아내 권애순(앨마)과 함께 1962년에
예수병원에 합류해 병원 행정 업무를 맡은
권익수(메릴 그럽스) 선교사

서 일을 시작했다. 그녀는 병원에서는 병실 전도에 열심이었고, '핑크 레이디'(여성 봉사 단체인 기독 여성 봉사회는 환자 운반, 거즈 접기, 환자 식사 보조, 책을 실은 카트로 병실을 돌며 환자에게 책을 빌려주는 일을 했다) 활동을 격려했다.

1962년 전국적으로 농촌 경제가 발전하지 못해 병원 재정에도 어려움이 많았다. 선교부는 당시 상황을 이렇게 기록했다. "가장 급한 구호품은…의료 기관에서 사용할 물품들이다." 그해 여름 선교 대회에서 선교회장은 전도와 교육, 의료 사역을 대표하는 특별 위원회를 구성하고, 이들에게 1965년 여전도회 생일 감사 헌금 모금 위원회에 제출할 제안서를 검토하라고 요청했다. 이 위원회는 국내외 선교를 위해 남장로교 여전도회 주선으로 매년 모금 운동을 펼쳤다. 변마지 선교사와 나는 그해 가을 임시 위원회 회의에 참석해 예수병원에 생일 감사 헌금을 보내 주도록 공식적으로 요청했다. 그 결과 교회 여전도회가 동의하면, 모금한 첫 100,000달러는 대전(한남)대학교에 보내고, 나머지 기금은 예수병원에 보내 주기로 결정했다. 우리는 꿈을 꾸기 시작했다. 함께 공유한 하나의 목적과 희망으로 우리 병원 공동체를 8년 동안 결속해 줄 꿈이었다.

구바울 원장은 1962년에 안식년 휴가를 마치고 돌아오자마자 바빠졌다. 수술이 필요한 환자들이 넘쳐난 것이다. 임상적으로 복잡한 문제를 가진 환자들로 의료진의 부담이 가중되었다. 양잿물을 먹고 식도가 상해서 온 환자들이 큰 문제였다. 당시 가정에서 가장 많이 사용한 세제인 양잿물은 간혹 실수로 마시는 경우도 있었지만 자살을 하려고 마시는 경우가 더 많았다. 식도 협착 부위를 대장문합술로 극복한 경험에 대해 연세대학교와 광주 기독병원, 예수병원이 공동으로 쓴 논문이 미국 주요 외과 잡지에 게재되기도 했다.[1] 암 중에서는 위암이 가장 흔했다. 임파선 침범이 없거나 위벽에 퍼지지 않은 경우 근치적 위 절제술을 시행하면 5년 생존율이 40퍼센트 정도였다. 자궁암 근치 수술은 절제 가능한 경우에 시행했다.

1962년 10월 세계 선교 위원회 이사회는 한국에서의 세계 선교에 대한 자문을 추진했다. 그 결과 다음과 같은 원칙들이 제안되었고 선교부가 이를 승인했다.

선교부와 별도로 전주와 광주에 있는 의료 기관을 전담할 선교부 이사회를 설립한다.

---

[1] P. W. Hong, D. J. Seel and R. B. Dietrick, "The Use of Colon in the Surgical Treatment of Benign Stricture of the Esophagus," *Annals of Surgery*, pp. 160: 2:202-209, 1964.

각 주요 의료 기관은 국내 교계에 지원과 관심의 기반을 넓힐 방안을 모색한다.²

이 정책에 따라 첫 번째 병원 이사회가 1963년 1월 11일과 12일에 열렸으며 다음 선교사들이 참석했다.

- 로버트 호프만(Robert Hoffman) 목사: 전주
- 브라운(G. T. Brown) 부인: 광주
- 린턴(W. A. Linton) 부인: 목포
- 린턴(Hugh Linton) 목사: 순천
- 로빈슨(R. K. Robinson) 목사: 대전

이들 다섯 사람은 구바울 원장 및 의료 선교사들과 회의를 하고 이 모임에서 '정관'을 마련했다.

병원 이사회는 다음과 같은 역할을 규정했다.

(1) 병원과 선교부 사이에 소통의 역할을 한다.
(2) 사업을 심의하고 평가한다.
(3) 병원 운영과 병원의 계획 및 정책 개발에 대해 선교부의 최

---

2   Rickabaugh, *Brief History*, p. 10.

종 책임을 대행하는 역할을 한다.

"병원 이사회의 첫 번째 관심 사항으로 가장 중요한 문제는 전주의 의료 사역을 수행하는 데 좀 더 적절한 시설을 마련하기 위한 필수 시설 확충이었다."[3] 그래서 앨라배마주 버밍햄에서 설계사 찰스 데이비스(Charles Davis)를 전주로 초청해서 병원 주변의 땅에 병원을 확장할 수 있을지, 아니면 병원 전체를 다른 곳으로 옮겨야 좋을지를 평가하도록 했다. 많은 연구와 시험 설계를 해 본 후 결론을 내렸다. 전주시가 내려다보이는 다가산 언덕의 병원 대지는 완전한 시설을 갖춘 종합병원 규모에 충분하지 않다는 사실이 분명해졌다.

그러나 하나님은 병원을 위해 또 다른 부지를 준비해 두셨다. 이 가능성을 붙잡아 준 프랭크 켈러 박사의 안목에 감사하는 바이다. 선교부가 자리한 언덕인 용머리 고개의 능선을 가로지르는 흙길 맞은편에는 정흥초등학교가 있었다. 제2차 세계 대전이 발발하기 오래전부터 선교부가 이 학교를 운영해 왔다. 그러나 이 시기에 정부는 모든 초등학교를 정부가 직접 운영하는 공립학교로 전환한다고 선포했다. 그 결과 선교부가 운영했던 학교를 포함해 모든 사립 초등학교는 문을 닫아야만 했다. 1962년에서 1963년 사이 어느 날, 켈러 선교사는 이 기회를 포착했고 이 땅을 예수병원에 양도하도록 선교부의 허락을 받기 위해 주도적인 노력을 기울였다. 서울에서 어학

---

[3] 같은 자료.

공부를 마치고 전주에 온 권익수 선교사는 구바울 원장과 켈러 선교사와 함께 이 학교 부지를 확보하기 위해 우회적으로 힘썼다. 이 5,000평(16,000제곱미터)이 장차 우리의 희망이 되었다.

권익수 선교사는 도착하자 곧 한국에는 의료 보험이 없다는 사실을 알게 되었다. 그는 이렇게 기록했다. "환자들은 치료비 없이 병원에 오는 경우도 있고 치료비를 가지고 온다고 해도 땅을 팔거나 친척들로부터 돈을 빌려서 가져온다. 나는 선교부와 선교사를 위해 일하는 직원들을 대상으로 하는 의료 보험 제도를 만드는 데 선교부가 지원하는 방안을 구상했다.…내가 구상한 계획은 입원 환자 치료에만 적용하되 공동으로 치료비를 부담하는 방식이었다. 즉 입원할 경우 환자가 치료비의 일정액을 부담하므로, 필요 이상으로 오래 입원하려고 하지 않고 또한 불필요한 검사도 요구하지 않게 하는 것이었다." 선교부의 지원을 받아 김수곤[4]을 사무장으로 채용해 회원을 10,000명까지 확대했다. (1977년 정부가 의료 보험 제도를 실시함에 따라 이 프로그램은 중단되었지만 이 사업으로 12년 동안 220,000달러에 상당하는 돈으로 6,000명 이상의 환자들에게 병원 치료비를 보조했다.)

권익수 선교사의 차분하고 조직적인 관리 능력은 병원 모든 부문에 영향을 미쳤다. 그는 합창단에서도 활약했으며 그의 성실함 덕분에 수준 높은 병원이라는 명성을 유지할 수 있었다. 그의 친밀한

---

[4] 김수곤은 수술대에서 간의 출혈과 심장 마비를 일으켜 2시간 20분 동안 심장 마사지를 받아 살아났다. 생명을 구해 준 데 대한 감사로 그는 예수병원의 의료 보험 추진과 소아마비 예방 사업에 헌신했다.

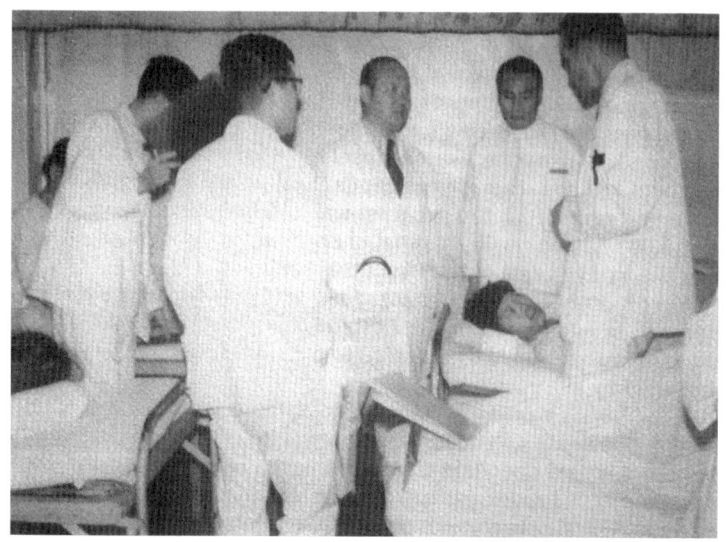

옛 병원 지하 병동 회진 장면

태도를 모든 직원이 좋아했다.

1963년 퍼트리샤 화이트너(Patricia Whitener)가 합류해서 간호부장 업무를 맡았다. 화이트너는 식이 요법과 수술실의 간호 기술을 포함한 체계적인 직무 교육 프로그램을 시작했다. 이 프로그램에는 병동 간호사가 환자별로 매일 기본 임상 자료를 기록하는 카덱스식 환자 간호 체계도 도입되었다. 그녀는 한글 간호 처치 매뉴얼 작성도 지도했으며, 버려진 아이를 돌보는 일에도 깊이 관여했다.[5]

1964년 훌륭한 전문의 4명이 예수병원에 합류했다. 연세대학 병

---

5   Whitener의 어머니는 1964년 North Carolina의 Charlotte에서 예수병원을 사랑하는 친구들에게서 기증받은 의료 소모품과 의료 기기 2,267킬로그램을 미 공군 방위군을 통해 병원에 보내 주었다.

원에서 일반 외과와 흉부외과를 전공한 이근영(1949년 예수병원 최초의 인턴 중 한 사람), 반더빌트 의과대학에서 방사선과 수련을 받은 윤흔영, 해부 병리과 소문석, 앨라배마주 오펄라이카 출신의 여성 내과 의사 조앤 스미스 티(Joanne Smith T)였다. 같은 해, 임상 병리사 조지 패튼(George Patton)이 와서 검사실 관리를 맡았고, 마취 간호사 경력을 가진 이거보 부인(Natalie Rickabaugh)이 와서 마취과장 직무 대행을 맡았다. 1965년에는 연세대학에서 수련받은 이비인후과 전문의 소진명이 합류했다.

1964년 연말에 여전도회가 예수병원 신축을 위한 1965년 생일 감사 헌금 모금을 허락했다는 소식을 들었다! 이 소식에 크게 고무된 구바울 원장은 미국으로 가서 6주간 미국 남장로교회들을 방문하면서 생일 감사 헌금 모금 행사에 지원했다. 1965년 말 우리는 역사상 가장 많은 500,000달러 이상의 생일 헌금이 모금되었다는 사실을 알았다. 이 가운데 100,000달러는 대전대학에 배정되었다. 구바울 원장은 유럽을 경유해 한국에 돌아오기 전에 서독 기독교 개발 원조단(EZE, 독일어로 Evangelische Zentralstelle für Entwicklungshilfe)과 접촉했다. 그는 병원 신축 사업의 자금 4분의 1을 여전도회 생일 헌금에서 사용하고 나머지는 EZE에서 지원해 줄 것을 요청하는 신청서를 제출했다.

구바울 원장은 이 기독교 개발 원조단과 수차례 회담을 가진 뒤에 자신이 받은 인상을 이렇게 서술했다.

나는 3일 동안 EZE 당국자들과 전주의 교육병원에 대한 우리의 꿈을 이야기했다. 독일 사람들은 쉽게 자금을 지원하지 않는다. 서독의 본을 세 차례 방문했고 그로부터 5년이 지나서야 자금 지원이 가능해졌다. 우리는 독일의 문화나 그들의 방법에 대해 많은 것을 배웠다. 모든 사업 계획은 연방 하원의 최종 동의를 받아야 하는 독일의 관료주의 때문에 계속 지연되었다.[6]

지연된 다른 이유가 있었는데 1969년까지는 그 연유가 드러나지 않았다. 독일 고위급 관리들 이외에는 아무도 예수병원이 "미국인들이 관리하는 기관"이라는 비판을 받고 있다는 사실을 몰랐다. 사실은 대한예수교장로회와 유기적인 관계를 맺고 있었지만 독일 관리들은 이를 알지 못했다(참조. 14장).

독일에서 새 병원 건축비의 주요 부분의 보조 여부에 대한 결정을 기다리는 동안 1968년 노스캐롤라이나주 샬럿에 있는 커브넌트 장로교회에서 모금한 헌금 70,000달러를 보내왔다. (이 기부금은 독일에 요청한 자금이나 여전도회 생일 감사 헌금과는 별도의 기금이었다.)

이러는 동안 병원 직원은 증가했다. 1963년 윤흔영 박사는 반더빌트 의과대학에서 진단 방사선을 공부하고 돌아왔다. 그는 종양의 조직 내 치료에 관심을 가졌으며, 강내(疆內) 방사선 치료를 시행하기 원했다. 우리는 예전에 우리를 지도해 준 메모리얼 슬론 케터링 암

---

[6] Crane, *Memoirs*.

센터의 헨슈케 박사에게 연락해 한국의 핵 원자로 하나에서 활성화시킬 이리듐을 보내 줄 것을 부탁했다. 이로써 우리는 한국에서 암 치료를 위해 처음으로 코발트-60을 사용하고 이리듐-192도 첫 번째로 사용한 병원이 되었다.

주보선(David Chu) 박사와 그의 아내(Gail Chu)가 1967년 선교사로 왔다. 그는 내과 전문의였고 그의 아내는 간호사였다. 이들은 헌신적인 그리스도인으로서 예수병원의 증언에 큰 영향을 끼쳤다. 주보선 박사는 심장 초음파학뿐만 아니라 인공 심장 박동기도 도입했다. 그는 기도의 사람으로도 잘 알려졌다. 같은 해 독일 튀빙겐(Tübingen) 출신의 산부인과 전문의 도로테아 지히(Dorothea Sich) 박사가 합류했다. 그해 화이트너의 후임으로 온 리베카 밸런저(Rebecca Balenger)가 선교사로 임명받아 간호부장의 책임을 맡았다. 그녀는 새 병원에서 간호부가 사용할 장비를 준비하는 일과 새 병원에서 사용할 물품을 준비하는 데 온 힘을 기울였다. 그녀는 후에 간호부장이 된 공순구 간호사와 함께 일했다.[7]

김성지 교수가 이끈 병원의 한 '조직'이 있었는데 1965년에 설립되어 그 후 병원 직원들의 사기 진작에 도움을 준 병원 합창단이다. 합창단은 병원 내의 모든 전문 분야를 초월해 직원들에게 정신적 화합과 헌신을 유도했고 병원 모든 직원들에게 자부심을 갖게 해 주었

---

[7] 공순구 간호부장은 정년퇴직하기 전에 간호 부야에서 펼친 탁월한 공로를 인정받아 국제 나이팅게일 기장을 수상했다.

으며 지역 교회에 아름다운 음악을 보급했다. 또한 전국 경연 대회에서 우수한 성적으로 입상했고 선교를 위한 모금에도 도움을 주었다.

병원 신축을 위한 원조 문제를 상의하려고 EZE와 계속 접촉했다. 독일에서 온 건축 설계사 모켄(Mocken)은 우리 병원의 재정 상태에 근거해 아주 치밀한 계획을 세웠다. 그 후 EZE는 베르너 일레(Werner Ihle)를 한국에 보내 대지의 지형과 계획한 병원의 임상 규모를 검토하도록 했다. 1966년 구바울 원장과 권익수 선교사는 여전도회 생일 헌금으로 모금된 400,000달러를 한국 내 은행에 예치하기로 결정했다. 이 기금은 미국 남장로교의 의료 선교 지원 단체인 의료 자선 재단(Medical Benevolence Foundation)에서 모금한 200,000달러가 추가되어 더 크게 증가했다.[8]

매리와 나는 1965년 여름에 안식년을 떠났고, 외과와 방사선 종양학의 보완 과정을 이수하면서 사이사이에 전국의 여러 교회를 순회하며 예수병원에 대해 강연을 했다. 1966년 1월에 유합 수술을 받았던 매리의 요추가 다시 부러졌다. 재수술을 받으러 다시 뉴욕으로 돌아가야만 했다. 수술 경과가 좋아서 우리는 1966년 8월에 한국으로 돌아올 수 있었다. 우리가 미국에서 안식년을 보내느라 부재중인 기간의 병원 상황을 살펴보니 권익수와 구바울 원장이 생일 감사 헌

---

[8] 의료 자선 재단(MBF)은 미국 남장로교가 의료 선교를 하고 있는 나라들에 치유 사역을 지원할 장로교인들을 확보하기 위해 1963년에 설립했다. 현재는 전 세계적으로 미국 장로교가 지원하는 117개 병원 및 진료소에 의료 소모품, 장비, 약품 및 인력 지원을 하고 있다. 과거 오랜 세월, 이 MBF는 예수병원의 의료 사역을 위한 생명줄 역할을 해 주었다.

금을 한국의 은행에 예치하기로 한 결정은 위험해 보였다. 그러나 우리는 머지않아 하나님의 계산법은 우리의 계산법보다 훨씬 더 훌륭하다는 사실을 깨달았다.

1967년 1월 3일 늦은 오후에 프랭크 켈러 박사가 우리 집으로 연결되는 그의 집 뒤 언덕길을 개와 함께 산책하던 중 갑자기 쓰러졌다. 우리 딸 제니퍼가 그를 발견했고 부근에 있던 일꾼들이 병원으로 옮겼다. 구바울 원장과 나는 심폐 소생을 시도했으나 성공하지 못했다. 아주 치명적인 충격이었다. 나는 사랑하는 동료에 대해 다음과 같은 조사를 썼다.

그는 꾸밈없이 소박하고, 자제력이 뛰어나며 성실한 분이었습니다. 신속과 간결이 그의 신조였습니다. 그는 설교를 짧게 하고 모든 약속 시간에 미리 도착하는 것에 자부심을 가졌습니다. 그러나 그를 우상처럼 여긴 아이들을 풍성한 깊이로 사랑할 때나 그의 친구들을 따뜻하고 변함없는 마음으로 대할 때는 그의 이 엄격한 생활 방식은 유연해졌습니다. 그는 일생을 부드러운 손길과 열린 마음으로 살아왔습니다. 그러나 한국에서 봉사한 대부분의 세월은 빌려 온 세월이었습니다. 1957년에 일시적인 대뇌 혈류 장애로 고통을 받았을 때 첫 경고가 있었습니다. 두 번째는 휴가 중이었던 1959년 대뇌 혈전증이 있었는데 곧 완전히 회복됐습니다. 이때 한국에 돌아오지 않고 앨라배마주 모빌에서 소아 진료소를 하는 편이 더 안전한 선택이었을 것입니다. 그러나 그는 전주에 다시 돌아와서 부원장의 책임을 맡았고, 마지막 8개월은 내과도 책임졌습니다. 그는 자기 병의 예후를 알고 있었습니다. 그는 품어 주고 초월하시는 그리스도에게 생의 불확실성을 맡기는 조용한 영웅처럼 살았습니다.

그는 그의 가족인, 전주에서 1956년에 결혼한 아내 재닛 탈마지(계자애)와 '꼬마 친구'라고 부르던 외아들 프랭크 2세에 헌신했습니다. 저녁때 그들은 종종 개를 데리고 산책을 나가기도 했고 피아노를 치며 집 안을 음악으로 충만하게 채웠습니다….

일과 후 어느 날 오후 그는 개를 데리고 그의 집 언덕을 산책하고 있었습니다. 그는 자신의 친구이신 하나님을 언덕에서 만나 동행함으로써 영생의 약속을 이룬 것입니다. 그의 음성이 지금도 우리 귀에 들립니다. 우리는 기억에서 그를 잊을 수 없습니다. 그의 확고함이 우리의 신앙을 뒷받침해 주며 그의 꿈은 우리의 미완성 과제 속에 남아 있습니다. 프랭크 켈러의 생애를 통해 하나님은 무엇이 선인지 우리에게 보여 주셨습니다. 왜냐하면 "하나님이 우리에게 요구하시는 것은 오직 정의를 행하며 인자를 사랑하고 겸손하게 하나님과 함께 행하는 것이 아닙니까?"

남은 우리에게는 기대와 희망에 대한 몸부림과 성취의 시간이었다. 우리의 수고는 보상을 받겠지만 옛 병원은 부분적으로 여기저기 건물을 증축해도 더 이상 우리의 의료를 위한 집이 아니었다. 아브라함처럼 우리는 "하나님이 계획하시고 지으실 터가 있는 성을 바랐던" 것이다.⁹

9 히 11:10.

13장

용머리 고개의 기적

1965년 5월, 구바울 원장은 장로교 여전도회 생일 헌금 모금 운동이 거의 끝날 무렵 미국 국무성의 요청에 따라 미 육군 예비역으로 현역 입대를 지시하는 전보를 뉴올리언스에서 받았다. 박정희 대통령과 영부인이 워싱턴을 방문할 때 통역을 하는 업무에 투입되었다. 이 정상 회담의 내용은 구바울의 비망록에 아래와 같이 자세하게 기록되어 있다.

1965년까지 한국은 가난의 굴레를 벗고 로켓처럼 경제가 급성장하는 중이었다. 이는 정식 국빈 방문이었기 때문에 업무 회의는 물론 많은 사교 모임에서도 통역이 필요했다. 1961년 당시 박정희 장군과 케네디 대통령의 회담을 통역한 일이 있어서 나는 의전 절차에 친숙하고 약간은 편안한 느낌이었다.…방미 성과 중 하나는 베트남 전쟁을 돕기 위해 한국군 2개 부대를 파병하기로 한 결정이었다.…5월의 아름다운 어느 날 오후, 나는 백악관 안의 타원형 사무실에서 존슨 대통령과 박 대통령과 함께 앉아 있었다.…회의를 시작하기 전에 존슨 대통령은 나를 향해 윙크를 보냈다. 존슨 대통령은 베트남 전쟁에서 미국이 얼마나 심각한 문제에 직면해 있는지를 박 대통령에게 설명하는 것으로 이야기를 시작했다. 그리고 그는 한국이 미국을 도와줄 수 있는지를 물었다. 박 대통령은 큰 나라인 미국이 도움을 요청했다는 사실에 고무되었다.…그는 그 자리에서 적극 동의했을 뿐만 아니라 존슨 대통령이 요청한 1개 대대 대신 2개 사단을 제시했다.[1]

앞 장에서 언급한 것처럼 구바울 원장은 귀국 길에 유럽을 경유해 EZE를 방문했다. 여전도회의 생일 헌금 지원에 고무된 그는 EZE에서 예수병원을 위한 제안 설명을 한 후 한국으로 돌아왔다. 아마 박 대통령과 존슨 대통령 간에 정상 회담에서 통역을 맡았던 경력이 본에 있는 EZE와의 협의 과정에서 구바울 원장의 입지에 크게 도움이 되었을 것이다. 어쨌든 원조 신청에 대해 구바울 원장이 3일 동안 EZE를 방문했던 것은 긍정적인 출발이었다. 하지만 구바울 원장은 이렇게 기록한다. "독일 사람들은 자금 지원을 쉽게 하지 않는다." 그는 원조가 확정되기까지 4년의 세월을 기다리고 세 차례나 본을 방문해야만 했다.

---

[1] Crane, *Memoirs*.

1966년 10월에 독일의 저명한 건축 설계사 프란츠 모켄(Fanz Mocken)이 제안서를 제출했다. 이 예비 서류에 근거해 예수병원 이사회는 공동 사업 조건을 승인했다. EZE가 새 병원 건축비의 50퍼센트를, 간호 복합 건물 건축비의 75퍼센트를 감당하는 조건이었다.[2] 11월에 EZE의 에른스트 크뤼거(Ernst Krueger)가 전주를 방문해 사업을 확정했다. 예수병원 이사회는 이 조건들을 1966년 11월 15일 이사회에서 승인했다.

　그러나 모켄의 계획은 예수병원과 EZE의 예산 범위를 초과했다. 1968년 5월에 EZE의 회장인 에른스트 모르트호르스트(Ernst Mordhorst)가 전주를 방문해 서독이 1,250,000달러의 지원을 승인하겠다고 약속했다. "일을 시작하라고 권합니다"라고 그는 말했다. 이렇게 고무적인 소식이 있었지만 독일에서 자금은 여전히 오지 않았다. 그래서 1968년 12월에 구바울 원장과 권익수 선교사는 독일 EZE를 방문해 모르트호르스트, 설계사 모켄과 회의를 했다. 설계사가 산출한 예상 건축비가 지나치게 높아 더 이상 EZE의 지원을 받지 못할 거라는 점이 분명했다. 구바울 원장과 권익수는 모켄을 해임하고 EZE가 새 설계사를 채용할 것을 촉구했다.[3] 이렇게 해서 본

2　간호 복합 건물은 간호 기숙사를 말한다.
3　구바울 원장과 권익수 선교사가 독일을 방문하는 동안, 구바울 원장은 Watson Street(Nashville에 있는 세계 선교 위원회 사무총장)가 유럽에 있는 여러 교회를 방문해, 예수병원의 건축 계획을 반대하는 의견을 표명했다는 사실을 알게 되었다. 그는 선교학에서 Tübingen 학파의 영향을 받은 것으로 보인다. 그것은 "선교사들이 제국주의적이고 간섭 경향이 심하다"는 견해다. 구바울 원장은 한국으로 돌아오는 길에 Street를 만났는데 그는 병원 건축을 반대한 일이 없다며 부인했다. 그러나 어느 정도

에 있는 베르너 일레가 설계를 맡게 되었다.

일레는 바로 일에 착수해 예산에 맞도록 설계를 수정했다. 그는 1969년 3월 새로운 설계도를 가지고 한국에 왔다. 그때 나는 우리 친구인 독일의 방사선 종양학과의 울리히 헨슈케가 예수병원에 기증한 코발트-60 방사선 치료기 사용법을 배우기 위해 뉴욕에 3개월간 머물고 있었다. 구바울 원장과 병원 당국자들은 이 설계도를 승인했다.

나는 1969년 6월 초 어느 금요일에 전주로 돌아왔다. 그런데 이틀 뒤인 일요일, 「코리아 타임스」지에 실린 구바울 원장이 6월 3일로 예수병원장직을 사임한다는 기사를 보고 충격을 받았다. 그다음 날 아침 구바울 원장은 옛 병원 예배실에서 간단한 송별 인사를 하고 떠나 버렸다. 우리가 사랑하는 병원의 새 역사가 우리의 손안에 들어올 것처럼 보이던 때에 우리의 지도자가 갑자기 떠나자 우리는 너무나 당황했다. 그는 지난 22년간 병원의 발전을 이끌어 온 '발전소'였으며, 꿈을 창조하는 자였고, 꿈을 지키는 튼튼한 보루였다.

이처럼 경황이 없는 중에 나는 이근영 박사와 함께 앉아 비록 독일에서 재정 원조가 없다 해도 하나님의 도우심으로 새 병원 건축 계획을 추진하자고 다짐했다. 여름 동안 전혀 소식이 없었는데 그러던 7월의 어느 날, 감리교 김춘영 목사가 예기치 않게 우리를 방문

의 견해 차이는 남았고, 이런 불일치는 구바울 원장이 1969년 사임을 결정한 한 요인이 되었다.

했다. [우리는 그의 한국 이름의 뜻에 따라 그를 '영원한 봄'(Eternal Spring)이라고 불렀다.] 그는 본에 있는 EZE를 방문한 뒤 독일에서 막 돌아와 소식을 알려 주었다. 서울에 있는 독일 대사관에서 문화 대사로 일했던 분이 독일 정부에 예수병원은 재정 원조를 받을 자격이 없다고 보고했다는 것이다. 이 병원이 미국 선교 병원인 데다 한국 교회와 아무런 유대 관계가 없다는 이유였다. 이 보고는 미국 선교사의 간섭은 있으나 한국 교회의 지지는 부족하다는 것을 의미했다. 그러나 이 보고는 잘못된 정보에 기반했다. 선교부는 대한예수교장로회와 유대 관계를 가진 독립적인 병원의 이사회 설립에 이미 동의했다. 이에 따라 전년도 여름에 정관 초안을 구상했고 한국 교회가 이를 수용했다. 그러나 구바울 원장은 이 사실을 비밀로 부쳐야 한다고 생각했다. 그렇게 하지 않으면 우리가 독일에서 재정 원조를 받을 기회가 적어질 수 있다고 보았다.[4]

나는 대한 기독교 교회 협의회(NCC)의 대한예수교장로회 대표인 광주 제일교회 한완석 목사를 만났다. 그는 빌프리트 자라친(Wilfried Sarrazin) 대사를 만나기 위해 서울까지 기꺼이 동행해 주기로 했다. 우리는 대사에게 예수병원과 대한예수교장로회가 공식적으로 유기적 관계가 있음을 설명했다. 이런 관계를 이해한 자라친 대사는 이 내용을 즉시 본에 알리겠다고 약속했다. 이때가 1969년 8월의

---

4 사실은 정반대의 상황이었다. 구바울 원장은 인사 이동이 있었던 EZE에 혼란이 발생할까 봐 우려한 것이었지만, 오히려 우리 병원과 한국 교회의 관계는 우리의 기금 요청 사안이 받아들여지는 데 더 유리하게 작용했을 것이다.

어느 날이었다. 다시 우리는 수주를 기다렸다. 우리의 장래는 여전히 불확실한 상태였다.

1969년 10월 10일, 우리는 독일에서 전보를 받았다. 이근영은 이 전보를 받자마자 도서실에 있던 내게 전해 주기 위해 달려왔다. 전보 내용은 다음과 같았다.

자금 승인 축하-EZE

나는 이근영에게 말했다. "예배당 종을 쳐서 이 소식을 알리세요!"

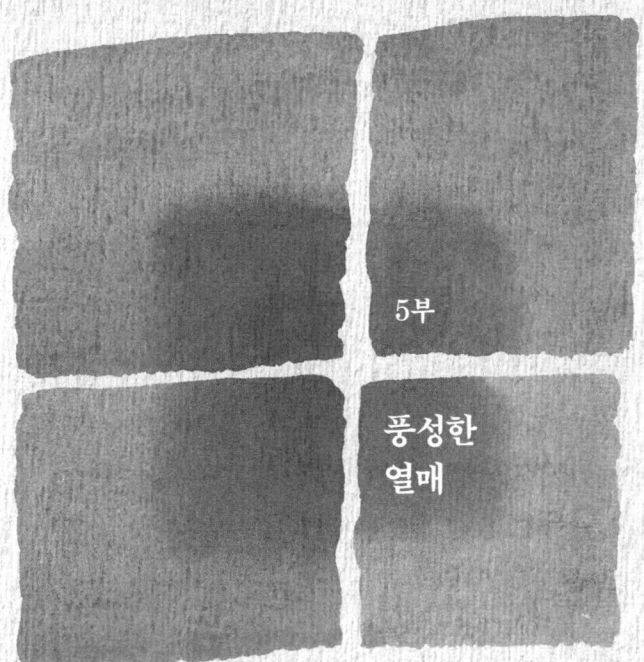

5부

풍성한
열매

14장

꿈은 이루어진다

1969년 10월 30일 나는 고국의 동역자들에게 이렇게 편지를 썼다.

꿈이 이루어지기까지 오랫동안 기다려야만 했습니다. 나는 여전도회 생일 헌금 모금을 해 보기로 결정했던 순천에서의 어느 날 저녁을 기억합니다. 1963년 버밍햄에서 설계사 찰스 데이비스가 방문해 처음으로 구체적인 건축 계획을 세우기 시작했던 때도 기억합니다. 놀라운 이자의 증식과 기도, 생일 헌금이 결정된 1965년의 지원을 어떻게 잊을 수 있겠습니까? 뉴욕 세계 박람회에 갈 것을 포기하고 헌금한 한 가정, 또 이 꿈을 위해 자신의 차를 판 코퍼스크리스티(Corpus Christi)에 사는 한 평신도를 기억합니다. 암으로 생의 마지막 몇 달을 투병하면서도 수술실 건축 비용을 담당하기 위해 이 모금 운동에 앞장선 플로리다주 브레이든턴(Bradenton)의 어느 장로를 잊을 수가 없습니다. 우리의 목표를 달성하기 위해 독일을 세 차례,

그리고 미국을 두 차례나 다녀왔던 구바울 원장님의 노고도 잊을 수 없습니다. 또한 이 사명을 위해 자신의 생을 바친 프랭크 켈러를 결코 잊을 수 없습니다.

이들과 그 외의 수십만 명이 10월 10일의 반가운 소식을 위해 기도해 왔습니다.…많은 사람에게 병원은 막다른 골목에 있는 것처럼 보였습니다. 그러나 우리는 이 병원 신축 사업이 좌절되어서는 안 되며 그리스도의 자비를 증거하지 않은 채 그리스도를 홀로 둘 수 없다고 감히 확신하게 되었습니다.…하나님은 지금…그분의 약속을 차고 넘치도록 이루어 주신 것입니다.[1]

하나님의 계산을 다시 한번 설명하는 편이 낫겠다. 미국 남장로교회는 주로 여전도회 생일 헌금으로 거의 700,000달러를 모금했고, 총액의 상당 금액은 의료 자선 재단(MBF)을 통해 모금되었다. 구바울 원장과 권익수 행정관은 이 돈을 전주에 있는 은행에 예치했다(나는 이것이 상당히 위험한 시도라고 생각했다). 독일의 원조를 기다리는 4년간 연 이자율은 30퍼센트나 되었고 원화와 달러의 환율은 변화가 없었다. 독일에서 5,000,000마르크(1969년 당시 1,500,000달러에 해당함)가 승인되었을 때 은행에 예치해 둔 모금액에 이자가 얼마나 붙었는지 은행에 가서 알아보았다. 예치해 두었던 기금의 이자가

---

1 설대위, 남장로교회에 보낸 선교 서신, 1969년 10월 30일.

1,300,000달러로 불어나 자금 총액이 2,800,000달러가 되었다는 사실을 알게 되었다! 이는 지하 2층과 지상 5층짜리 건물, 즉 거의 7층 건물을 짓기에 충분한 금액이었다. 이 두 요인, 즉 고금리와 환율의 불변이 평소와는 달리 4년 동안 지속되었던 것은 하나님이 개입하신 역사라는 생각이 들었다. 용머리 고개의 '기적'이었다.

11월 20일, 경쟁 입찰 후 기본 건축 계약이 97,500,000원에 신흥건설로 낙찰되었다. 다른 건설 회사와 바닥 공사, 전기, 배관 및 난방 공사를 위한 후속 계약을 체결했다. 병원 이사회는 한국에 거주하는 독일인 건축가 게르하르트 놈로브슈키(Gerhard Nomrowski)를 건축 감독으로 채용했다. 텍사스주 오스틴에 있는 클레이턴 재단(Clayton Foundation)에서 9층까지 건물을 올리게 될 경우를 대비해 승강기 설치비 용도로 지정된 50,000달러를 기부받았다.

1970년 4월 15일에 간호사 기숙사의 콘크리트 구조가 세워졌다. 이어 어느 맑은 날 콘크리트 공사를 마친 새 병원 건물 1층의 중앙에는 한국의 태극기, 동쪽에는 미국의 성조기 그리고 서쪽에는 독일의 국기를 게양한 가운데 정초식을 가졌다. 아름다운 봄날만큼이나 놀라운 의식이었다. 또한 지역 사회를 아우르면서도 그리스도의 복음을 드높이는 행사였다. 하나님 나라를 인정함으로써 국가의 문화를 초월했다. 철근과 콘크리트에 둘러싸여 우리는 믿음에 의지하고 있음을 인정했다. 외교관들과 교인들, 정부 관리들이 다 함께 당당히 이렇게 선포했다.

1971년 11월 1일, 예수병원 신축 봉헌식에 모인 군중

여호와께서 집을 세우지 아니하시면
세우는 자의 수고가 헛되며.[2]

화강암 정초석 안에 도지사와 독일 문화원 대사, 시장, 총회장, 미국에서 온 대표들이 "그리스도 예수께서 친히 모퉁잇돌이 되셨느니라"라는 성경 구절을 써 넣었다.[3] 미국에서 방문한 사람들 중에는 세계 선교회 이사들과 교회 여전도회 대표가 포함되어 있었다. 특

---

2   시 127:1.
3   엡 1:20. 1970년 5월 남장로교회에 보낸 설대위의 선교 편지.

별한 내빈으로 전라북도 출신의 그리스도인 국회의원 김용진이 있었다.

바위 위에 세운 기초에 콘크리트 기둥들이 섰고 기둥들은 철근 콘크리트와 층층이 연결되었다. 건축 위원회 위원들은 많은 시간을 계약하고 감독하는 일에 소비했다. 이근영 박사와 권익수, 주보선 박사, 게르하르트 놈로브슈키와 나는 타일과 같은 자재 선택이라든지 건축 구조의 상호 기능의 관계나 세부 계약 등을 결정하기 위해 자주 회의를 했다.

이 건축 과정에서 발생했던 많은 불안한 사건들이 기억난다. 계약한 후 5개월밖에 지나지 않아 주 건축을 맡은 신흥건설이 쓰러지고 말았다(예수병원 건축과는 전혀 관련이 없는 일 때문에). 다행히 이 회사는 채권자들과 이 위기를 원만히 해결할 수 있었다. 얼마 후에는 우리가 독일에서 수입해 온 건축 자재에 대한 관세 문제로 어려움을 겪었다. 건축 전에 국무총리가 독일 정부에 관세를 면제해 주기로 약속했었다. 이 건축 자재들이 부산항에 도착했는데 우리가 전혀 예산을 세우지 않았던 많은 관세(90,000달러 이상)가 부과되었다는 사실을 알고는 전라북도 국회의원 김용진을 찾아갔다. 이 문제를 해결하기 위해 보건부의 선처를 요청했다. 김용진 의원은 보건부 장관에게 문제 해결을 부탁했는데, 장관은 차관을, 차관은 국장을, 국장은 수입 업무를 관장하는 과장을, 과장은 계장을 차례차례 불러들여 보건부를 온통 휘저어 놓은 뒤 마침내 관세를 면제받았다.[4]

1970년 늦여름에 노스캐롤라이나주 샬럿에서 한 정형외과 의사

예수병원 신축 건물

가 방한하면서 새로운 사안이 결정되었다. 7층으로 설계했던 건물을 예산 때문에 5층까지만 짓기로 한 상태였다. 웨인 리(F. Wayne Lee) 박사는 예산 부족으로 5층짜리 '골격만' 세워진 시점에 때맞추어 내원한 것이다. 그는 이 5층짜리 건물(바닥, 천정, 배관, 창문 등)을 완공하기 위해 샬럿의 장로교에 속한 동료 의사들을 대상으로 모금을 하겠다고 나섰다. 여기에 소요되는 예산이 50,000달러였는데, 그는 미국으로 돌아가서 이 금액을 모금해 낸 것이다.

지하 2층, 지상 5층의 아름다운 골격이 드러났다. 한동안은 이

---

4 김용진 의원은 1970년 이후 우리 병원과 친구가 된 흉부외과 의사 김용성의 형님이었다.

병원이 전주에서 가장 높은 건물이었다. 우리의 소망은

기념비를 세우고 스카이라인을 변경하고 상실과 낙담의 땅에 희망과 자비의 깃발을 드높이는 것이다. 그 누가 이 일을 감당하겠는가? 우리는 이 생존 경쟁의 세상에서 사랑처럼 깨어지기 쉽고 희망처럼 존재하기 어려운 꿈을 추구했다. 이 꿈이 우리의 눈앞에서 현실로 드러나고 있다. 감당할 수 없을 것 같던 장애들은 극복되었고 불가능해 보이던 문제들은 해결되었다. 우리는 상상과 흥분의 세계에서 하나님이 하시는 일의 목격자로 살아간다. 또다시 우리에게 바울이 한 말이 이루어진 것이다. "너희를 부르시는 이는 미쁘시니 그가 또한 이루시리라."[5]

건축 기간에도 환자 진료는 옛날 병원에서 계속 이루어졌는데 이근영, 정영태, 윤호영, 소진명, 이학연, 김기준, 신태석, 현병일, 공순구와 그 외 직원 들이 선교사들(밸린저, 변마지, 재닛 켈러 여사, 권익수, 설대위)과 함께 환자를 돌보는 일을 계속했다는 사실을 기억해야 한다. 설매리와 나는 3개월의 휴가를 내서 아들 존을 오스틴 대학에 입학시키기 위해 미국으로 향하는 길에 유럽을 방문했다가 두 딸인 제니퍼와 크리스틴과 함께 봉헌식의 마지막 점검을 위해 돌아왔다. 마지막 점검 중 한 가지 기억나는 것은 시장의 호의로 봉헌식 전날 밤에

---

5 살전 5:24.

새 병원의 개원 리본 커팅식. 왼쪽부터 오른쪽으로 설대위, 이블린 그린(여전도회 대표), 구요한 박사(전 예수병원 원장), 노르베르트 클라인(EZE 대표), 한국 고위 관료들

서원로 포장 공사를 마친 사건이다.

봉헌식은 1971년 11월 10일에 열렸다. 그날 새벽은 온 대지에 짙은 안개가 드리워져 있었다. 안개에 둘러싸인 새 병원이 우뚝 서 있었다.…봉헌식을 성공적으로 해낼 수 있을지 우리는 불안한 상태였다. 아침 6시 35분에 전화가 울렸다. "국제 전화입니다." 그 순간에 우리 아들 존이 오스틴 대학에서 전화를 걸었다. "아빠 기억하세요! 우리는 할 수 없지만 하나님은 하실 수 있어요."

오전 9시 30분이 되자 햇빛이 비쳤다. 오전 10시쯤 되어 미국 대사로부터 전화가 왔다. 김포공항이 안개에 싸여 비행이 위험하므로 필립 하비브 대사가 올 수 없다는 소식을 전했다. 설매리는 그들에게 오라고 권했다. "여기 전주의 하늘은 푸르러요." 오전 11시에 독일 대사가 도지사실에 도착한 후 바로 우리 집으로 와서 통역에게 줄 자신의 축사를 설매리에게 구술했다. 오전 12시에 김포공항의 안개가 걷히고 미국 대사가 탄 헬리콥터가 서울을 출발해 전주에 왔다. 우리 병원의 환자로 목 수술을 받았던 바이올리니스트가 다른 귀빈들을 기다리는 동안 손님들을 위해 현악 앙상블을 연주했다. 하비브 대사의 헬리콥터는 오후 1시 직전에 전주에 착륙했다. 국회 부의장, 보건 사회부 장관, 도지사는 이미 도착한 상태였고 이어서 하비브 대사가 도착해 오후 1시 15분 환영 연회에 참석했다. 우리 부부는 저명인사들과 미국 장로교 여전도회 대표와 미국 장로교 교단 대표들을 위해 처음 문을 연 새 병원 식당에서 연회를 준비했다. 정확히 2시에 세 나라의 국가가 햇살 가득한 계곡에 차례차례 울려 퍼졌고 세 나라의 국기가 병원 건물 꼭대기에서 휘날렸다. 거의 2,000명이나 되는 사람들이 한목소리로 찬양(새찬송가 138장)했다.

햇빛을 받는 곳마다
주 예수 다스리시고
이 세상 끝날 때까지
그 나라 왕성하리라.[6]

---

6 설대위, 미국 장로교회에 보낸 편지, 1971년 12월.

나의 기념사는 짧았다. 그러나 우리 모두는 기적이 우리 눈앞에 펼쳐지는 것을 느꼈다. 나는 이렇게 말했다.

우리는 오늘 우리 가운데 하나님이 역사하신다는 증거를 눈앞에 두고 경외하는 마음으로 서 있습니다. 우리는 하나님의 종이 될 자격이 없다고 느끼지만 그분은 우리를 파트너로 삼으셨습니다. 가슴 깊은 곳에서 우러나오는 겸허한 마음과 감사로 우리는 이 건물을 예수 그리스도께 봉헌합니다. 우리는 이곳이 예수의 이름을 짊어진 병원 그 이상이 되기를 기도합니다. 이곳이 그리스도가 거하시는 장소가 되기를, 여기에서 괴롭고 희망이 없는 사람들이 예수 그리스도를 만나고 육신의 치유와 영혼의 평안을 얻게 되기를 소망합니다.[7]

많은 저명인사들의 축사가 이어졌는데 국회 부의장 장경순, 독일 대사 빌프리트 자라친, 보건 사회부 장관 이경호, 미국 대사 필립 하비브, 독일 기독교 개발 원조단에서 온 노르베르트 클라인(Norbert Klein) 목사, 이춘성 전라북도지사, 미국의 세계 선교부를 대표하는 구바울 박사 등이었다. 감사패를 받은 분들 중에는 작년에 우리 병원을 '구해 준' 김용진 전 국회의원도 있었는데, 그해 초 고속도로에서 교통사고로 사망했기 때문에 그의 어머니가 대신 감사패를 받았다.
나는 사랑받는 신경외과 박영훈 과장에게 이 봉헌식을 위한 성

---

[7] 같은 자료.

치유하시는 그리스도를 묘사한 부조 벽화

경 구절을 택해 달라고 부탁했다. 그는 열왕기상 9:3 말씀을 택했는데, 예루살렘 성전 봉헌식에서 솔로몬의 기도에 대한 하나님의 응답을 기록한 말씀이었다.

여호와께서 그에게 이르시되 "네 기도와 네가 내 앞에서 간구한 바를 내가 들었은즉 나는 네가 건축한 이 성전을 거룩하게 구별하여 내 이름을 영원히 그곳에 두며 내 눈길과 내 마음이 항상 거기에 있으리니."

이 새로운 터 위에 현대식 교육병원을 설립하기 위해 믿음으로 착수한 우리의 상황에 너무도 적절한 말씀을 선택한 것에 깜짝 놀랐다. '안드레' 박은 하나님의 축복을 약속해 달라고 간청하는 솔로몬의 시대까지 거슬러 올라간 것이다. 그래서 이 '치유의 전'이 거룩하게 구별될 뿐만 아니라 영원히 하나님의 눈길로 보호받고 하나님의 사랑을 받게 되는 것이다! 이것이 박영훈 선생이 우리 역사에 남긴 유산이 되었다. 그는 그다음 해 뇌동맥류 파열로 사망해 북한에 있는 그의 가족들에게 돌아가지 못했다. 그렇지만 그는 고독이란 자신의 짐을 결코 불평하거나 따분해하지 않았으며 그가 만난 모든 사람에게 예수의 사랑을 드러내 보여 준, 결코 잊을 수 없는 제자였다.

   1971년 12월 13일, 상쾌하게 맑고 쌀쌀한 날 아침, 우리는 새 병원으로 이사했다. 62명을 제외한 모든 입원 환자를 퇴원시켰고 남은 환자 중 목이 부러져 두개골 견인을 한 어느 소녀와 기관 절개를 한 몇 명 그리고 인큐베이터에 있는 갓난아기들을 포함한 10명은 중환자였다. 우리는 3개의 임시 위원회를 구성해 '대이동'을 시작했다. '약속의 땅' 위원회(차량 혹은 앰뷸런스 편으로 환자 이동 계획과 배치 업무 수행), 요단강 도강 위원회(안전요원, 중환자실 직원과 운전기사를 포함한 수송 담당), 가나안 위원회('약속의 땅'에서 환자들을 병동으로 이송하는 업무)는 새 병원으로 '침투' 작전을 실시했고, 아무 사고 없이 두 시간 반 만에 완료했다. 간호학생 4중창단이 새 병원 응급실 입구에서 찬송으로 환자들을 환영했다.

15장

어두운 등잔 밑, 농촌 보건 의료 사업 시작

1968년 가을, 존 녹스 윌슨(John Knox Wilson) 박사 부부가 예수병원에 왔다. 존은 한국에서 자랐는데 그의 아버지 R. M. 윌슨 박사가 애양원의 한센병 환자 병원[1] 원장으로 봉사해 순천에서 어린 시절을 보냈다. 제2차 세계 대전이 끝나고 존 윌슨은 7장에서 설명했듯이, 전라도 미 육군 군의관으로 봉사하면서 1945-1946년 사이에 유행한 콜레라를 퇴치하기 위해 무진 애를 썼었다. 이제 그는 소아과 의사로서 가족과 함께 한국에 왔는데 시골 아이들과 거의 25년 전, 전라도에 창궐했던 콜레라를 치료해 준 청년들에 대해 특별한 관심을 갖고 있었다.

윌슨 박사는 바로 예수병원 소아과에서 일을 시작했지만 그의 마음은 먼 시골에 가 있었다. 가난이 건강의 주된 장애이며, 한국

---

1 "Garden of Loving Care."

이 경제적 발전을 이루고 있지만 많은 어린이가 여전히 의료 혜택을 받지 못하고 있다는 사실을 그는 알았다. 그는 우선 토요일에 고아원들을 방문했고 차츰 전라북도 원로 '시골 전도자' 조요섭(Joseph Hopper) 목사와 함께 시골 지역을 방문하기 시작했다. 교회 마당에 진료소를 설치하거나 오지 마을은 직접 찾아가 어린아이들을 진찰했으며 입원이 필요한 아이들은 병원으로 데려왔다. 그는 농촌 보건 사업을 위한 팀을 조직했는데, 이후 예수병원의 역사상 가장 중요한 사역 중 하나가 된 이 사업을 선봉에서 이끌어 나갔다. 거제도 보건 사업으로 유명한 존 시블리(John Sibley) 박사의 영향을 받은 그는 이렇게 말했다.

문제는 두 가지 요소가 얽혀 있다는 점이다. 비싸고 오르기만 하는 치료비가 하나고 다른 하나는 너무 가난해서 그것을 감당할 수 없는 사람들이 계속 존재한다는 점이다.[2]

윌슨은 첫 제안서(1969년)에서 4개 농촌 지역에 포괄적인 지역 보건 사업을 시작하자고 제안했다. 이 제안의 의도는 지역 교회들이 이 사업을 책임지고 이끌어 가도록 돕자는 것이다.

이를 위해 몇 가지 원칙을 정했다. 지역 선정은 의료 시설이 매우 빈약하거나 없는 지역(적어도 4킬로미터 이내에 의료 기관이 없는 곳)으

---

[2] 예수병원에 보낸 John Wilson의 제안서.

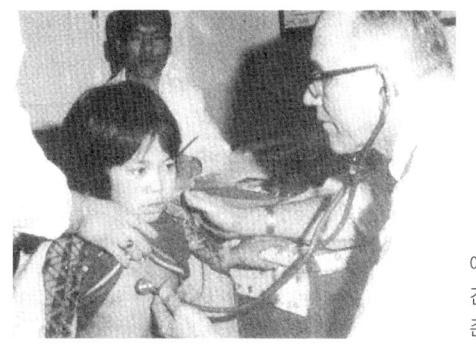

예수병원 지역 사회
건강 관리 프로그램을 주도한
존 녹스 윌슨 박사

로 할 것, 지역 교회를 통해 일할 것, 그 마을과 예수병원 사이에 연락 업무를 맡을 '지역 건강 요원' 한 명을 그 지역 출신으로 선정할 것, 공중 보건 간호사 2명(1명이 2개 마을을 담당)을 채용할 것, 예수병원 의료팀을 한 달에 두 차례 이 마을에 보낼 것, 보건소와 지역 약국들과 협력할 것 등이었다. 보건 계획의 범위에 다음 사항들을 포함했다.

1) 지역 사회 개발과 위생 사업
2) 모성 건강
3) 가족계획
4) 어린이 건강 관리
5) 성인을 위한 의료 서비스 제공

이 일을 시행하기 이전에 정부에 협조와 자문을 구하기로 결정했다. 그래서 1970년 이 사업을 개시하기 전에 도청에 2개 지역을 추천해 줄 것을 요청했다. 도에서 소양면과 동상면을 선정했고 사업이 시작되었다. (동상면 사업은 후에 정부가 그 지역에 의사를 파견한 후 중단되었다.)

소양면은 그 당시 의사는 없고 인구 12,000명에 산이 많은 지역이었다. 낡은 앰뷸런스를 타고 이 지역을 방문하는 존 윌슨의 모습을 흔하게 볼 수 있었다. 마을 여인들은 윌슨이 낡은 차를 몰고 오는 광경을 보거나 사이렌 소리가 들리면 아픈 아이들을 데리고 집에서 뛰쳐나왔다. 그는 때로 매우 심하게 아픈 아이들을 바로 병원으로 데려가서 치료를 받게 했다. 윌슨 박사는 서울에 있는 홀트 아동복지회에서 근무하던 간호사 몰리 홀트(Moly Holt)를 채용했다. 열정적인 홀트 간호사와 함께 윌슨 박사는 질병 예방 사업, 결핵 퇴치 사업과 일반 진료 사업을 아우르는 포괄적인 프로그램을 개발했다. 존 윌슨 박사의 동생 조 윌슨(Joe Wilson) 박사는 알래스카에서 공중 보건 의사였는데 미취학 아동들을 대상으로 피부 결핵 양성 반응 검사로 결핵균을 검출하는 프로그램을 개발했다. 양성 반응이 나왔다는 말은 가족 안에서 아이가 결핵에 노출되었다는 뜻이다. 이런 경우 누가 결핵에 걸렸는지 알아내기 위해 온 가족에게 방사선 촬영을 하게 했다. 이 사업을 실시한 첫해에 발전기로 작동하는 소형 간이 엑스레이 촬영기로 모든 가족을 촬영해 치료되지 않은 활동성 결핵 환자 586명을 찾아냈다.

지역 사회 보건 사업을 시행한 첫해에 소양면과 동상면에서 34명의 결핵 환자를 예수병원으로 보내 치료받게 했다. 예수병원의 전공의들과 임상 과장들을 포함해 연인원 319명의 의사들이 이 사업에 참여하며 적극적으로 협력했다.

이 사업 첫해를 마감하고 윌슨 박사는 이 사업의 이름을 지역사회 보건과로 바꿀 것을 제안하면서 이렇게 기록했다.

> 한국 속담에 "등잔 밑이 어둡다"라는 말이 있다. 예수병원이 한국에서 가장 훌륭한 병원 중 하나로 알려지면서 전국에서 환자들이 찾아왔다. 하지만 예수병원이라는 등잔 밑에 사는 의료가 필요한 사람들은, 심지어 우리 병원 직원의 가족이나 우리가 일하러 가는 길에 무심코 지나쳐 버리는 사람들은, 예수병원에서 치료를 받고 싶어도 치료비를 감당할 수 없는 경우가 종종 있었다. 흔히 이들은 약국이나 한의사를 찾거나 침을 맞기도 했다. (심지어 우리 선교부 운전사도 아기가 아팠을 때 2주 동안이나 한의사에게 치료를 받게 했다. 그러다가 낫지 않자 예수병원으로 데려왔는데 심각한 결핵성 뇌막염이었다. 아이의 할아버지가 중등도로 진행된 결핵 환자라는 사실도 이때 알게 되었다.)[3]

윌슨은 1971년 5월 보고서에서 다음과 같이 지적한다.

> 세 분야는 보통 충분한 주목을 받지 못한다. 그것은 위생, 가족계획, 보건 교육 분야이다. 우리는 이 세 분야에 대한 교육용 슬라이

---

[3] 설대위, 1971년 12월 편지.

드를 제작해서…마을 건강 요원들이 가정 방문을 할 때…건전지로 작동하는 프로젝터를 활용해…이 슬라이드를 보여 줄 계획이었다. 예수병원의 주변 지역 사회에 살거나 멀리 떨어진 마을에 사는 가난한 사람들에게 의료 서비스를 제공하고 지역 주민에게 그리스도의 사랑을 증거하는 효과적인 사업을 개발할 수 있으리라고 나는 확신한다.[4]

월슨 박사의 임기가 거의 끝나 가고 있었다. 그의 아내 낸시는 전주 YWCA에서 적극적으로 봉사했다. 병원의 전체 직원들이 월슨 박사의 일에 호감을 가졌지만 그 사업의 미래를 책임질 자격이 있는 사람은 없는 것 같았다. 그래서 우리는 연세대학교에서 예방 의학부서의 양재모 교수와 김명호 교수에게 자문을 구했다. 이들은 이 사업을 진행하는 농촌 보건 위원회와 지역 사회 보건과장의 책임을 맡은 공중 보건 전문의 최승열과 협력하면서 학술적인 측면을 책임져 주기로 했다. 이를 위해 1971년 4월에 연세대학과 2년 기간으로 계약했고 김명호 교수가 매월 방문해 예수병원과 마을 건강 사업을 진행했다. 김 교수의 지도 아래 우리는 전주 중화산동을 세 번째 사업 장소로 선정했다. 월슨 박사가 1971년 여름에 떠나기로 했기 때문에 내가 이 사업에 더 관여하게 되었다. 지금까지 우리가 배운 것에 근거해 나는 몇 가지 원칙을 세웠다.

[4] 같은 자료.

1. 농촌 지역 주민들이 이 사업을 전적으로 수용하려면 예방과 치료를 위한 의료 사업이 함께 실시되어야 한다. 예방 의학만으로는 농촌 사람들이 현대 의학을 신뢰하리라 기대할 수 없다. 이들의 응급 상황에 대한 우선적인 해결 방안이 제공되어야만 한다. 개인적인 치료에 확신을 심어 줄수록 예방 의학에 대해서도 더 협조하게 될 것이다.

2. 농촌 주민들의 필요에 대한 의료인들의 책임감을 일깨우려면 모든 전문의를 참여시키는 것이 중요하다. 농촌 주민들뿐만 아니라 전문 의료인들에게도 이 사업의 필요성을 납득시켜야 한다. 우리 사업은 병원을 기반으로 이루어지기 때문에 이 일에 임상 의사들이 참여할 기회를 갖게 되었다.

3. 정부는 정부의 프로그램을 수행하는 보건소에 대부분의 혜택을 줄 것이다. 우리는 보건부가 정한 공중 보건 사업 틀 안에서 일하기를 원했고, 그 하부 조직에 필요한 인력과 자금을 제공하도록 했다. 전라북도 당국은 매우 협조적이었으며 도가 하는 사업 범위 안에서 우리의 시범 사업에 상당한 자유권을 인정해 주었다.

윌슨 박사가 떠나고 최승열이 지역 사회의 보건과장이 됐다. 홀트 간호사가 홀트 아동복지회로 떠난 후 호주의 간호 선교사 도로

윌슨 박사의 소양 진료소에 아이를 데리고 몰려드는 엄마들

시 나이트(Dorothy Knight, 나명애)가 소양과 새 병원 부근의 중화산동 지역 사업을 돕기로 자원했다. 그 후 그녀는 새로운 사업 지역인 용진면 지역에서 '생명선' 역할을 했고 후에 지역 사회 보건과의 행정 보좌역을 맡았다.

서독 EZE 당국자들은 예수병원에 입원한 환자들에 대한 집중 치료뿐만 아니라 농촌 지역에서 광범위한 돌봄을 제공하는 철학에 공감했다. 1973년 4월, 한국을 방문한 EZE 단장 클라우스 포저(Klaus Poser) 박사는 당시 계류 중이던 예수병원의 신청서에 대해 협의했다. 그 결과 그해 7월에 자금 신청서를 수정해서 제출했다.

1974년 10월 우리는 EZE로부터 350,000마르크(130,000달러 상당) 지원금을 받았다. 그때는 소양면 사업을 시작한 지 이미 4년이 지난 시점이었다. 2개월 후 슈미트-로젠하우어(Jürgen Schmidt-Rosenhauer)가 와서 신용 협동조합을 설립하는 문제에 대해 지역 지도자들과 만나 협의를 했다. 지역 사회는 신용 협동조합을 설립하는 데 이론적으로는 수용했을지 모르지만 독일 EZE가 조건으로 제시한 '자체 기금' 120,000마르크(약 20,000,000원)를 조성하는 일에는 결코 참여하지 않았다. 그때까지 지역 사회를 기초로 한 일차 진료 사업 개발은 이미 많이 이루어진 상태였다. 1976년 독일로 보낸 서신에 나는 이렇게 기록했다. "소양면 사업은 의료 혜택을 받지 못하고 소외된 병든 인구 집단이 건강 중심 지역 사회로 전환하는 자연스러운 역사를 보여 준다는 의미가 있다." 그리고 나는 이 말을 덧붙였다. "이 글을 쓰는 시점에도 사업은 아직 끝나지 않았다. 이 책임을 잘 감당할 소양면의 현지 지도자가 등장해 과연 이 사업을 이양할 수 있을지에 대해서는 여전히 의구심이 든다."

1976년 5월 나명애는 "제1회 지역 사회 건강 요원 세미나: 건강 서비스와 새마을 운동"이라는 제목의 세미나를 준비했다. 나명애가 도청 보건 담당 책임자에게 이 세미나에 직원들을 참석시켜 줄 것을 요청했지만 대답을 듣지 못했다. 게다가 전라북도 보건 담당 국장은 새마을 운동 담당자들에게도 협조를 요청하지 않겠다고 말했다. 그러자 그녀는 대통령에게 편지를 보냈다! 그 결과 도청 보건부서는 그녀를 불렀고 그녀는 공무원들에게 이 사업에 참여할 것을 촉구했다. 최근 그 일을 회상하면서 그녀는 이렇게 설명했다. "나는 도청 직원들이 함께 와서 혈색소의 낮은 수치(빈혈)와 기생충 문제 그리고 채소에 인분을 공급하는 문제에 대해 토론하기를 원했어요." 수년 후 충청남도 어느 시골 마을을 방문해 새마을 운동 현장을 살펴볼 기회가 있었다. 그곳에서는 그녀가 몇 해 전에 제시한 개량 화장실 계획을 채택했다. "우리가 성공했다는 사실을 깨달았어요!…지금은 강화 플라스틱으로 만든 조립식 화장실을 만들어서 매우 저렴하게 팔고 있더군요."[5]

그해 9월, EZE에서 디터 파우펠(Dieter Vaupel)이 와서 우리가 제출한 '소양면 지역 자립 프로젝트'라고 이름 붙인 사업을 위한 두 번째 자금 요청에 대해 지역 사회 지도자들과 회의를 했다. 이 회의에서 파우펠은 제출된 자금 요청에 대해 소양 협의회는 아직 법인 단체가 아니기 때문에 예수병원이 이 새로운 사업에 어떻게 관여하느냐에 결과가 달려 있음을 강조했다. 한편 예수병원 이사회는 한시적으로 법적 책임을 질 것이며 소양 협의회는 법인을 설립하고 이 사업을 위한 자본금으로 1,500,000원을 모금하겠다는 조건을 제시했다. 돌이켜 보면 EZE와 병원 이사회의 이와 같은 결정으로 이 사업은 문을 닫았다. 마을 내의 의견 불일치로 지역 사회의 지도자가 교체되었고 새 지도자는 자금 지원의 조건들을 수용하지 않겠다고 했다. 그래서 1977년 4월, 나는 이런 편지를 보낼 수밖에 없었다.

---

5 Dorothy Knight, 개인 서신, 1997년.

우리는 소양면 지역 자립 사업을 성공적으로 마치는 것을 보장할 수 없다는 결론을 내렸습니다. EZE가 우리를 신뢰해, 승인할지도 모를 이 사업이 실패할 위험이 있으므로, 우리는 이 요청을 철회하는 편이 가장 현명한 선택이라고 생각합니다.

돌이켜 생각해 보면 소양 보건 사업이 실패한 데는 한두 가지 다른 요인이 있었던 것 같다. 회고해 보면 초기에 예수병원이 예방과 치료 사업을 시행할 지역을 선정할 때 지역 주민들이 아니라 전북 보건 당국이 결정했다. 이 지역 사회에서는 우리를 청하지도 않았고 마을 지도자들도 자발적으로 무엇인가 해 보려고 하지도 않았다. 이 계획은 어느 정도는 위로부터 강요된 결정이었다. 어느 정도 협조적인 분위기도 있긴 했다. (마을의 여성들은 철수하지 말고 머물러 주기를 강력히 요청하기도 했다.) 저항도 있었고 심지어 우리의 궁극적인 동기를 의심하는 사람들마저 있었다. 아마 그 지역에 있던 가톨릭교회가 개신교에서 주도하는 보건 요원들의 동기를 신뢰하지 않고, 마을 지도자들에게도 이런 분위기가 영향을 미쳤을 수 있다. 우리는 같은 실수를 두 번 다시 하지 않았다. 그 후에 우리가 용진면 마을 주민들에게 접근할 때는 주민들에게 우리가 제공하기로 한 일에 대해 심사숙고해 보고, 우리를 그 지역에서 기꺼이 일하도록 초청할 것인지 표결하라고 요구했다.

1977년 나명애는 소양면에서 행한 지역 의료 사업(Community Medicine)과 용진면에서 행한 지역 보건 사업(Community Health) 사이의 철학적 차이점을 이렇게 요약했다.

지역 의료 사업은 의료팀이 주민들에게 무엇이 필요한지를 판단하고 의료 봉사를 실시하는 것이다. 이 경우에 주민들은 자신들의 뜻에 따라 이 봉사를 수용할 수도 있고 거부할 수도 있다. 이와 달리 지역 보건 사업은 지역 사회의 전체 주민들이 그들의 필요, 계획, 사업 수행, 사업 수행 책임의 한계와 실시 중인 사업에 대한 최종 책임에 함께 참여하는 것이다.…지역 의료 사업을 실시한 지 4년이 지난 1974년에 우리는 소양면 주민들을 '지역 사회 보건' 유형의 사업에 끌어들이려고 시도했다. 3년간 우리는 지역 주민들과 정기적으로 만나 그들이 전체 계획과 사업 시행에 협력했을 때 그들에게 돌아올 혜택에 대해 일깨워 주려고 노력했다. 하지만 주민들은 이런 사업에 그들 자신이 참여하는 것이 얼마나 중요한지 이해하지 못했다. 그래서 우리가 계획한 사업의 분위기는…성숙되지 못했다.…용진면이 선정된 한 가지 이유는 그 지역 주민들이 공동으로 실시하려는 지역 보건 사업에 협력하기로 보장했기 때문이다.[6]

예상대로 1977년 3월에 소양 지역 사회 협의회는 보건 사업을 지속하기 위해 조직된 신용 협동조합 사업을 맡지 않겠다고 공식적으로 거절했다. 지역 사회 협의회의 기능은 중단되었다. 가구와 보건

---

6   Dorothy Knight, "Community Health and Rural Care Delivery."

기록 서류들은 회수되었고 사업은 문을 닫았다. 반면 용진면에서는 열정적인 지역 사회 협의회가 조직되어 기존의 보건 진료소를 확장하고 간호사 3명을 정식 직원으로 채용했다. 이동 진료소를 운영하고 신용 협동조합도 조직했다. 진단용 방사선 기계와 소규모 검사실도 설치하고 운영했다. 제공된 의료는 치료와 예방 그리고 교육으로 이루어졌다. 세대당 연회비는 500원(당시에 약 65센트에 해당)으로, 대상 지역의 약 80-100퍼센트 주민들이 회비를 냈다.

소양면에서 철수하기 전에 예수병원 서쪽 변두리에 위치한 중화산동의 저개발 지역에서 지역 사회 보건 사업을 하려고 노력한 적이 있었다. 매주 예방 진료와 매월 결핵 치료 사업, 일반 치료 사업을 실시했다. 63가구에 환경 위생 사업을 수행해, 깨끗한 식수 공급을 위한 사업을 성공적으로 마쳤다. 애그니스 스콧 대학(Agnes Scott College)의 폴 가버(Paul L. Garber) 교수가 애틀랜타에 있는 국제 로터리의 디케이터(Decatur) 클럽을 설득해 이 지역에 골목길 포장과 식수, 개량 화장실에 필요한 물 공급을 위한 양수기 비용을 모금해 주었다. 그래서 이 지역을 '가버 마을'이라고 불렀다. 그러나 예산이 다 소비되자 지역 주민들은 관심을 잃어버렸다. 결국 이 사업은 1977년에서 1978년에 걸쳐 단계적으로 철수했다.

1977년 초 용진면에 속한 5개 마을의 인구는 7,559명이었다. 이들은 다음 세 가지 목적에 대해 우리와 합의했다.

1) 주민 스스로 건강 문제를 해결하기 위해 함께 일할 주민을

찾는다.
2) 주민의 건강 수준을 향상시키기 위해 정부와 협력한다.
3) 예방과 치료를 접목시키기 위한 지역 협의체를 조직한다.

세부 사업 계획에는 가족 진료 기록부 작성 유지, 장티푸스 보균자 발견, 결핵 예방과 조기 진단, 가족계획 및 모자 보건 사업이 포함되었다. 1977년 1월 각 마을 대표가 참석한 가운데 용진중학교에서 겨울 교육 프로그램이 진행되었다. 주민에게 화장실 개량, 부엌 개량, 쓰레기 처리와 위생 식수 개발 사업 등 환경 위생에 대한 교육을 했다. 김천식은 아주 훌륭한 포스터와 교육 자료를 만들었다. 이를 왜관의 분도출판사와 한국 의료 선교 협회의 회원들이 대량으로 컬러 인쇄했다. 그 덕분에 이 프로그램을 전국적으로 활용할 수 있었다. 운전사 겸 건축가인 임태경 장로는 이 사업에 큰 도움을 주었으며, 이우설 장로는 지역 주민들의 자발적 참여를 유도하는 데 크게 기여했다.

앞에서 나열한 모든 사업은 독일의 "농촌 지역의 건강 서비스 및 간호사 훈련, 전문 간호사 양성 사업"이라는 명칭으로 정식 등록된 사업의 일부였다. 이는 원래 우리가 시작한 지역 사회 보건 사업의 확장판이었다. 이 사업의 첫 부분은 예수병원이 책임지기로 했고, 전문 간호사를 훈련시키는 두 번째 부분은 예수간호전문대학(Margaret Pritchard College Nursing)이 책임을 맡기로 했다. 이런 제안서를 1978년 1월 독일에 제출했다. 이 신청서를 제출하고 얼마 지나지 않아 지역 사회 보건 과장 최승열 박사가 개인적인 이유로 사임했다.

연세대학 예방 의학과 교수로 재직한 김기순 박사가 1978년 3월에 후임으로 부임했다. 그는 자신의 전공인 공중 보건 분야를 십분 활용하면서 나명애와 함께 일했다. 앞에서 언급했듯이, 전문 간호사 양성 프로그램을 포함한 새로운 신청서를 독일에 제출했다. 1978년 6월, 나는 의료진의 반발과 정부 관계자들의 무관심으로 난관에 부딪힌 이 사업의 두 번째 부분에 대해 EZE 담당자와 협의하기 위해 독일을 방문했다. 나는 몹시 떨리는 마음으로 "하나님이여, 일어나 주의 원통함을 푸시고"[7]라고 기도하면서 북극 상공을 날아갔다. 그 이듬해인 1979년 전문 간호사 양성 사업은 의사들의 저항에 부딪혔을 뿐만 아니라 보건부 협조도 지지부진해져서 거의 폐기 직전 상태에 이르렀다. 그렇지만 1979년 말 한국보건개발연구원은 '지역 사회 보건 전문 간호사'라고 명칭을 수정하는 조건으로 이 아이디어를 지지했다. 게다가 전문 간호사 프로그램의 장래가 아직 불확실한 상황에서, 세계보건기구(World Health Organization)가 이 개념에 대해 전적인 지지를 보냈다. 1979년 12월 우리는 본에 있는 EZE 담당자 헤르테 프리데(Herte Friede)에게 지역 사회 보건 전문 간호사 프로그램을 위한 재정 지원을 복원해 달라고 요청하는 편지를 보냈다. 하나님은 우리의 기도를 들으셨다.

3단계로 들어가기 전에 이미 정립된 지역 사회 보건 사업에 대

---

7 시 74:22.

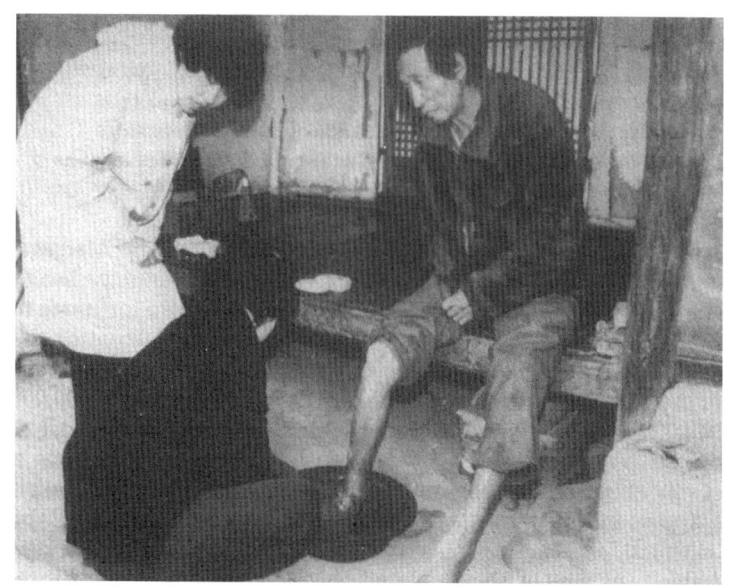

농민의 발을 씻겨 주는 지역 사회 보건 전문 간호사

한 두 가지 개념에 대해 좀 더 알아보자. 소위 '윌슨 모델 혹은 윌슨 모형'은 병원팀이 주도하고 정부가 승인한 예방 의학에 역점을 두었다. 이 방식은 보건 혜택이 취약한 지역에는 매우 효과적이었다. 그러나 소양의 지역 주민들은 이 사업에 대해 결코 주인의식을 느끼지 못했다.

'최승열-나명애 모델'은 지역 주민들이 처음부터 관여해 책임감을 갖게 했다. 용진 마을은 신용 협동조합을 통해 조합원 자신들의 건강과 필요한 사업 개발을 위한 모임에 스스로 참여함으로써 자립하는 지혜를 보였다. 이 일에 약간의 문제가 있었다. 처음에 각 마을 건강 요원 한 사람이 350가구를 방문했는데 업무가 과중해 마을 건강 요원 몇 사람이 그만두고 말았다. 나명애는 이를 250가구로 줄이고 한 달에 10일은 가정 방문, 2.5일은 진료실, 강의와 보고 업무, 그리고 반나절은 고위험 환자를 방문하는 것으로 마을 건강 요원 업무를 조정했다.

용진 사업을 성공적으로 수행한 다음 세 번째 사업은 고산 지역에서 실시했다. 도로 사정이 좋지 않은 6개의 산악 지역에 흩어져 있는, 더 많은 주민을 대상으로 했다. 사업 대상은 인구 38,542명이 거주하는 423,268평방킬로미터에 이르는 5개 면 지역이었다. (완주군에 있는 봉동면은 삼례읍과 지리적으로 가깝고 상업적으로도 밀접했다. 사업을 시작할 당시에 군 전체 인구는 162,872명이었다. 여기에서 봉동면은 거의 도시권의 영향 아래 있었기 때문에 사업 대상에서 제외되었다. 나머지 사업 대상 지역의 통계는 다음과 같다.)

면	면적(km^2)	가구 수	인구	인구 밀도
고 산	70.062	1,987	10,824	154.5/km^2
비 봉	49.509	1,095	6,431	129.8/km^2
완 주	130.404	1,752	9,829	75.3/km^2
완 산	66.526	1,541	8,344	125.4/km^2
동 상	106.767	613	3,114	29.2/km^2
합 계	423.268	6,988	38,542	91.1/km^2

고산면은 상업적으로나 지리적으로나 인근 5개 면의 중심에 있고, 보건팀이 파견된 지역이다. 이 지역 전체에 의사는 1명밖에 없었

는데, 그는 군 복무 대신 이 지역에 상주했다. 김기순 박사는 이렇게 말했다. "이 의사가 담당하는 것 이외에 일차 진료는 없었다. 있다고 하더라도 약국이나 한의사가 담당했다. 비교적 잘사는 사람들만 전주로 나와서 치료를 받을 수 있었다.…고산은 의료적인 관점에서 심각하게 소외된 지역의 중심에 있어서 전략적으로 중요한 위치였다."

1980년 6월 16일 고산 지역 주민 대표들과 군수는 예수병원 지역 사회 보건과와 만나서 한국의 남서부 지역에 이 대망의 지역 사회 보건 사업을 진행하기로 합의했다. 1981년 10월에 고산분원 건축과 시설을 위해 EZE로부터 2,180,000마르크의 원조가 승인되었다. 의료 전달 체계를 수립하기 위해 고산 사업은 이른바 첫 '준 의사(Physician extender)'라 할 수 있는 지역 사회 보건 전문 간호사의 개념을 전적으로 채택했다. 이는 특수 훈련을 받은 간호사에게 제한적으로 의사의 일을 수행하도록 허용하는 것으로 의료법의 수정과 관련이 있었다. 우리는 지역 사회 보건 전문 간호사가 할 수 있는 일을 아래와 같이 제시했다.

1) 병력 파악 및 신체검사
2) 상비 표준 처방에 따른 간단한 경구 투약 처방
3) 의사 처방에 따른 근육 주사의 지속 유지
4) 상비 표준 처방에 따른 외상 치료
5) 정맥 주사, 루프 삽입과 일차 처치와 같은 진단이나 치료를 위한 시술

우리의 세 번째 중점 사업인 고산 지역의 보건 전문 간호사를 양성하는 데 예수간호전문대학의 적극적인 협조를 받은 것은 큰 행운이었다. 또한 이 사업의 계획과 실시 과정에서 예방 의학 전문의인 김기순 박사가 보여 준 지도력에 감사한다. 우리는 이 지역에 2,000평[8]을 평당 6,000원에 매입했다. EZE는 1981년에 263,000,000원(940,000마르크)을 지원했다. 200평 규모의 고산분원을 건축하는 데 예수병원이 건축비의 25퍼센트를 부담했다. 이 분원은 이 지역에 배치된 8명의 지역 사회 보건 전문 간호사 양성을 위한 개척 모델이 되었다.[9] 이 분원은 종종 '베이비 예수병원'이라고 불리기도 했다. 1981년에서 1999년 사이에 마을 건강 요원 137명을 훈련시켰다. 이 가운데 81명이 전 과정을 수료한 뒤 각자 자신이 속한 지역 사회에서 일했다. 지금도 마음속 깊이 선명하게 남아 있는 사진 한 장이 있다. 마을 건강 요원이 진창길인 시골길을 걸어 내려가는 사진이다. 그녀는 자신을 이끌어 주고 격려해 주는 지역 사회 보건 전문 간호사와 함께 가면서 서로의 고충에 대해 털어놓고 있다. 전라북도 시골 산간벽지에서 지역 사회 보건 전문 간호사는 희망의 도구였다.

고산분원, 지역 사회 보건 센터 그리고 후에 지은 재활 센터는 건물 건축보다는 개념의 변화에 역점을 두어야 한다. (이 프로그램을

---

8 평은 3.3제곱미터로 2,000평은 9,612제곱미터다.
9 지역 사회 보건 전문 간호사 2명씩 고산, 비봉, 완산 지역에, 1명씩을 완주, 경천, 동상에 배치했다.

김기순 모델이라 부르려 한다.) 나는 여기에 김기순 박사가 쓴 「예수병원 지역사회 보건사업-용진면과 고산 지역을 중심으로」라는 책의 발간사 일부를 인용하려 한다.[10] 이 논문은 공정성에 대해 질문한다.

> 어떤 사람들은 의료 혜택을 받고 있는데 어떤 사람들은 왜 아무런 혜택도 받지 못한 채 고통받고 지내야 합니까? 초기에 발견되었으면 훨씬 쉽게, 훨씬 적은 치료비로 치유할 수 있는 질병을, 어째서 심하게 악화되어 더 이상 치료가 힘들어지고 많은 치료비가 필요해질 때까지 기다리는 것입니까? 공정성과 경제 문제는 차치하고서도, 주민들을 매우 괴롭히는 질병 중 많은 부분이 생활 방식과 환경 요소에 기인합니다. 이런 원인들에 대한 한 연구에 따르면 전염성 질환, 영양 문제, 임신, 출산상의 문제, 유해한 습관 아니면 직장이나 가정에서의 불안정한 상태들을 포함해 대다수의 질병은 예방할 수 있거나 개선할 수 있습니다. 예방과 기본 치료를 제공하는 '일차 보건 의료'라는 용어는 생활 방식의 개선을 강조하며, 더불어 공정하고 경제적인 진료 개념을 포함하는 말입니다.
>
> 지역 사회 보건 사업은 강요나 어떤 규정, 조례로 시행되지 않습니다. 이 일에는 협동과 참여와 계획 수립과 실행에 기꺼이 참여하는

---

[10] 「예수병원 지역사회 보건 사업-용진면 및 고산 지역을 중심으로」, 김기순, 김천식, 김영기, 조선웅, 송정기(예수병원, 1987).

자발성이 있어야 합니다. 지역 사회 주민들의 일치된 마음과 자발적 참여를 통해 발전시켜 나가는 것입니다. 의료진은 자신의 역할에 대해 지나친 권위 행사를 억제함으로써 지역 사회 지도자들이 자발적으로 나서도록 분위기를 조성하는 것이 바람직합니다.

김기순 박사와 그의 동료들이 쓴 책의 발간사를 요약하면 지역 사회 보건 사업이 성공하려면 보건 전문가의 역할은 "약화시키고" 그 지역 주민들이 자발적으로 참여할 수 있도록 장려하면서 동시에 아픈 사람들에게는 연민을, 지역 주민에게는 격려를 해 주어야 한다는 것이다.

지역 사회 보건 사업 기관을 구상하고 계획하고 발전시키고 재정을 지원하는 일이 복잡하다는 사실은 아무리 강조해도 지나치지 않다. 1981년 8월 EZE에 제출한 요청 자금은 2,633,858마르크(776,988,000원)였는데 이 가운데 37.1퍼센트는 '자체 자금'이었다. 최종 승인된 금액은 2,180,000마르크로 이 가운데 25퍼센트가 '자체 자금'으로 충당될 예정이었다. 이 예산에는 고산분원 건축비(940,000마르크)뿐만 아니라 지역 사회 중심 건강 프로그램, 조산원 훈련과 가정의학과 의사 교육을 포함한 교육 프로그램(1,240,000마르크)까지 포함되었다.[11]

1982년 1월 말경 고산분원 건축을 위한 정지 작업을 시작했고

---

11 당시 환율로 1DM은 295원이었다.

건축 공사는 5월 14일에 시작되었다. 2층 건물에 지하 공간 하나를 포함해 총 건축 면적은 670평방미터였다. 1층에는 외래 진찰실, 방사선실, 검사실, 약국, 접수실, 응급실, 작은 규모의 수술실과 10병상 규모의 입원실을 설계했다. 이 사업의 전체적인 목적을 먼저 정한 후 고산분원의 역할과 기능을 정하기로 했다.

1. 고산 보건 사업 총괄
    1) 완주 북동부 지역 140개 마을을 위한 일차 보건 의료 제공 체계
    2) 고산 지역 사회 보건 개발 협의회와 협력해 최소한 9개의 신용 협동조합 설립
    3) 정부의 지역 사회 보건 전문 핵심 간호사 양성 사업에 참여(연간 훈련생 30명 정도)
    4) 간호학교 학생들이 실습 기간에 지역 사회의 보건 전문 간호사 훈련에 참여할 기회 제공
    5) 정부의 계획에 따라 지역 사회 보건 전문 간호사를 돕는 마을 건강 요원 훈련

2. 고산분원
    1) 가정의의 통원 환자 상담, 진단과 치료
    2) 간단한 시설로 치료할 수 있는 입원 환자 치료
    3) 특수 장비 없이도 할 수 있는 간단한 수술

4) 임산부를 위한 산전 진료와 정상 분만
5) 예수병원으로 이송해야 할 환자가 교통수단 때문에 지연될 경우의 응급 치료
6) 재정적 어려움 때문에 도시 전문의의 진료를 받을 여유가 없는 정형외과, 안과, 이비인후과와 치과의 통원 환자 진료와 정기적인 상담 제공
7) 사망이나 불구가 될 위험이 있는 만성 질환에 대한 포괄적이며 장기적인 질병 관리(예. 고혈압, 뇌졸중, 위암, 자궁암, 간디 스토마 등)
8) 농촌 보건 문제에 관심 있는 건강 요원 현장 훈련
9) 위의 사업을 지원하기 위한 간호사 업무
10) 간단한 방사선 및 임상 병리 검사 업무, 의무 기록 관리, 약국, 영양 지원, 원무와 유지 관리 등의 보조 업무.

총 직원 수는 지역 사회 보건과 과장을 제외하고 14명이었다.

이는 의료 혜택을 받을 수 없는 농촌 주민들에게 대상 지역 내에 일차 진료를 통합해 줌으로써 혜택을 누리게 해 준 의료 분야의 모험이었다. 그 목적은 저렴한 일차 진료 제공, 지역 사회 보건 의료 사업을 위한 적절한 의료 인력 양성, 신용 협동조합을 통한 지역 자립 권장, 중증 환자 지원을 위한 배후 진료 기관의 역할뿐만 아니라 만성 질환 관리를 위한 본부로서 예수병원과 지역 사회의 동역이었다. 의료 혜택을 받지 못하는 사람들, 살기 위해 몸부림치는 농민들

과 소통하면서 최초로 지역 사회 보건 의사, 지역 사회 보건 전문 간호사, 마을 건강 요원과 같은 새로운 그리스도인 치유자를 훈련시키는 등 이 시기는 예수병원 역사에서 가장 빛나는 시기 중 한때였다. 후에 이들 개척자들은 가정 의학 전문의들과 재활 의학 전문의들에게도 이 일에 동참하도록 동기 부여를 해 주었지만 재정적인 압박과 경직된 정부 정책으로 동력이 약화되었다. 이 프로그램은 국가 발전과 교통의 발전, 도시화와 관료주의 사고방식 등의 희생양이 되었다.

그러나 내 마음의 눈에는 지역 사회 보건 간호사들이 밀짚모자를 쓴 마을 주민들과 더 나은 미래의 삶에 대한 희망을 이야기하면서 손에 손을 잡고 걷는 모습이 여전히 떠오른다. 때로는 그리스도께서 그들과 함께 걸으셨을 것이다.

16장

그리스도를 의료 사역의 중심으로 삼아

래리 번스(Larry Burns)는 새 병원을 봉헌하기 직전인 1971년 10월 20일에 예수병원에 왔다. 그는 아내인 로위나(Rowena)와 함께 왔는데, 플로리다에 있는 케네디 우주 센터에서 고급 기술 분야에 오랜 경험을 쌓은 인재였다. 우리는 그를 초청해 2년 임기로 병원 관리부서를 신설하도록 맡겼다. 건물과 장비를 유지 관리하는 책임을 맡은 병원 관리부서는 각종 전기 장비, 수도, 냉난방, 방사선 안전 관리, 보일러, 발전기, 자동 화재 감지 시설, 소방 훈련, 창고, 수술실 소독 표준 관리, 비상구 규정과 차량 관리 업무 등을 맡았다.

    그의 첫 번째 임무는 새로운 승강기를 설치하는 일이었다. 이 승강기들이 모두 안전 검사를 통과하고 또 다른 모든 기계, 전기 시설, 물 공급과 난방 설비 등이 안전 규정에 맞게 운영되어야만 우리는 새 병원으로 안전하게 이사할 수 있다. 이와 같이 철저한 안전 점검 때문에 병원 봉헌과 이 책 14장에 나오는 '약속의 땅 작전' 사이에 시간 차이가 발생했다.

기술 관리부장으로 임명된 번스는 신진우와 함께 일했다. 또한 이를 계기로 신진우는 미국에 가서 공학 분야 과정을 이수할 수 있었다. 대부분의 우리 의료진은 아름다운 새 병원이 완성되면 1972년에는 환자들이 몰려와서 병실이 가득 차리라 예상했다. 그런데 전혀 다른 상황이

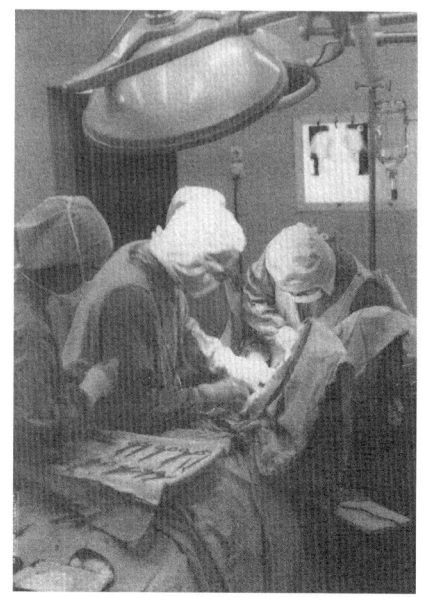

A 수술실에서 수술 중인 의료진

벌어졌다. 경기 침체가 일어났을 뿐만 아니라 혹독한 추위가 닥쳐왔다. 그중 2월이 가장 나빴다. 전주 시내 30여 개의 공장 중에서 단지 3개만 혹한기에 가동되었다. "새 병원 운영비에 독일에서 보조해 주는 건축비의 마지막 잔금이 지연된 데다 경기 침체 때문에 그해 직원 임금 인상도 연기할 수밖에 없었다."[1] 이런 불확실한 상황에서 한국대학생선교회(CCC)의 열정적인 지도자 김준곤 목사는 우리에게 다음과 같이 촉구했다. "전도하지 않는 것은 죄다. 복음을 전파하는 것은 선택이 아니다. '너희가 내 증인이 되리라'고 한 것은 분명한 명

---

1 설대위, 1972년 선교부에 보낸 보고서.

령이다." 이 위대한 지도자에게 자극을 받은 우리 직원들은 어느 날 오후에는 환자와 보호자 중 57명의 결신자를 얻기도 했다.

2층 회의실에서 병실 환자 전도팀이 모여 전도 결과를 보고하던 어느 날을 아직도 기억한다. 병실 환자를 방문해 전도하던 우리 경비실 직원 한 사람이 환자의 반응에 크게 고무되었다. 그가 이 경험에 대해 간증하고 있었는데 관리부 직원 한 사람이 밖에서 그의 말을 중단시키고 나오라고 요청했다. 그는 이 회의실 뒤로 빠져나갔다. 잠시 후 우리는 이 경비실 직원의 아이가 응급실로 실려 왔다고 전해 들었다. 나는 무슨 일인지 보려고 급히 내려갔다. 경비실 직원인 이동찬은 어린 아들의 시신 옆에서 슬피 울고 있었다. 우리 병원 바로 아래 수백 미터 떨어진 곳에서 트럭이 아이의 머리를 짓이겼던 것이다. 우리는 큰 충격을 받았고 이동찬에게는 하늘이 무너질 만한 일이었다.

몇 주 후 아이의 아버지 이동찬이 나를 만나러 왔다. 그는 사망한 아들에 대해 트럭 회사가 지불한 보상금과 직원들의 부의금 전부를 병원에서 500미터 거리의 언덕에 있는 화산교회 건축을 위해 헌금했다고 말했다. 더 나아가 이동찬은 내게 조언을 구했다. 자신이 일하는 데 두 눈이 필요 없으니 성전 건축을 완성하는 데 도움이 되도록 한쪽 눈을 팔면 어떠냐는 것이었다. 물론 나는 단호하게 만류했다. 그 후 그는 20여 년간 계속 병원에서 근무했다. 세상에 어떤 사람이 자기 아들이 비참하게 죽어 받은 보상금을 교회에 바치고 거기에다 하나님의 나라를 위해 한쪽 눈마저 팔려고 하겠는가? 가

버나움에서 종의 중풍병을 예수님께 고쳐 달라고 요청한 백부장을 칭찬하신 예수님의 말씀을 기억한다. "예수께서 들으시고 놀랍게 여겨 따르는 자들에게 이르시되 '내가 진실로 너희에게 이르노니 이스라엘 중 아무에게서도 이만한 믿음을 보지 못하였노라.'"[2] 이동찬의 희생정신에 감동한 많은 사람들이 힘을 모아 교회는 예배당을 완공했다.

그 시기에는 모험 정신으로 살았다는 느낌이 든다. 한 단체의 역사에 하나님의 개입을 기대하고, 기도의 응답을 기대하며, 희생적인 봉사와 공동의 헌신으로 살아왔다. 세월이 흘러 이제 내 기억이 희미해졌지만 돌이켜 보면 우리가 함께 모여 기도하고 각자가 자기 일터를 향할 때 하나님의 일에 깊이 동참한다는 느낌이 들었던 것 같다. 이 일이 있은 후 곧 우리는 매년 영적 표어를 채택했다. 1973년과 1974년에는 '성령의 힘으로'라는 표어를 정했다. 이는 우리가 맡은 일을 하나님께 의뢰한다는 믿음의 표현이었다.

1972년 4월 무렵, 병원 환자 진료 통계는 좋아지기 시작했고 5월에는 병원 역사상 가장 많은 입원 환자 수를 기록했다. 정영태 안과 과장이 마이애미에 있는 배스컴 파머(Bascom-Palmer) 안과 병원에서 안식년 연구를 마치고 돌아왔다. 세브란스에서 신경외과 강완익 박사가 5월에 왔고 정형외과 서요한(John Shaw) 박사와 작업 치료사인 그의 아내 샤론 쇼(Mrs. Sharon Shaw)가 9월에 우리 병원에 왔다.

---

[2] 마 8:10; 눅 7:9.

그들은 정형외과를 재활과에 결합시키는 원대한 개념을 소개하며 기형, 불구와 근골격 기능 장애 환자의 진료에 새로운 차원을 열었다. 산부인과 부영철 박사, 진단 방사선과 현병일 박사도 병원 의료진에 합류했다. 조상래 박사는 휴스턴에서 러셀 스콧 박사(Russell Scott)에게 비뇨기과 수련을 받고 10월에 돌아와서 신장과 요로 질환 수술에 선진 기술을 도입했다. 이후에 스콧은 우리 병원을 한 차례 방문해서 비뇨기과 수술을 가르치기도 했다. 공순구 간호부장은 간호부가 환자 증가에 대처할 수 있도록 꾸준히 성장시켰다. 리베카 밸린저 간호사는 간호사들의 직무 교육 책임을 맡았다. 1973년 환자 진료 실적 통계를 보면 외래 환자가 61,602명, 입원 평균 재원 환자가 162명, 그해 수술 건수는 4,000건이 넘었다.

이때 환자 평가를 위한 임상 지침(예: 환자 병력과 검사를 위한 표준 지침)인 '품질 보증'(Quality Assurance)에 관심을 갖게 되었다. 행정 전문가 권익수는 의무 기록지의 관리 개선을 위해 '끝 번호 배열식, 색깔별 배열 체계'(Terminal Digit, color-coded filing system)를 도입했다.

장비 측면에서도 몇 단계의 진전이 있었다. 1972년 8월 24일에 나를 지도해 주었던, 뉴욕 메모리얼 슬론 케터링 암 센터의 울리히 헨슈키 박사가 기증한 방사선 치료 기계에 스위스 기술자 펠릭스 믹(Felix Mick)이 2,000퀴리 방사성 코발트 원료를 장착해 주었다. 이에 대해 나는 선교부에 매우 활기찬 문체로 보고했다. "'흑암 가운데 빛이 있으라'고 말씀하신 하나님이 죽음의 형체를 뿌리 뽑기 위해 고에너지 감마선을 우리 손에 지금 놓아 주셨습니다. 우리를 창조하신

분과 함께 일하면서 우리는 암을 치료하기 위해 그분의 번갯불 같은 섬광을 빌리는 셈입니다."³

존 윌슨 박사는 선교사의 직분에서 퇴임하면서도 우리 병원의 필요를 잊지 않았다. 미국 정부 산하 기관인 '미국 해외 학교와 병원 지원국'(The American Schools and Hospitals Abroad, ASHA)과 접촉해 진단 방사선 기계와 혈액 가스 분석기 구입을 위해 100,000달러를 요청한 것이다. 1971년에 보조금이 승인되었고, 'ASHA'는 그 후 10년 이상 예수병원의 도서실 개설과 그 밖의 병원 발전을 위한 자금을 정기적으로 지원했다.

1970년대 초반에 우리는 병원 기구 조직과 인사 관리에 관심을 갖게 되었다. 환자 진료, 인사 관리, 재무 체계, 장비와 건물 관리에 대한 행정 체계를 만들었다. 예수병원 정관 작성에도 많은 관심을 기울였다. 1971년 5월 15일에 처음으로 정관이 채택되어 이사 12명, 감사 2명으로 구성된 법인 이사회가 발족되었다. 원래 이사회는 병원장, 설립자와 소속된 대한예수교장로회총회에서 추천한 2명, 설립자가 소속된 전라북도 내 노회에서 1명, 설립자의 대리 기관인 미국 남장로교 한국 선교회에서 추천한 5명, 일반 이사 3명으로 구성되어 있었다. 이것이 1975-1978년에 변경되어 대한예수교장로회총회에서 3명, 연세대학교에서 1명, 광주 기독병원에서 1명, 각계 이사는 5명이었으며, 이사 중 4명은 의료 선교 전문가, 교육 선교 전문가, 전

---

3   설대위, 1972년 보고서.

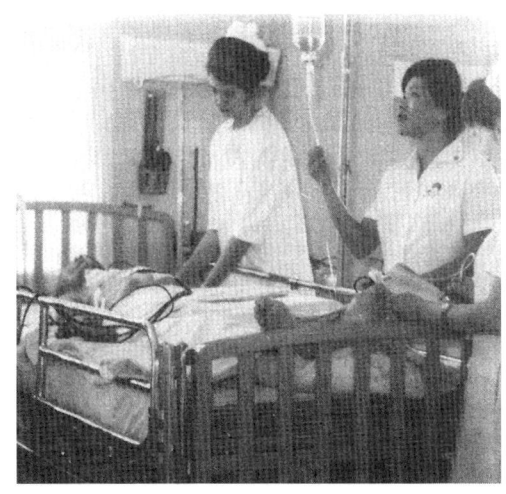

회복실에서 환자를
살펴보는 공순구 간호부장과
밸린저 간호사

주 지역 사회 유지 그리고 동문 의사 가운데 각각 1명으로 명시했다. 병원 내부의 행정 업무를 서로 협의하는 병원 실행 위원회도 출범시켰다.

예수병원이라는 몸에는 다양한 구성원이 있는데 각자 독특한 기능을 가지고 있음을 우리는 잘 안다. 의사, 간호사, 의료 기사, 사회복지사 등 어떤 직책을 맡든, 검사실, 주방, 경리과 등 어떤 부서에서 일하든, 환경 위생 처리, 장비 소독, 정확한 용량의 약품 조제, 유니폼 제작이나 수선 등 어떤 일을 하든, 각 사람이 환자에게 필요한 것을 채워 주기 위해 맡은 바를 충실히 수행함으로써 그리스도의 영광을 드러낸다. 영어 속담에 이런 말이 있다. "청결은 경건 다음으로 중요하다." 식품, 환자 병상, 장비는 세균에 오염되지 않도록 예방책이 마련되어야 하는데, 입원 환자가 넘치고 면회자와 보호자로 병실이 북적거리는 상황에서는 쉽지 않은 문제였다. 예방 관리가 기본 원칙인 셈이다. 복잡한 장비들을 잘 관리하기 위해서는 정기적인 점검이 필요하고 전자와 컴퓨터 기술이 필요하다. 이미 언급한 것처럼 보일러, 소독기, 호흡기, 화재경보기 등은 정기 점검이 필수적이다. 폐기물과 방사선 물질 처리는 국가 면허 관리 기관의 규정을 지켜야만 했다. 흔히 임상에 종사하는 사람들은 안전을 위한 통제의 중요성이나 관리부가 수행하는 중요한 역할을 잘 인식하지 못하기도 했다.

옛날 병원에서 비장 절제 수술을 하는 도중에 전기가 나간 사건은 지금도 기억이 생생하다. 낡은 발전기를 가동해 전기가 다시 들어올 때까지는 45분이 걸렸고 그동안 나는 내내 기도하면서 출혈을 막기 위해 비장 혈관을 잡고 있어야 했다.

권익수 선교사는 동서양 문화에서 차용한 아이디어를 조화시킨 노련한 행정가로서 병원 행정이라는 "마른 뼈에 살을 붙이는 데" 큰 도움을 주었다. 대한기독병원협회 세미나에서 그는 미국에서 공부한 병원 행정과, 한국에서 11년 동안 병원 실무에 적용해 보며 배운 사항들을 발표했다. 그는 훌륭한 기구 조직에는 그 조직의 소유자나 원장의 철학이 우선순위에 반영된다는 점을 지적했다. (예를 들면 연구에 우선순위를 둔 행정 관리자라면 훌륭한 의무 기록과가 있다는 사실을 알게 될 것이며, 정형외과가 활발하게 기능한다면 조직도에 보조기 의수족실이 있을 가능성이 크다. 암 환자에 대해 특별한 관심을 갖고 있다면 종양 등록 부서가 병원 기구 조직도에 있을 터이다.) 전반적으로 그는 '효율성 원칙'을 이용한 '목적에 의한 관리'(MBO, Management by Objective)를 강조했다. 핵심은 직원이 무엇을 하는가가 아니라 어떤 성과를 거두었는가로 평가받아야 한다는 점이다.

돌이켜 보면 훗날 우리가 당한 어려운 일들을 극복하는 데 유용했을 많은 관리 기법들을 우리는 제대로 활용하지 못했다는 느낌이 든다. 나는 감히 여기에 몇 가지 관리 원칙들을 기록해 두고자 한다. 이는 내가 병원장으로 있는 동안 이 원칙들을 잘 이행했다는 뜻이 아니라 이 원칙들이 합리적이고 예수병원의 장래 행정 정책에 도움이 될 것이라 생각되기 때문이다.

1) 어떤 사안의 결정은 가능하면 하부 조직에서 이루어져야 한다.
2) 지시와 보고는 지휘 체계를 통해 이루어져야 한다.
3) 직원의 충성심은 특정한 사람이 아니라 병원으로 향해야 한다.
4) 부하 직원은 직속상관의 명령이 병원의 목표에 부합하다면 그 지시와 명령에 순종해야 한다.
5) 부하 직원에게 문제가 생기면 상사의 도움을 청하기 전에 문제를 해결할 다른 대안들을 시도해 보아야 한다.[4]
6) 정보를 모아 그것을 혼자 거머쥐고 있으려는 직원을 조심하라. 아는 것이 힘이다. 행정가가 훌륭한 결정을 내리는 데 필요

---

4 권익수 선교사는 어디선가 배운 행정 원칙을 이렇게 인용했다. "문제를 가지고 오지 말고, 해결책을 가지고 와라."

병원 부속 예배실

한 자료를 얻지 못하면 그 자신이 어려운 입장에 처할 것이다.
7) 가능하면 계획하고 결정하는 과정에 부하 직원을 참여시켜라.
8) 인사 관리에서 정부의 역할을 무시하지 말라. 노동법을 무시하면 큰 대가를 치를 수 있다.

병원장으로서 나는 이런 철학에 동의했다. 왜냐하면 이 원칙들에는 병원의 모든 직원이 단순한 직원이 아니라 고귀한 부르심에 동참한 동료라는 생각이 담겨 있기 때문이다. 그 당시에도 있었고 오늘날까지 남아 있는 예수병원 가족의 영적인 일체감은 기독병원이 과연 무엇이어야 하는가에 대한 공동의 꿈을 창출하는 데 기본 요소다. 우리가 직원의 예배 참석과 평신도 전도 그리고 근무지에서 기도를 강조했던 이유가 바로 여기에 있다. 옛날 병원에서 마취사로 일했던 김도수 장로의 기도를 나는 잊을 수 없다. 그는 마취를 시작하기 전에 각각의 환자를 위해서뿐만 아니라, 수술팀의 모든 구성원을 위해 하나님의 능력을 간구했다.

오, 자비로우신 하나님, 죄로 말미암아 죽을 수밖에 없는 우리에게 예수 그리스도의 십자가 공로로 영원한 삶을 주셨나이다!

어느 성 금요일에는 병원 합창단이 테오도르 뒤부아(François Clément Théodore Dubois)의 "십자가상의 칠언"을 불렀다. 얼마나 아름다운 곡이었는지, 이 노래를 들은 사람은 이 감동적인 체험을 결코 잊지 못할 것이다.

1972년 12월, 내 아내 설매리는 전에 수술했던 척추에 다시 문제가 생겨 듀크 의과대학의 유명한 정형외과 의사에게 재수술을 받기 위해 미국으로 가야만 했다. 대부분의 정형외과 전문의들은 이미 세 번이나 수술했다는 사실을 알고는 더 이상 척추 수술을 하는 건 위험하다며 거절했다. 그러나 아내는 1993년 3월에 듀크 의과대학 정형외과 교수 레너드 골드너(Leonard Goldner) 박사에게서 종

전 척추 유합 부위를 제거하고 재수술을 받았다. 매리는 12병이나 되는 수혈을 받아야 했다.[5] 매리가 미국에서 회복하고 있는 동안 나는 내가 책임을 맡은 일을 마무리하고 1973년 6월에 이비인후과 과장인 소진명 박사에게 병원장 직무 대행을 하도록 업무를 인계했다. 매리의 회복은 순조로웠다. 그래서 나는 휴스턴에 있는 MD 앤더슨(MD Anderson) 암 센터 두경부 외과에서 임상 펠로십 과정을 밟았다. 이 기간에 나는 두경부 외과 수술 숙련도를 향상시킬 수 있었고 두경부 영역의 암 치료 중 하나인 방사선 치료에 대해 더 익힐 수 있었다. 설매리는 암 등록을 위해 컴퓨터를 공부했다.

이와 같이 집약적인 발전을 이루기 위해 노력하던 시기에 있었던 다른 두 가지 사건도 언급할 필요가 있다. 첫 번째는 임상 병리과의 주임 기사인 김종훈의 갑작스러운 죽음이었다. 그는 참 좋은 사람이었다. 그의 동료들, 특히 검사실 동료들은 그의 죽음을 크게 비통해했다.

두 번째는 간호대학이 미국 전역에 백화점 체인을 설립한 스탠리 크레스기(Stanley Kresge)에게서 250,000달러를 기증받은 일이다. 김용진 국회의원의 동생 김용성 박사가 우리를 크레스기에게 소개해 주었다. 그 당시 디트로이트에 거주하던 김용성 박사는 그레이스 병원(Grace Hospital)의 주임 과장으로 일하고 있었다. 크레스기는 예

---

[5] 이때는 C형 바이러스 간염 검사법이 개발되었거나 특수한 바이러스가 파악되기 전이었다.

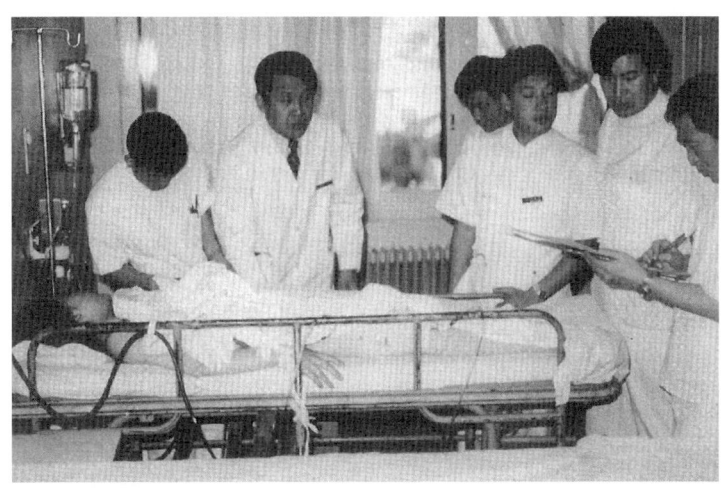

담당 외과 의사의 회진

수간호대학(마거릿 프리처드 간호대학)에 250,000달러를 후원해 주라는 권유를 받아들였던 것이다. 이것은 여러 기증자들이 기증한 총 건축비 47만 달러 중에 가장 큰 금액이었다.[6] 간호대학 새 건물 봉헌식은 1974년 11월 11일에 있었는데, 크레스기는 5주 전인 10월 2일에 새 시설을 보기 위해 헬기를 타고 왔다. 우리는 비행장에서 그를 맞이하려 했는데 그는 헬기를 타고 병원 주차장으로 직접 왔다. 크레스기는 휠체어를 타고 있었다. 그는 간호학생들이 줄을 서서 찬양하는 길을 따라 안내되었다. "주님의 높고 위대하심을 내 영혼이 찬양하네"라는 찬송을 들으며 이 나이 든 자선가는 감동의 눈물을 흘렸

---

[6] 예수병원이 간호대학 건축을 위해 기증한 자금은 다가산 위에 있는 옛날 병원을 매각한 비용 전액 109,000달러였다.

다. 그의 이름이 새겨진 현판 앞에서 기념 촬영을 하고 1970년에 그가 50,000달러를 기증했던 병원도 구경했다.

1974년 병원의 진료 통계는 거의 모든 부분에서 완만하지만 꾸준한 성장을 보였다. 평균 재원 환자 수는 176명, 입원 환자 수는 7,008명이었고 수술은 4,361건이었다.

1975년 새해를 맞아 우리는 골로새서 1:18을 근거로 "그리스도를 만사의 으뜸으로"라는 표어를 정했다. 우리가 하는 **모든** 일에서 주님께 영광을 돌려야 한다는 생각에서 나온 표어였다. 우리는 성스러운 것과 속된 것을 구분할 수가 없다. 모든 일에 그리스도가 으뜸이 되어야 한다. 그해 우리 병원의 사업 목표에는 추진 중이던 예배당 증축 건물의 '골조' 공사, 핵의학 시설 개선, 중환자실 확장, 약국 조제실 확장, 자선 진료에서 사회사업의 역할 확대 등이 있었다. 전체 환자 증가 목표는 4퍼센트였지만, 실제로 1975년 외래 환자는 16.5퍼센트, 입원 연인원은 9.3퍼센트, 수술은 20.5퍼센트 증가했다. 8월 어느 날에 재원 환자 최고 기록을 세웠는데, 242명이었다. 환자 개인 전도 활동도 활발해져서 직원 중 80명 정도가 선교회에 가입했다. 이와 같은 직원들의 노력에 힘입어 그해 결신자가 1,375명이나 되었다.

2명의 임상 과장이 병원을 떠나면서 큰 충격을 주었는데, 둘 다 미국으로 이민을 간 것이다. 이것은 모두 해외 연수 후 생긴 일이었다. 매우 적극적이고 성실한 외과 의사이자 고상한 인품의 소유자였던 내 오랜 동료 이근영 박사가 디트로이트에서 연수를 마치고 귀국했는데, 미국으로 이민을 가겠다면서 사임 소식을 알렸다. 그는 이민을 가지 않으면 기회를 영영 잃고 말 것이라고 말했다. (그의 아들은 이미 미국의 심장학 분야에서 일하는 중이었다.) 소아과 과장인 김기준 박사도 마찬가지였다. 미국 연수를 마치고 돌아오기로 한 약속을 어기고 미국에 남아 버렸다. 고무적인 일은 마크 크리스만(Mark Creasman)이 약국장으로, 조지 패튼이 검사실 책임자로 온 일이다.

앞에서 언급한 것처럼 1972년에 부임해 정형외과의 책임자가 된 서요한(존 쇼) 박사는 정형외과와 재활 의학과를 아우르는 혁신적인 다학제 의료를 선보이기 시작했다. 그는 국내에서 최초로 외고정술을 시행했는데, 경추 골절의 외고정술을 시행하기 위해 특별히 '할로'(halo)형 보조기를 사용했다.[7] 서요한 박사는 우리나라에서 최초로 사지 연장술과 사지마비 환자들을 위한 수부 재건술을 시행한 것으로 기억한다. 그뿐 아니라 그는 한국에서 처음으로 입원 환자 재활 독립 병동을 시작했으며 최초의 재활 간호 과정을 확립하는 데 도움을 주었다. 항상 활동적인 서요한 박사는 대전, 군산, 부산, 마산, 제주도 등지에서 장애 어린이를 위한 진료소를 설립해 운영했고, 마산에 있는 선한 사마리아인 재활 센터의 설립 이사 및 원장으로 섬겼다. 서요한 박사의 아내 샤론 쇼 여사는 예수병원에서 작업 치료실을 설치해 수부 치료, 재활 심리와 소아 발달 부문뿐만 아니라 작업 치료사를 훈련시키는 일도 맡았다. 그녀는 사람을 사랑하는 사

---

[7] Halo라는 도구는 국소 마취를 한 뒤 두개골의 외측에 4개의 핀을 박아 조절하도록 한 금속 환이다. 이것은 경추 골절을 치료하기 위해 견인하는 데 사용된다.

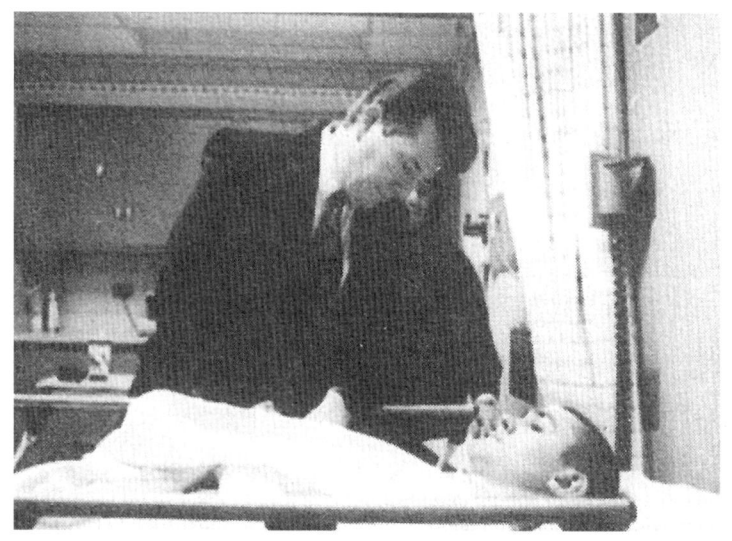

서요한(존 쇼) 박사, 켄터키주 루이빌 프레이저 재활 센터에서 소아마비 환자의 손 기능 회복을 위한 자유형 임플린트 시술 시행

람이었고 많은 젊은 여성에게 원칙을 지키는 방식으로 삶의 모범을 보였다.

 1976년 뉴욕시의 세인트클레어 병원(St. Clair Hospital) 실험 외과 (Experimental Surgery) 과장으로 일하던 전정열 박사가 우리 병원 외과 과장으로 부임하면서 임상 전문의팀이 한결 강화되었다. 뉴욕 브루클린에 있는 감리교 병원 마취과장에서 은퇴한 버튼 버트만(Burton Butman) 박사는 간호사인 그의 아내 엘리너(Eleanor)과 함께 우리 병원에 와서 봉사했다. 그는 고도의 기술을 습득한 마취과 전문의로 많은 새로운 방법을 소개했다.

 그해 말, 우리는 1975년을 완성의 해라고 말할 수 있었다. 새 병원으로 이사한 지 5년이 지나서야 우리는 병원을 채울 수 있었다. 새 병원으로 이사한 뒤 건물을 채우지 못한 허전한 느낌은 더 이상 없었다. 전염병 환자 병동을 7층에 열어, 우리 병

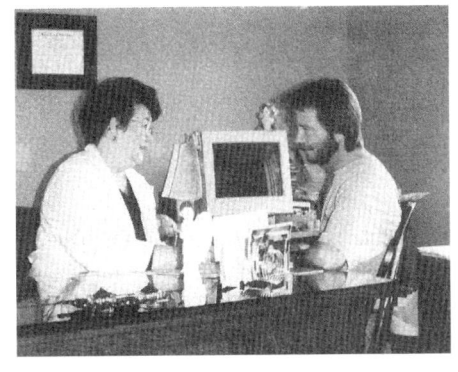

작업 치료 책임자 샤론 쇼

원의 총 병상 수는 269병상으로 증가했다. 평균 재원율은 80퍼센트를 넘어섰다. 1976년 새해 보고서에는 "우리는 연말까지 예배실을 완공할 예정입니다. 전 신경외과 과장 고 '안드레' 박영훈 박사와 설 매리의 자매 진 배철러 윌리엄스(Jean Batchelor Williams) 기념 예배실로 공사가 시작되었습니다. 새 예배실은 많은 직원들에게 영적 소망의 중심이 되었고, 예배실 건축을 위해 우리 직원들도 재정적으로 지원했고 장식과 비품 설비 계획에도 참여했습니다." 새 예배실 봉헌식은 1976년 1월 10일에 있었다. 강단 뒤에 다듬은 돌로 벽을 쌓아, 뒤에서 조명이 비추는 십자가의 배경을 삼았다. 돌들은 블레셋과 싸워 이긴 사무엘의 승리와 하나님의 허락을 상징했다. 십자가는 예수님의 구속의 사랑을 말하고 있었다. 하나님이 사무엘에게 기념비를 세우라고 명했고 이것을 '에벤에셀'이라 불렀는데 이것은 "여호와께서 여기까지 우리를 도우셨다"라는 뜻이었다. 예배실 강단 벽 중심에 있는 돌들은 내게 이렇게 말하는 것 같았다. **"에벤에셀을 기억하**

라! 여호와께서 여기까지 우리를 도우셨다! 분명히 이 돌들은 예수 병원의 에벤에셀이다."⁸ 그러나 우리는 하나님의 지속적인 도우심만을 묵상하는 것이 아니라, 주님의 비어 있는 십자가도 함께 묵상해야 한다.

에벤에셀에서 고산으로, 그리고 독일 본으로 이어진 여정 속에서 기념 예배실의 돌들은 하나님의 신실하신 공급을 증거하는 살아 있는 돌이었다. 기념 예배실의 빈 십자가는 하나님이 죽음을 이기신 승리를 상기시켜 준다.

병원장직을 한국인에게 인계하려 했지만 두 가지가 장애물로 작용했다. 첫째는 매우 유능한 부원장 소진명 박사가 갑자기 사임해 서울에서 개업을 한 것이다. 이는 큰 충격이었다. 내가 안식년 휴가로 자리를 비운 동안 그는 잠재적인 지도력을 발휘해 주었으며 이미 지도자 훈련을 받기도 했다. 기도로 심사숙고한 끝에 나는 안과 과장 정영태 박사를 소진명 부원장의 후임으로 추천했다.

두 번째는 하나님의 은혜로 지역 사회 보건 사업을 위해 EZE에 원조금 신청서를 제출하게 된 일이다.⁹ 지역 사회 보건 사업을 위한 지원 요청을 이 원조단에 제출하는 것은 내게는 큰 부담이었다. 한편 용진과 고산 지역 주민들에 대한 우리의 도의적 책임도 부담스

---

8 삼상 7:12에서 인용함. 이스라엘 군대가 블레셋 군대와 맞서 싸우러 나가기 전에 미스바에 모여 여호와 앞에서 그들의 죄를 회개했다. 적이 싸우려고 가까이 오자 그날 여호와께서 블레셋 사람에게 '큰 우레'를 내려 블레셋을 어지럽게 만들었다. 그래서 사무엘은 미스바에 돌을 세워 '에벤에셀'이라 불렀다.
9 Evangelische Zentralstelle für Entwinklungschilfe.

1980년 항공 촬영 사진. 응급실, 진료 병동, 중환자 병동, 재활 센터 등 주요 시설이 대폭 확장된 예수병원 전경

러웠다. 예수병원의 신용이 달린 문제였다. 우리 힘으로만 완수할 수 없는데 농촌 지역 사회에 희망을 불러일으켜 놓았던 것이다.

북극을 경유해서 독일로 비행하던 때가 기억난다. 나는 시편 74편을 읽고 있었는데, 바빌론에 포로로 끌려간 히브리 백성의 절망을 읊은 시였다. 참으로 감동적인 장이다. 유랑민들은 하나님이 그들을 포로에서 해방시키셔서 조국에 돌아가 불타 버린 성전을 복구할 수 있기를 간구한다. "우리의 표적은 보이지 아니하며 선지자도 더 이상 없으며 이런 일이 얼마나 오랠는지 우리 중에 아는 자도 없나이다." 그 후 이 시편 끝에 이렇게 기록한다.

하나님이여, 일어나 주의 원통함을 푸시고!¹⁰

독일로 향하는 그 고독한 여정에서, 여전히 출산 도중에 사망하거나 결핵 치료를 받지 못해 죽어 가며 뇌졸중으로 사망하는 한국의 농촌 주민들을 생각할 때 나는 상당한 고통을 느꼈다. 나는 가난한 용진과 고산 주민들을 위해 독일 당국에 도움을 요청하기 위해 가고 있었다. 의료 혜택을 받을 길이 없는 사람들이 이용할 지역 사회 병원을 건축하기 위한 자금을 요청하기 위해서다. "하나님이여 일어나 주의 원통함을 푸소서!" 그 후 나는 기내 창문으로 얼음 덮인 알래스카 땅과 태양을 내다보았다. **태양이 남쪽으로 향하고 있음**을 알 수 있었다! 그것은 나에게 하나의 표적이었다. 가서 말하라. 독일 보건 당국에 사정을 호소하라. 한국 농민을 위해 말하라. 무엇보다 전능하신 하나님 앞에 너의 사정을 아뢰어라!

이와 같은 희망과 믿음의 시기에 누군가 나에게 1853년부터 1905년까지 중국의 선교사였던 허드슨 테일러(Hudson Taylor)의 말을 소개해 주었다. 그는 영국 선교회의 다른 어떤 선교 조직보다 큰 중국 내지 선교회(China Inland mission)의 설립자로서 오늘날 중국 교회의 기초를 다져 놓은 선교사다. 나는 그가 영감을 받아 쓴 좌우명을 내 집무실 벽에 걸어 두었다. "주님의 일을 주님의 방법대로 하면 주님이 공급해 주신다." 하나님의 방법이 믿음의 길이다.

---

10 시 74:9, 22.

교육병원을 운영한다는 것은 임상 기술, 과학 지식, 기술 장비를 모두 포함한 매우 복잡한 과정이다. 그러나 이 모든 것이 우리 주 그리스도께 속해 있다. 무엇보다도 하나님이 그분의 제자들을 통해 고통당하는 사람들에게 사랑을 베푸신다는 믿음으로 운영해야 한다.

1978년은 우리 병원 개원 80주년의 해였다. 예수병원에서 임상 능력과 재정 능력이라는 관점에서 어떤 경향을 발견할 수 있을까? 잠시 1973년과 1978년 사이의 병원 환자 진료 통계를 살펴보자. 1973년에는 229병상에 입원 연인원이 59,137명이었고, 평균 재원 환자는 162명으로 70.6퍼센트의 병상 가동률을 보였다. 그러나 1978년에는 269병상에 입원 연인원 86,129명, 평균 재원 환자는 236명에 병상 가동률은 87.7퍼센트였다. 달리 말하면 병상 수는 117퍼센트 증가했는데 입원 환자는 145퍼센트 증가했다는 뜻이다.

여러 가지 복합적인 요소들이 작용했을 터이다. 1973년은 농민들이 경제적 어려움을 겪던 해였다. 그렇지만 우리는 임상 실적과 새로운 장비를 도입해 병원에 대한 신뢰가 어느 정도 올라갔을 거라고 추정한다. (예를 들면 1973년에 코발트-60 방사선 치료, 1975년에 혈액 가스 분석기와 간 스캐너, 1978년에 초음파 검사 장비를 도입했다.) 무엇보다 가장 중요한 요소는 아마 국가 주도로 실시하기 시작한 의료 보험 제도였을 것이다. 어쨌든 이 시기에 우리는 하나님의 은혜로 재정적 안정과 중요한 장비 현대화로 큰 발전을 이루었다고 생각했다. 그러나 여전히 과학적 탁월함과 자비의 증언을 강조해야 한다. 이와 같은 생각의 틀 안에서 우리는 병원 본관 서쪽 2층에 도서실을 건축하기 위해 미국 국제 개발처(US AID)에 원조를 신청했는데, 1978년에 200,000달러가 승인되어 훌륭한 도서실과 회의실이 건립되었다.

"에벤에셀을 기억하라! 여기까지 여호와께서 우리를 도우셨다!"

17장
이리역 폭발 사고

이리는 1977년 당시 인구가 135,000명이었으며, 1990년대 후반에 명칭을 익산시로 변경했다. 전라북도 도청 소재지인 전주에서 25킬로미터 떨어진 교통의 요충지였다. 여러 지역으로 향하는 철도가 교차되는 이리시는 한국 남서부의 상업 중심 도시였다. 1977년까지만 해도 매일 이리역을 통해 학생, 농민, 상인 등 많은 인구가 왕래했고 수많은 화물차가 분주하게 통과했다.

7년 동안 한국화약회사가 이리시를 거점으로 한반도 남부 지역에 있는 건설 회사들에 다이너마이트를 운송했다. 보통 화약을 실은 화물차들은 12시간에서 24시간 동안 역 차량 기지에 차를 세워 두었다. 대기 중에는 경비원 한 사람을 배치해 차량을 경비하도록 했다. 경비원들은 대개 화물차 안에서 잠을 잤다. 지난 수년 동안 특별한 일이 발생하지 않았지만 1977년 11월 11일 지옥과 같은 일이 발생했다.

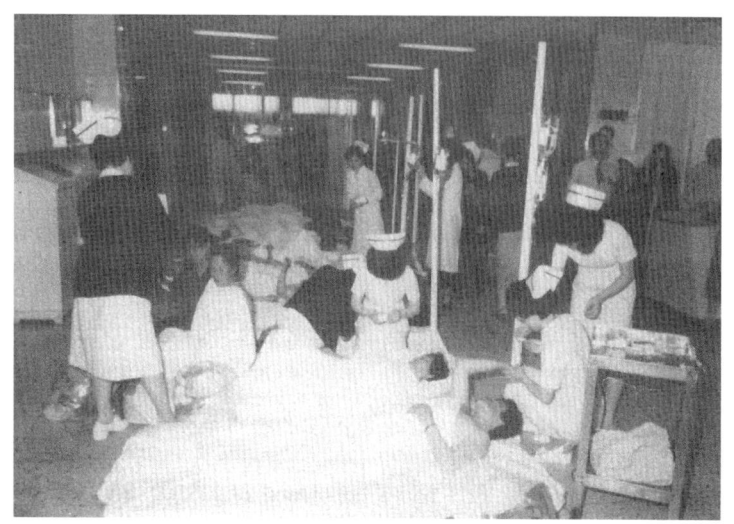
이리역 폭발 사고로 실려 온 대규모 사상자들의 환자 분류 작업 중인 의료진

그날 밤 경비원이 술에 취해 돌아와 화물칸 안에서 촛불을 켜 둔 채 잠이 들었다. 저녁 9시가 조금 지나 언뜻 잠에서 깨어났는데 그의 침구에 불이 붙어 있었다. 그는 불을 끄려고 해 보았지만 허사였다. 그래서 화물칸에서 뛰쳐나왔는데, 저녁 9시 10분에 다이너마이트 40톤이 폭발하고 말았다.

이 폭발로 반경 800미터 이내의 허름한 집들과 오두막들은 폭삭 무너져 내리고 말았다. 시 중심 지역의 건물들은 온전히 남은 유리가 거의 없었고, 튼튼한 건물들의 지붕도 날아가 버렸고, 기초가 뒤틀리고 형편없이 찌그러졌다. 그날 밤 어느 극장에서는 관객 700명 위로 지붕이 무너져 버렸다. 전기는 다 나가 버렸다. 부상자들이 길거리로 나와 비틀거리며 죽은 시신에 걸려 넘어지기도 했다.

그 지역 병원들은 거의 제 기능을 할 수 없는 형편이었다. 예수병원 동문 한 사람은 촛불 밑에서 수많은 다친 사람들을 치료했다고 기록했다.

그날 밤 염정님 간호부장이 10시 조금 지났을 때 내게 전화를 걸었다. "부상자 50명이 응급실에 도착해요!" 나는 즉시 직원들을 호출하라고 교환에게 지시하고는 차를 몰고 병원으로 내달렸다. 응급실은 아비규환 상태였다. 비명과 무질서, 구급차의 사이렌 소리가 나를 맞이했다. 우리는 즉시 환자 분류 체계를 가동해, 위중한 환자는 수술실이나 응급실로 보내고, 심하게 다친 환자는 물리 치료실로 보냈다. 경상자들은 지하 로비와 복도 바닥에 매트리스를 깔아 그 위에 눕혔고, 아주 경미한 환자들은 예배실 의자 위에 시트를 깔아 그 위에 눕혀 대기하며 진단을 받게 했다. 이러는 동안에도 부상자들은 트럭과 구급차로 계속 실려 들어왔다. 수송 도중 죽은 사람들도 있었다. 비번인 간호사들과 간호대 학생까지 나와서 환자에게 이름표를 붙이고 혈압을 재고 의무 기록을 적는 등 많은 도움을 주었다.

네 시간 만에 154명의 환자를 받아 치료했다. 후송 도중에 죽은 4명은 영안실에 안치했다. 57명을 그날 밤에 입원시켰고 5, 6명은 그 다음 날 입원시켰다. 2명이 중환자실에서 사망했는데 한 사람은 간 손상과 대퇴골 골절로 불가역적 쇼크 상태로 왔고 다른 사람은 머리를 심하게 다쳐서 뇌사 상태로 도착했다.

정부 공식 발표에 따르면 59명 사망, 1,300명 부상, 집을 잃은 사람이 10,000명이었고 140억 원[1]의 재산 손실을 입었다. 그러나 양쪽 눈을 실명한 경우나 영구적인 전신 마비가 된 경우 그리고 자녀 중 2명을 잃은 경우, 그 누가 이것을 금액으로 환산할 수 있단 말인가?

서른 살의 김의주라는 사람은 그날 저녁 이리역 매표소에서 일하던 중이었다. 폭발 당시 텔레비전을 보고 있다가 의식을 잃고 말았다. 의식이 돌아왔을 때 그의 머리에서는 피가 흐르고 있었다. 그는 "지옥처럼 흑암으로 싸여" 폐허가 된 기차역에서 비틀거리며 빠져나왔다. 가까스로 택시를 발견한 그는 피가 흐르는 상처 부위를 누르면서 택시 기사에게 예수병원으로 데려가 줄 것을 부탁했다. 그는 머리의 상처를 치료받고 찢어진 안구를 꿰매어 눈을 보존할 수 있었다. "저는 생명을 건지게 되어 하나님께 감사드립니다. 또한 예수병원 직원들의 진지하고도 연민 어린 치료를 잊지 않을 겁니다"라고 말했다. 그는 그리스도께 그의 생애를 드리기로 다짐했다.

열네 살인 정명숙이라는 소녀는 그때 철도 부근의 집에서 잠을 자고 있었다. 소녀는 갑자기 머리에 통증을 느끼고는 의식을 잃어버렸다. 소녀의 어머니와 언니가 그녀를 무너진 집 틈에서 끄집어내 병원으로 데려왔다. 건넌방에서 자던 할머니는 사망했다. 정명숙은 관자놀이 뼈에 복합 골절을 입고 중이(中耳)가 드러난 상태로 병원에

---

[1] 약 2,800만 달러.

도착했다. 이비인후과에서 수술을 받은 그녀는 회복했다. 부상에서 회복하는 동안 그녀는 하나님의 사랑을 깊이 되새기며 자신의 삶을 통해 하나님의 사랑을 증거하기 원한다고 밝혔다.

미장원을 경영하는 최영애라는 여성은 삼남극장에서 음악 영화를 보고 있었는데 건물이 폭삭 무너져 내렸다. 그 순간 잠깐 하반신이 날아가 버린 느낌이 들었는데 바로 의식을 잃었다. 의식을 되찾은 후 그녀는 다리가 그대로 몸에 붙어 있음을 알았다. 무너진 잔해 속에 걸린 그녀는 아들과 딸이 와서 그녀를 찾아내 꺼내 줄 때까지는 아무것도 할 수 없었다. 그녀는 트럭에 실려서 예수병원으로 왔다. 며칠 후 그녀는 앞으로 다시는 걸을 수 없을 것이라는 진단을 받았다.

그녀의 남편은 수년 전 그녀를 버리고 대전에서 다른 여자와 살고 있었다. 최영애는 미장원을 운영하면서 여섯 아이를 길렀고 그중 셋은 성년이 되어 결혼도 시켰다.…이때 그녀는 자신의 삶을 되돌아볼 시간을 갖고 과거 잘못들을 회개하며 예수를 믿기로 했다. 그녀의 딸들도 어머니를 따라 예수를 믿기로 결심했다. 그녀는 이렇게 말했다. "지금부터는 내 삶의 모든 것을 예수님께 맡기기로 했어요."

이 보고는 1978년 2월에 발행된 「장로교 개관」(*Presbyterian Survey*)에 내가 쓴 기사에서 발췌한 내용이다. 독자들은 이 뉴스 기사에 함께 포함된 다음의 저자 의견에 대해 너그럽게 양해해 주기 바란다.

우리는 재난의 시대에 살고 있다. 어느 순간 예기치 않은 위기가 우리의 생명을 빼앗아 가고 우리를 속수무책으로 만들 수 있다. 이리시의 재난은 인간의 무지와 부주의 때문에 일어난 사고였다. 고성능 폭약과 뇌관을 같은 화물칸에 실을 수 있도록 허락한 당국, 적절한 안전장치를 하지 않은 운송 회사, 부주의하게 행동해 화재를 일으킨 경비원. 인간이 저지른 가장 심각한 죄는 분노에 기인한 것이 아니라 지적 무관심 속에서 기인했는지도 모른다.

우리 병원에서 살아난 대부분의 사람은 예수님이 강조하고자 하셨던 교훈을 터득한 것 같았다. "실로암에서 망대가 무너져 치어 죽은 열여덟 사람이 예루살렘에 거한 모든 사람보다 죄가 더 있는 줄 아느냐? 너희에게 이르노니, 아니라. 너희도 만일 회개하지 아니하면 다 이와 같이 망하리라".[2]

생명과 건강은 귀하게 여겨야 할 특권이지 결코 당연하게 주장할 권리가 아니다. 우리는 매일 하나님의 은혜로 살아간다. 하나님이 우리가 살아가는 동안 은혜를 베풀어 주시고 재난과 압제, 질병 때문에 희생당하는 자들과 함께 그 은혜를 나눌 수 있기를 원하신

---

[2] 눅 13:2-5.

다.…우리가 살아 있는 이 시간은 주님의 것이어야 한다. 우리는 우리를 보내신 하나님의 일을 해야 한다. "때가 아직 낮이매 나를 보내신 이의 일을 우리가 하여야 하리라. 밤이 오리니 그때는 아무도 일할 수 없느니라"(요 9:4).

18장

소아마비에서 아이들을 구하라

1970년 무렵 광주 기독병원 외과 과장 이철원(로널드 디트릭) 박사는 광주시 부근 지역 사회 보건 사업에 관여하게 되었다. 테네시주 멤피스에 있는 어느 큰 교회 목사에게 보낸 편지에 이철원 박사는 다음과 같이 썼다.[1]

약 5년 전 어느 날 나는 갑자기 전라남도에 있는 모든 어린아이들에게 소아마비 예방 접종을 실시할 수 있다면 얼마나 좋을까 하는 생각을 했습니다. 전라남도는 우리 병원이 속한 도이며 지금은 약 5,000,000명의 인구가 삽니다.…그러나 나는 곧 이것이 너무나 지나친 꿈이라는 사실을 깨달았습니다. 어린이를 위한 이 사업을 하려면 250,000달러나 필요하기 때문입니다….

---

[1] Ronald B. Dietrick, 서신.

그러나 이 일을 완전히 잊어버린 것은 아니었습니다. 보건의 측면에서 커다란 효과가 있을 뿐만 아니라 복음 전도의 가능성도 매우 클 것으로 생각했기 때문입니다.…약 1년 전 우리 병원은 광주시에 있는 모든 초등학교 학생들에게 소아마비 예방 접종을 실시할 계획을 세웠습니다. 그리고 바로 지난봄에 이것을 실시할 수 있었습니다. 소아마비 백신 값만 1인당 11-12센트였고 약 80,000명에게 접종을 실시하는 백신 비용은 약 10,000달러였습니다.

멤피스 제2장로교회 레인 애덤스(Lane Adams) 목사는 이 사업 계획을 교회 제직회에 상정했다. 교회에서는 이철원 박사의 제안을 승인해, 전라남도에서 4개 시와 4개 군의 어린이들을 대상으로 45,500달러를 들여 소아마비 예방 접종을 실시했다. 이 제2장로교회는 전라북도에 있는 남장로교 선교사들도 지원하기로 했다. 이철원 선교사의 지원에 우리도 고무되어 전라북도 지역에서 소아마비 예방 접종 사업을 계획했는데 우리는 조금 다른 방식으로 접근하기로 했다. 첫째, 우리는 이철원 박사가 1978년 말까지 전남 지역에서 이 사업을 마칠 때까지 기다리기로 했다. [그때까지 이철원 선교사는 8만 명의 아이들에게 세이빈(Sabin) 백신을 접종하고 있었다.] 둘째, 우리는 정부가 실시하는 예방 접종 사업을 보완하는 방안을 제시했다. 왜냐하면 세이빈 백신의 생산 부족으로 세 살 이상의 많은 아이가 한 번밖에 백신을 접종받지 못했기 때문이다. 그 나이 이하의 어린이들은 그나마 어떤 백신도 맞아 본 일이 전혀 없었다. 우리는 접종을 완료하지

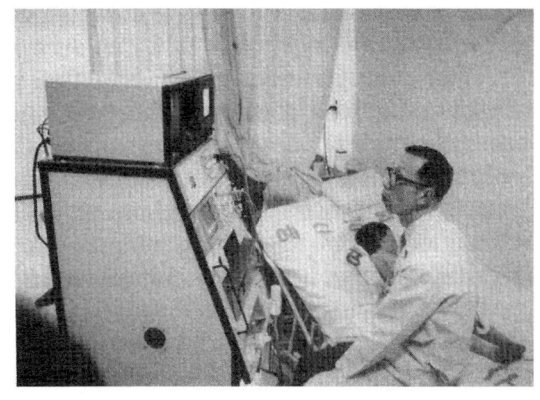

심장 초음파 검사기로
어린이를 검사 중인
주보선 박사

않은 아이들과 전혀 접종받지 않은 아이들을 포함해서 도내 미취학 아동 200,000명에게 2년 이내에 예방 접종을 완료하는 사업에 도전하기로 했다. 우선적으로 농촌과 읍 지역 미취학 아동들에게 실시하고 그다음에 도시의 미취학 아동들에게 세이빈 백신을 접종하기로 했다. 초등학생 어린이들에게는 정부가 시행하는 사업이 효과적으로 수행되리라 생각했기 때문이다.

첫해 예산은 79,871달러, 2년 차 예산은 81,658달러였다. 가장 큰 비중을 차지한 것은 백신 비용이었다. 매년 200,000명의 어린이에게 1회에 80원씩 2회 접종하는 비용이었다. 광주에서는 도시 지역과 단 4개의 농촌 지역 어린이들에게만 접종했는데, 전라북도 프로젝트는 농촌 어린이에게 백신 접종을 먼저 실시했다. 그 밖의 비용은 차량, 인건비(사무장, 간호사, 간호 조무사), 차량 유지비, 시청각 장비와 숙식비 등이었다.

호주 출신으로 지역 사회 보건 사업의 감독 책임을 맡았던 나명애가 사임하자 심장 전문의 주보선 박사가 이 사업을 맡았다. 아주 성실한 사람이었던 김수곤이 주보선 박사를 도왔다. 김수곤은 간좌엽 염증으로 인한 심한 출혈로 수술 도중 심장마비를 일으켰다가 살아났다(선교사들은 담관으로 출혈이 발생하는 병명을 따서 '미스터 혈우병'이라고 불렀다). 1979년 봄에 주보선 박사가 안식년으로 미국에 가 있는 동안 김수곤과 예수병원 간호사들은 정부 관계자들과 우리의 계획에 대해 토의했다. 정부 관계자들은 이전에 토의했던 내용에 대해 태도를 바꿔 계획에 반대했다. 공무원들은 자신이 모든 일을 할 것이며, 어떤 도움도 원치 않는다고 했다. 하지만 확인해 보면 지난 2, 3년 동안 어린이들에게 1회만 접종했음을 인정했고, 그걸로 만족하고 있었다. 이 문제를 우리 소아과 의사와 상의한 끝에 독자적으로 예방 접종을 추진하기로 결정했다. 한 보고에 따르면 당시 도내에는 998개의 개신교 교회와 가톨릭 성당이 있었다. 우리는 도내 교회의 목사와 성당의 신부들에게 편지를 보냈고 그 반응에 따라 하루에 서너 개 교회를 방문해 그곳의 어린이들을 백신을 접종하는 계획을 세웠다. 나는 주보선 박사에게 이렇게 썼다. "이렇게 하는 편이 정부와 공동으로 주관하는 것보다 이 사업을 통해 전도하기가 훨씬 더 수월할 터입니다." 우리는 전북 교육감의 협조를 받을 수 있었고 그 결과 각 학교 교장의 협력도 얻어 냈다.

다음은 이에 대한 상세한 내력이다. 소아마비 퇴치 사업은 1981년 9월 25일에 마쳤다(사업 기간 2년 3개월). 이 기간에 595개 학교를 포함해 624개 지역을 방문해 미취학 아동 195,409명과 취학 아동 304,010명, 총 499,419명에게 예방 접종을 실시했다. 백신 접종을 받은 아이들에게 백신 실시 카드를 주었는데 카드 한쪽 면에는 백신에 대한 내용을, 다른 한쪽에는 복음의 말씀을 소개했다. 이 백신은 테네시주 멤피스 제2장로교회 교인들이 보내 준 사랑의 헌금으로 실시했다는 내용을 소개했다. 백신 접종을 실시한 총 횟수 중 138,007명의 어린이에게는 1회 접종을, 180,706명에게는 2회 접종을 실시했다. 이 사업을 위해 차량을 운행한 총 거리는 81,000킬로미터(48,600마일)에 달했으며 더운 여름날이나 눈 내리고 얼어붙은 추운 겨울날도 아랑곳하지 않고 산골짝 마을뿐만 아니라 멀리 연안에서 멀리 떨어진 섬까지 다니면서 이 사업을 실시했다. 한 번 접종에 필요한 비용은 31.8센트로, 두 번 접종하면 소아마비를 예방할 수 있으므로 어린아이 1명을 소아마비로부터 구하는 비용은 63.6센트였다. 이 비용은 멤피스 제2장로교회가 지원해 주었다. 제2장로교회의 훌륭한 청년 지도자 중 한 사람이 소아마비에 걸렸는데, 이런 상황에 자극을 받은 젊은이들이 어른들을 설득했다. 그들은 많은 어린아이들이 걷고 공부하고 뛰어놀 수 있다면 얼마나 감사한 일인지를 생각하며 이 사업을 완성했다.

　최근 들어서는 정부 주관으로 예방 접종 사업이 제대로 실시되고 있다. 그러나 혼란스럽고 백신도 부족했으며 정부는 늑장을 부렸던 당시, 수없이 많은 어려움을 극복하고 이루어 낸 장로교 소아마비 예방 사업은 수백만 명의 어린이를 평생 불구가 되는 위험성으로부터 예방하는 한편 어린 나이에 사망할 가능성을 낮춘 셈이다. 이는 간접적으로 복음을 전하는 일이기도 했다. 얼마나 많은 어린이들에게 우리가 도움을 주었고 얼마나 많은 마을 사람들이 이 사업팀에 동행한 '여전도사'에게 반응했는지, 얼마나 많은 생명이 구원을 받았으며 얼마나 많은 영혼이 희망으로 위로받았는지는 오직 하나님만 알고 계신다.

어린이 진료에 대한 언급을 마치기 전에 한 가지 언급할 소식이 있다. 1981년 보건 사회부가 예기치 않게 예수병원을 모자 보건 종합 센터로 지정했다는 기쁜 소식을 전해 왔다. 정부로부터 저리로 자금을 융자받아 이 모자 보건 종합 센터를 건축할 수 있었다. 남쪽 별관을 3층으로 건축해 응급실과 내과 진찰실 그리고 2층에는 중환자실을 배치했다. (지하 2층에는 치료 방사선과를 배치했다.) 보건 복지부는 1개의 수련 병원 모자 보건 종합 센터를 설치해 이 센터가 10개의 모자 보건 센터로부터 의뢰를 받는 제도를 만들어 운영하는 계획을 세웠다. 이를 위해 우리는 추가로 자금 융자를 받기로 지원했다. 남쪽 별관에 추가적으로 3층을 지어 분만실과 산과 병동에다 당시로서는 '최첨단'인 신생아 병동까지 만들었다. 여러 개의 분만실과 신생아실을 2개로 설계했는데, 하나는 정상 분만한 신생아를, 다른 하나는 조산아나 난산으로 분만한 신생아를 위한 시설이었다. 산부인과 전문의 이영혜 박사와 소아과 전문의 김완섭 박사, 이오경 박사는 설계 과정부터 함께 참여했다. 이오경 박사는 캘리포니아에서 일시 내방한 신생아 전문의 짐 헤이우드(Jim Haywood) 박사와 함께 일했다. 그는 후에 이오경 박사가 이 분야에서 연수받을 수 있도록 주선하기도 했다.

생명은 고귀한 가치이며 환자들과 '10리'를 더 동행하는 것은 의사로서 우리의 책임이라는 사실을 교훈으로 여겨야 한다. 그 대상이 외딴 마을의 소아마비에 걸릴 위험이 있는 어린이이든, 우리 병원에서 태어난 새 생명이든, 특히 각종 감염에 무방비 상태로 태어난 조산아이든 우리는 그들을 소중하게 여겨야 한다.[2]

1980년 어느 날, 한 여성이 우측 허벅지 상단에 생긴 암으로 나를 찾아왔다. 그녀는 이미 두 차례나 다른 병원에서 절제 수술을 받았지만 암이 재발한 상태였다. '횡문 근육종'이라고 부르는 이 악성 종양은 종종 폐와 신체의 다른 부위로 퍼진다. 이 여성은 임신 20주가 되어 심각한 딜레마에 빠지게 되었다. 이미 두 번이나 재발해 오른쪽 서혜부 상부 임파절 제거를 포함한 근치 수술을 받아야만 했다. 그 후 약물 치료에 이어 방사선 치료도 받아야 할 것으로 예상되었다. 이 두 가지 모두 뱃속에 있는 아이에게는 해가 되는 조치였다. 이 여인은 아이를 살려 달라고 나에게 애원했다. 재발 가능성이 높다는 사실을 알고 있는 내 마음은 찢어지는 듯했다. 한편으로는 그냥 중절 수술을 해 버리면 그 어머니를 더 잘 치료할 수 있을 것이라는 생각도 잠시 해 보았다. 나는 미국에 있는 아주 유명한 암 치

---

[2] 어린아이들을 위한 사명에 대한 또 다른 실례는 "Suffer the Children"이라는 제목을 붙인 보고서에 소개되었다. 플로리다주에 살고 있는 Janet Prett이 이리 근처의 대신이라는 마을에서 40명의 아픈 어린이들에게 사랑의 손을 뻗쳤다. 이 결과 예수병원에 한국 어린이 기금을 조성했다.

료 병원에서 근무하는 내 친구에게 전화를 걸었다. 만약 우리가 이 여인의 다리와 서혜부 상부 임파절을 제거하는 수술을 시행한 후 항암제 치료와 방사선 치료를 늦춘다면 어떤 위험이 있는지 자문을 구했다. 그 친구는 "우리도 이에 대한 통계 자료가 없다"는 것이었다. 그래서 우리는 이 여인의 다리를 절단하고 임파절 제거 수술을 한 뒤 아이를 낳을 때까지 약물 치료는 연기하기로 결정했다. 이것은 깊은 고민 끝에 내린 결정이었다. 그 후 아이가 만삭이 되어 태어날 때까지 기다려야 했고 마침내 제왕 절개 수술로 분만했다. 그 후에야 우리는 약물 치료를 시작했다. 이렇게 한 내 결정은 잘한 것일까?

수년이 지난 후 이 어여쁜 여인은 세 살 반 된 어린 딸을 데리고 신실한 남편과 함께 나를 찾아왔다. 민들레라는 이름의 이 아이는 활발하고 깜찍하고 귀여웠다. 어린아이의 어머니는 암에서 완치되었다. 그들이 떠날 때 민들레는 내게 다가와서 내 손을 잡고 입을 맞추었다.

> 예수께서 보시고 노하시어 이르시되
> 어린아이들이 내게 오는 것을 용납하고 금하지 말라.
> 하나님의 나라가 이런 자의 것이니라.
> 내가 진실로 너희에게 이르노니
> 누구든지 하나님의 나라를 어린아이와 같이 받들지 않는 자는
> 결단코 그곳에 들어가지 못하리라.[3]

---

3 막 10:14.

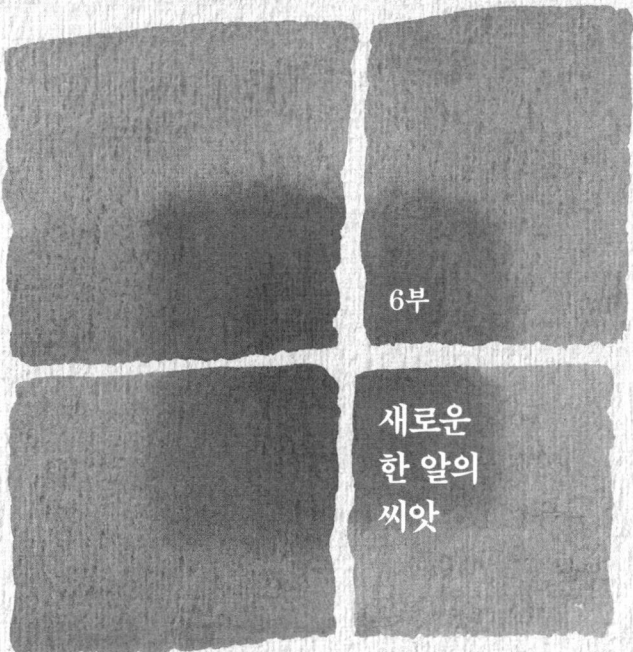

6부

새로운
한 알의
씨앗

19장

해외 의료 선교 시작

우리가 재정적으로 안정되자 그리스도의 복음을 전혀 들어 본 적이 없이 비참한 삶을 살고 있는 아시아와 세계 다른 나라의 수많은 사람들에 대한 관심이 싹트기 시작했다. 1977년 언젠가 나는 직원 아침 예배를 인도하면서 우리가 재정적으로 안정을 이루었으므로 (건물 증축 비용도 다 지불했고, 최신 장비들도 설치했으므로) 이제 우리는 아시아의 다른 나라에 의료 사역을 펼쳐야 하지 않겠느냐고 제안했다.

이 제안에 큰 반향이 일었다. 진지한 기도 끝에 내과 전문의 이용웅(요한) 박사와 그의 아내 박수인(사라)이 선교사로서의 부르심에 기꺼이 응하기로 했다. 1978년 이용웅 박사와 나는 2주간에 걸쳐 태국과 방글라데시로 답사 여행을 떠났다. 태국의 사정은 비교적 덜 시급하다고 생각한 우리는 600만 명의 인구가 어렵게 살고 있는 방글라데시의 수도인 혼잡한 대도시 다카로 날아갔다. 이 나라는 무슬림 국가로 독립 전쟁 끝에 파키스탄에서 이제 막 분리되어 나온 나라였다. 대규모의 난민들이 도시 북쪽의 캠프에 수용되어 있었다. 우리는 이 도시의 북쪽에 있는 통기 캠프를 방문했다. 전에 광주 기독병원에서 의료 선교사로 봉사했던 허버트 코딩턴(고허번) 박사는 이곳에서 큰 규모의 난민을 돌보고 있었다. 여기저기 비참한 모습의 연속이었다. 난민 캠프는 영양실조, 콜레라, 설사, 신생아 파상풍, 홍역, 결핵 환자들로 초만원이었다. 이용웅 박사는 이곳 통기에서 난민들을 돌보겠다는 소명을 느꼈다.

전주에 돌아온 후 이용웅 박사는 직원 아침 예배 시간에 답사 내용을 보고했다. 이에 대해 열렬한 반향이 일어났다. 원목 이성화는 그해 가을 전주 실내 체육관에서 대규모 집회를 열고 이 선교 사업을 위한 모금 운동을 전개했다. 한국 교회는 해외에 '새로운 장'을 열게 된다는 데 상당한 자부심을 가졌다. 대한예수교장로회총회(통합)는 선교사를 지망하는 이용웅·박수인 부부와 박혜인(예수병원 간호사로 이용웅 박사 부인의 여동생)을 면담했다. 총회는 이들을 선교사로 임명했고 이들은 (어린아이 세정과 모세를 포함해) 1979년 2월 18일 선교지 다카를 향해 출발했다.

방글라데시는 그 당시 인구가 1억 명이 넘는, 세계에서 인구 밀도가 가장 높은 나라였다. 주로 이슬람교를 믿는 이들은 갠지스강과 브라마푸트라강이 교차하는 삼각주에 거주한다. 매년 히말라야산맥에서 눈이 녹아 흘러내려서 이들이 사는 땅에 큰 홍수를 일으킨다. 강이 흘러 들어가는 벵골만 대부분의 지역은 태풍으로 자주 큰 재난에 휩쓸렸다.

방글라데시 통기 캠프에서
회진을 돌고 있는 이용웅 박사

자전거와 인력거로 붐비는 수도 다카에 도착한 이용웅 선교사 가족은 거주지를 확보하고 벵골어 공부를 가장 우선 과제로 삼았다. 그 후 고허번 박사는 이용웅 박사에게 수도 북쪽에 위치한 일차 진료 시설인 통기 진료소에서 함께 일해 달라고 요청했다.

앞에서 언급한 것처럼 1971년에 일어난 혁명으로 서벵골(방글라데시)은 파키스탄에서 분리되어 나왔다. 이 내전으로 발생한 약 40,000명의 난민이 통기에 모여들었고 허름한 초가에서 살았다. 1974년 고허번 박사는 전에 부유한 힌두교 신자가 소유했던, 화재로 버려진 건물에 진료소를 세웠다. 당시 그 땅은 정부 소유로 여겨졌고, 거기서 봉사한 국제팀이 소유한 건물은 아니었다. 1986년 선교 보고서에 내가 쓴 것처럼, "지난 11년 동안 수천 명의 피난민, 농민, 소수의 도시 사람들이 일차 진료를 받았고 수많은 사람들이 응급 치료를 받기 위해 도시에 있는 큰 병원으로 후송되었다. 영양실조에 걸린 어린아이들을 위해 급식 프로그램을 운영하고 지역 사회 보건 사업을 통해 예방 의학, 모자 보건 및 예방 접종 사업을 실시했다. 이용웅 박사는 가난하고 소외된 이 백성들을 위한 사업에 끝없는 소명을 느꼈다."

이용웅 박사가 그곳에 도착해서 보니 검사실 시설이 형편없었다. 오랫동안 방사선 촬영 기계도 없었다. 이용웅 박사는 이 절박한 사람들에게 그의 의료 능력과 친절을 베풀며 최선을 다했다. 이용웅 박사의 내시경 기술은 위장 증상이 있는 환자 진료에 큰 도움이 되었다. 많은 난민 환자들 중에는 결핵과 영양실조에 걸린 환자들이 많았다. 박혜인 선교사는 산과 환자와 신생아 진료에 큰 공헌을 했다. 어린아이들의 예방 접종을 위해 "5세 미만 어린이 프로그램"도 운영했다. 가족계획 사업에도 중점을 두었다. 1982년 8월 나는 이용웅 박사가 첫 안식년 기간에 미국 뉴올리언스 루이지애나의 툴레인 대학교(Tulane University)의 열대 의학 및 보건 대학에서 석사 과정을 이수할 수 있도록 주선했다.

일흔 살이 된 고허번 박사는 장로교 정책에 따라 은퇴한 후 애틀랜타에 있는 친구의 후원으로 사역지를 다카시의 다른 진료소로 옮겼다. 그래서 이용웅 박사는 통기 진료소의 책임자가 되었다. 통기 지역에서 방글라데시, 미국, 한국 세 나라가 방글라데시 기독교 보건 사업으로 명명한 사업을 위해 원활하게 소통하며 다른 세 문화 사이에서 서로 협력을 이루기 위해 노력했다. 그 결과 3국 대표로 구성된 이사회가 발족되었다. 이와 같은 형태의 다국적 협동 체제를 통해 한미 양국에서 자원 제공을 촉진할 수 있으리라고 기대했다. 그런데 이 계획의 시행 과정에서 3개국의 대표로 조직된 협의 기구에 금이 갔는데, 일부 원인은 동서 간의 이질적 문화에서 기인했다. 한국은 국내 8개 기독병원이 참여하는 위원회를 조직했고 병원 직원들은 각자의 봉급 일부를 이 사업을 위한 후원금으로 냈다. 하지만 사업비 자체는 후원하지 않았다. 미국 장로교 세계 선교부가 모든 행정 지원을 하기로 했다. 서울에 있는 대한예수교장로회총회는 의료 선교에 대한 경험이 없었으며 정책 지침이 전혀 없었다. 방글라데시 장로교는 뜻은 훌륭했지만 재정이 없었다. 미국 측에서 대부분의 재정을 담당했지만 동양의 사고방식에 대한 이해가 부족했다.

    푸바일-콜람토라(Pubail-Kolamtora)에 있는 12,000제곱미터에 이르는 대지 위에 영구적인 시설을 건축하기 위해 모금을 한 일은 중요한 성과 중 하나였다. 이를 위해 한국 해외 의료 선교회(KOMMS, Korea Overseas Medical Mission Society)와 미국 장로교 세계 선교회가 공동으로 자금을 마련했다. 의료 자선 재단은 새 병원의 건축비를 지원했다. 지속적인 의료 사업을 위한 시설이 마련된 것이다.

    방글라데시 기독교 보건 사업회 이사회의 이사 한 사람이 이용웅 박사에게 방글라데시 사람들에게 그리스도를 전할 때 겪는 어려움 때문에 실망했는지 물었다. 이용웅은 의사로서 환자와 기도할 수 있기 때문에 그렇지 않다고 대답했다. 자신이 환자를 위해 치유의 근원이신 하나님께 올려 드리는 기도를 했을 때 환자들의 십중팔구는 눈물을 흘렸다고 설명했다.

    방글라데시 기독교 보건 사업 이사회에 어느 정도 견해 차이가

르완다 내전 중
고마 난민 캠프에서
굶주린 아이를 위로하는
김민철 박사

있었고, 1987년 6월에 이용웅 박사는 사임하고 예수병원으로 돌아왔다. 네팔에서 대한예수교장로회 선교사로 일한 경력이 있는 외과의사 강원희가 다카로 와서 스리랑카로 가기 전까지 통기에서 봉사했다. 강원희 선교사가 떠난 뒤에는 광주 기독병원에서 의사 두 사람어 단기 봉사를 했다. 방글라데시 난민을 위한 3국 공동 의료 사업에 대해 기록하더라도 책 한 권 분량은 나올 것이다. 통기 공동 사업은 불안정한 상태로 끝을 맺었지만, 결과적으로 많은 어린아이의 생명을 구했고 많은 성인들 또한 치료를 받았으며 그리스도를 영접한 사람들도 제법 있었다. 푸바일-콜람토라 진료소 건축은 완료되었다. 예수님의 사랑을 증거하는 상징이 된 이 진료소는 다카시 북부 주민들을 계속 진료하고 있다.

예수병원과 예수간호전문대학 직원들이 방글라데시 사역을 통해 온 세계에 선교사를 파송하라는 소명을 비로소 인식하기 시작했다는 사실이 더욱 중요하다.

강원희 박사: 예수병원 일반 외과 수련을 받고 수년간 네팔에서 선교사로 섬기기 시작해 (앞에서 언급한 바와 같이) 방글라데시, 스리랑카를 거쳐 현재는 다시 네팔에서 섬기고 있다.

박행열 박사: 내과 전문의로서 사모아에서 3년간 섬긴 뒤 서울로 돌아와 아세아연합신학대학(Asian Center for Christian Studies)에서 근무하고 있다.

유봉옥 박사(예수병원 외과 과장)**와 송호신 박사**(예수병원 심장 내과 과장): 두 사람은 1991-1992년까지 3개월씩 교대로 연속적으로 섬겼다.

김상현 박사: 외과 의사로서 만주에서 선교사로 섬겼으며 1994년 10월에 개원한 한중 연변 복지병원을 설립하는 데 기여했다. 지금은 만주, 북한, 시베리아 국경 지역의 나선경제 무역지구에서 한국 에너지 개발 기구의 건설팀 산하 주치의로 북한에서 일하고 있다.

양성수 박사: 정형외과 전문의로 1995-1996년까지 카자흐스탄 카라간다에서 선교사로 섬겼으며 특정 진료소에서 사역하지 않고 큰 배낭에 약품을 잔뜩 넣어 가지고 다니면서 환자를 치료하며 지역 교회 성장에 힘썼다.

김민철 박사(내과 전문의): 르완다에서 후투족과 투치족 사이에서 비참한 내전이 벌어지던 때, 자이르(콩고로 개명함) 고마에 있는 후투족 르완다 난민 캠프에서 콜레라와 부상으로 죽어 가는 어린이와 전쟁 피해자들의 생명을 구하기 위해 1994년 9월부터 11월까지 응급 구호 사역을 펼쳤다. (한국의료선교협회에서 발행하는 「의료와 선교」 편집장직을 역임했다.)

김상균 박사(내과의사)와 부인 **유연순**(전 예수병원 간호사): 한국 국제 협력단을 통해 몽골의 수도 울란바토르에 있는 연세 친선병원(Yonsei Friendship Hospital)에서 섬기고 있다.

서기용 박사(가정 의학과 의사): 영국에서 선교사 훈련을 받고 지금은 인터서브 선교회에서 파송받아 아프가니스탄에서 선교 사역을 하고 있다.

이정석 박사(치과 의사): 영국에서 선교사 훈련을 마치고 예멘에 들어갈 준비를 하고 있다.

예수병원 간호전문대학 출신 중 상당수의 간호사가 해외에서 선교사로 사역했거나 지금도 사역 중이다. **고은실**은 필리핀에서 시각 장애인을 위한 선교 사역을 펼치고 있다. 그녀의 남편 역시 시각 장애인이다. **이춘심**은 네팔인 목사인 남편과 함께 카트만두 신학교

협동 행정관으로 사역하고 있다. **윤차애**는 12회 졸업생인데 최근에 네팔로 떠났다. **설윤숙**은 네팔에 있는 가우리샹카 병원에서 섬겼다. **김선이**는 태국에서 사역했는데, 현재는 아세아 연합신학원에서 공부하고 있다. 임상 병리 기사인 **오혜숙**은 목사인 남편과 함께 사할린에서 사역하고 있다. **김한나**는 물리 치료사로 예수병원에서 10년간 일했는데 1997년 만주에 있는 연변 복지병원으로 파송되었다. **박영이**는 25회 졸업생인데 중국 모처에서 사역하고 있다.

무엇보다도 귀한 사실은 예수병원에서 일하는 동안, 혹은 예수병원 간호전문대학에서 공부하는 동안 선교로 부름받은 이 제자들을 통해 하나님이 역사하신다는 점이다. 예수병원과 예수간호대학 동문 18명이 태평양 지역, 극동 지역, 아시아 혹은 아프리카의 여러 나라에서 지금도 선교사로 사역을 하고 있거나 혹은 사역을 했다. 하나님께 모든 영광과 찬양을 드린다.

20장

쓰러져도 다시 일어나

예수병원을 기반으로 의과대학을 설립하고자 하는 생각은 구바울 원장이 마음속에 가졌던 꿈이다. 1970년대 후반까지 기다리지 말고 훨씬 전에 의과대학 설립 허가를 받고자 노력하는 편이 훨씬 더 현명했을지도 모른다. 하지만 안타깝게도 재정적 어려움으로 수년 동안 병원은 생존하기 위해 몸부림치며 가용 재원을 다 소모해 버렸다. 1982년에 교회와 대한예수교장로회총회 사이의 합의는, 이 장에서 나중에 살펴보겠지만, 사실상 몇 가지 선택할 수 있는 방안들을 사전에 차단해 버렸던 것 같다.[1]

---

[1] 예수병언의 원래 정관 제34조(잔여 재산의 귀속)는 "본 재단법인이 해산될 때 모든 재산의 소유권은 미국 남장로교 한국 선교회 또는 설립자가 지정한 유사 법인에 귀속된다"라고 규정했다. 1982년, 내가 안식년 휴가로 부재중일 때, 이 정관 조항이 다음과 같이 변경되었다. "본 법인이 해산될 때, 모든 재산의 소유권은 이사회의 결의로 설립자와 관련 있는 장로교 총회의 승인을 받아 지정한 본 법인의 목적 사업과 유사한 법인에게 넘겨준다." 이 회의에 불참한 광주 기독병원은 정관을 개정하지 않았다.

1977년 병원의 재정 건전성이 이루어지기 시작할 때 나는 "우리의 미래를 위한 핵심적 선택"이라는 제목으로 글을 썼다. 이 글에서 그리스도의 이름을 짊어진 의료 기관이 추구해야 할 5가지 이상적 원칙에 대해 다음과 같이 언급했다.

1) 질병 중심이 아니라 인간 중심일 것
2) 병원 공동체의 삶을 통해 하나님의 진리와 자비를 표현할 것
3) 예수 그리스도의 복음에 충실할 것
4) 교회와 긴밀한 관계를 유지할 것
5) 지역 사회 주민들의 건강에 관심을 가질 것

이와 같은 원리들은 기하급수적인 인구 증가, 경작 가능한 농지 면적의 감소, 오염에 대한 위험 누적, 자원과 에너지 고갈, 부유한 국가와 가난한 국가 사이에 1인당 국민 소득 격차의 심화 등과 같은 세계적 현실의 변화에 부응한 제안이었다. 우리는 이런 흐름이 병원 정책 결정에 어떤 영향을 주었는지를 살피며 인간 생명의 존엄성을 수호한다는 우리의 사명을 재확인하고자 했다.

어쩌면 이런 신중한 우려 때문에 예수병원에 의과대학을 설립하려는 우리 목표에서 빗나갔는지도 모른다. 우리는 지역 주민들의 건강에 관여하고 있었다. 1978년 통계에 따르면 의사와 인구 비례를 볼 때 전국적으로 의사 1인이 감당해야 할 인구는 2,453명인데, 전라북도는 5,150명이었고, 도내 농촌 지역은 13,490명이었다. 그 당시에

우리 병원은 약 20퍼센트를 무료 진료로 할당했는데 그 액수는 연간 4억 5,000만 원이었다. 우리는 사실상 1인실이나 2인실이 없었다. 재정적 안정을 확보하기 위해서는 1인실과 2인실을 추가하는 것이 필요했지만, 이런 필요에 관해서는 먼저 임상과 학술의 발전을 추구해야 했다.

서요한 선교사 부부(존 쇼와 샤론 쇼)는 장애인을 위한 25병상 규모의 통합적인 물리 치료 시설을 갖춘 재활 센터를 건립함으로써 전주 예수병원에 길이 남을 유산을 남겼다. 센터는 미국 국제 개발처의 지원으로 1980년에 완공되었는데, 정형외과, 신경외과와 내과에서 재활이 필요한 환자들과 화상이나 선천성 장애가 있는 환자들로 붐볐다.

1979년 우리는 숭전대학교와 접촉하기 시작했다. (서울에 있는 숭실대학교와 대전에 있는 대전대학교가 합병해 '숭전'이라는 이름을 붙였다. 숭실은 제2차 세계 대전이 일어나기 전에 북장로교가 평양에서 설립한 대학교였고, 대전대학교는 1955년 남장로교가 대전에 설립한 대학교였다.) 두 학교가 장로교 전통을 공유한다는 점에서 합병하면 기존 대학교에 의과대학 설립 승인 신청이 유리할 것으로 생각했다. 서울에 있는 대학이 지배 우위를 차지할 위험성이 있었지만, 세 지역에 캠퍼스를 창설하면 그런 위험을 완화할 수 있으리라 우리는 생각했다. 또한 같은 남장로교회가 설립한 대전대학이 서울에 있는 대학의 행정적 '권력 블록'의 영향력을 견제함으로써 운영에 균형을 맞추어 주는 역할을 할 것으로 기대했다. 숭전대학교 총장과 합병 가능성을 협의하기 위해 20여

차례나 서울을 방문했지만 1981년 초에 우리는 모든 논의를 포기하고 말았다. 숭전대학교 측에서 우리에게 의과대학 설립 여부와 관계없이 무조건적인 합병을 요구했기 때문이다. 더욱이 내가 기억하기에는 이사회를 구성할 때 예수병원 측에 몇 명을 배정할 것인지에 대해서도 보장할 수 없다고 했다. (수년 후 숭실-대전의 '자매결연 관계'도 깨지고 말았다.)

그래서 우리는 자체적으로 의과대학 설립을 신청하기로 계획하고 다음과 같은 선언문을 담은 신청서를 준비했다.

지난 82년 동안 예수병원은 초가집 진료소에서 현대식 병원으로 발전해 왔다. 한국의 남서부 지역에 자리 잡은 '예수병원'은 응급 환자를 위한 집중 치료 병원으로, 암 환자 진료 기관으로 그리고 교육병원으로 명성을 쌓았다. 외과 분야에서 전국적으로 두 번째로 많은 수술을 하는 병원으로서, 293병상 규모인 예수병원보다 2배 이상의 병상을 가진 병원들보다 더 활발하게 운영되고 있다. 기독 의료에 대한 새로운 도전에 직면한 예수병원은 의과대학 설립을 위한 계획에 착수했다.

선교적 관점에서 이런 결정에는 3가지 목적이 있다. 첫째, 변화하는 사회 속에서 현재의 기독교 의료 사역 방식이 복음 전파의 수단으로 점차 효력을 잃을 수 있으므로, 하나님의 뜻을 계속 찾아야 한다는 시급성이 있기 때문이다. 둘째, 하나님의 진리와 자비라는 핵심 개념들을 단지 전공의 수련 제도만으로 제공하고 있지만, 이를 좀 더 깊이 있고 포괄적인 방식으로 전할 수 있는 교육의 장을 마련하기 위해서다. 셋째, 더 폭넓은 범위에서 한국과 해외 의료 선교 활동을 통해 자비의 복음을 증거하는 하나님의 도구가 되고자 하는 열망 때문이다.[2]

이 제안은 우리가 삶으로 살아 내기를 바랐던 신앙적 확신들을 다시 고백하고 천명하는 내용으로 이어졌다. 기독 의료는 다음과 같으며, 다음과 같아야만 한다는 것이다.

- 신앙과 과학을 초월한 진리에 대한 증거
- 인간 가치의 개념이 집약된 원천
- 그리스도의 사랑에 대한 증거
- 기도의 능력을 드러냄

이 제안은 우리가 준수하며 살기 원하는 신념을 확인하는 것이었다.

예수께서 치유하셨다. 이는 예수님의 사역 중 필수적인 부분이었다. 교회는 치유 사역을 중단해서는 안 된다.…그리스도의 구원 사역을

---

[2] 예수병원 의과대학 설립 제안서, 1980.

인정하는 과학에 대한 개념, 성령의 능력을 인정하는 치유 사역에 대한 개념, 성경에 기초한 의료 윤리와 개인의 고결함에 대한 개념 등을 젊은 남녀에게 교육할 수 있다. 그럼으로써 선교 사업과 의료인 교류를 통해 국내뿐 아니라 극동 아시아에 널리 영향을 끼치는 복음의 도구로 세울 수 있다. 예수병원은 그 자체로 선교의 사명을 다해 왔다.[3]

1980년 우리는 미국 국제 개발처, 크레스기 재단(Kresge Foundation), 독일 기독교 개발 원조단(EZE)과 병원 동문들의 추가적인 재정 지원 가능성을 고려하면서 1981년부터 의과대학 건축을 시작한다는 가정 아래 건축비를 산출해 보았다. 총 건축비는 1,585,000달러, 장비와 비품 비용으로 917,000달러가 필요할 것으로 추정되었다. 부지는 서원로 남쪽 대지로 예정되었지만, 4,335평이 부족한 상태였다.

이와 같은 추산에 근거해 우리는 의과대학 설립 승인 신청서를 제출하고 약 1년을 기다렸다. 1982년 4월 9일 보건 사회부 자문 위원회에서는 1986년까지는 신규 의과대학 설립을 승인하지 않기로 결정했다. 며칠 후 우리는 이런 사실을 알고 의정국장과의 면담을 요청했다. 의정국장은 신규 의과대학 신청은 무조건 반대한다고 말했다. 왜냐하면 최근 몇 년 사이에 너무 많은 자격 미달 기관들이 설립을 승인받았는데 시설이 부족해 수준이 낮은 의사를 배출하고 있다

---

3   같은 자료.

는 것이다.

2년간 숭전과 합병 노력을 했지만 결실을 맺지 못하자, 1983년 숭전에서 분리해 나온 대전 캠퍼스에 새 이름을 붙인 한남대학으로부터 연락을 받았다. 1984년 초 협의가 진척되었고 합병 제안에 근거해 한남대 측이 의과대학 설립 승인 신청을 제출하기로 했다. 이런 상호 이해 사항을 시행하기 위한 협상이 진행되던 7월에, 한남대 측이 우리에게 어느 정도의 자율권을 부여한다 하더라도 우리는 역시 분교에 불과하며, 전체 이사회 13명 중 우리 측 이사는 겨우 3명에 불과해 합의한 정관을 변경할 수도 있는 상황이 와도 그것을 막기에 불충분한 숫자라는 사실이 분명해졌다. 결국 이 협상은 중단되고 말았다.

그 무렵 원목실장이었던 이성화는 우리를 실업가인 김철호에게 소개해 주었다. 김철호는 원래 전라북도 출신으로 전주 근교 사람이었다. 그는 서울과 설악산에서 사업과 부동산업을 하고 있었는데 골프장도 몇 개 소유했고 교회를 위해 재정적으로 크게 기여했다. 나는 그의 어머니를 환자로 치료한 적이 있었다. 그는 우리를 도울 수 있다고 제안했고 나를 매우 정중하게 대해 주었다. 우리는 그에게 우리 병원 이사로 헌신해 줄 것을 요청했고 고맙게도 그는 이 제안을 수락했다. 나는 그가 우리가 의과대학을 건축하는 데 재정적인 도움을 줄 것으로 기대했다. 의과대학 설립 승인 신청서를 준비할 때 그는 우리 병원 이사회가 그의 사무실에서 열릴 수 있도록 허락해 주었다. 나는 문교부에 제출할 의과대학 설립 승인 신청서를 뒷받침하는 장기 개발 계획서를 배부했다. 바로 그때 그는 의과대학 설립 승인 신청서에 보증은 할 수 있어도 재정 지원은 할 수 없다고 말했다! 이사회는 참담한 실패로 끝났다.

의과대학의 가능성에 대해 포기하지는 않았지만 우선 연구원 개설이 의과대학으로 가는 첫 단계라고 생각했다. 혹은 연구원 그 자체가 가진 이점이라는 측면에서 현명한 방법이라고 판단했다. 기독병원으로서 예수병원은 신앙과 과학을 통합하는 의학 교육을 실시해야 한다는 것이 우리의 신념이었다. 전문의를 위해 학술적 우수성을 추구할 길을 제공함으로써 사기를 진작시킨다는 것도 중요한 점이었다. 또한 당시나 지금이나 의학 연구를 대학병원에서만 할 수 있도록 제한하는 것은 정당하지 않다. 이것이 기독의학연구원 설립이란 아이디어가 탄생한 배경이었다.

건축은 미국 국제 개발처와 대한생명보험의 최순영 회장의 도움으로 1984년에 시작되었다. 1985년 5월 연구원 입구 마당에서 봉헌식을 가졌다. 참석한 내빈들은 지역 사회 보건과와 과학 실험실, 의료 선교 도서실과 전자 통신 부서를 둘러보았다. 이들은 이 새로운 모험적 사업의 목적을 파악하려고 애썼다. 왜냐하면 이와 같은 사업의 모델이 아직 없었기 때문이다. 해외 재정 지원자들에게 보낸 편지에서 나는 이 연구원을 "과학적 발견과 치유 사역의 꿈을 담아낼 이 건물은, 하나님의 깊은 뜻이라는 미지의 바다를 오직 '빛의 아버지'의 인도하심을 따라 건너는 건물"이라고 묘사했다.

1983년 최순영은 전주대학교를 인수하여 이사장직에 올랐다.

1985년 5월, 기독의학연구원 봉헌 예배

1984년 12월, 그는 나에게 전주대학교 이사로 취임해 줄 것을 요청했고 나는 이를 수락했다. 그때 신동아 학원(전주대학교 재단의 정식 명칭)은 문교부에 의과대학 설립 승인 신청서를 제출했다. 우리가 의과대학에 대해 관심이 있다는 사실을 알고 이 재단은 우리와 합병을 협의하기 위해 접근했다. 전주대학교는 처음에 4가지 조건을 제시했다.

1) 정관 제1조에 그리스도의 사랑을 전파하는 것을 목적으로 한다.
2) 예수병원 법인이 해체되고 예수병원이 전주대학교와 합병하

는 경우 대학 재단 이사로 예수병원 측에 5명을 할당한다.
3) 실제적으로 대한예수교장로회 통합 측의 승인이 있어야 하는 데 이 일은 병원이 책임진다.
4) 병원은 의과대학을 위해 투자하는 데 동의한다.

대한예수교장로회총회가 요청에 따라 이 사안을 다루거나 1985년 9월 정기총회 이전에 이 안건이 올라오면 4인의 연구 위원회가 결론을 내린다.

1985년 6월 미국 장로교 아시아 대표가 한국에 와서 이 문제에 대해 전주대학교 최순영 이사장과 이종윤 총장과도 토의하도록 요청한다. 만약 대한예수교장로회총회에서 허락하면 미국 장로교는 합병 과정에 특별한 반대를 하지 않는다.

이에 따라 나는 대한예수교장로회 박종열 총회장에게 다음과 같은 편지를 보냈다.

전주대학교가 진리와 봉사라는 기독교적 개념에 기반한 교육 이념을 새롭게 하고, 의료를 통해 그리스도를 섬기겠다는 사명을 감당하기 위해 의과대학 설립에 파트너가 되어 줄 것을 제안했습니다.… 기독 실업인인 신동아 그룹의 최순영 회장은 대학의 재정을 맡은 책임자입니다. 그는 예수병원의 친구이고 병원 재단의 이사로서, 기독인 보건 진료와 의료 선교에 관심을 가지고 이 모험적 사업에 동참해 줄 것을 우리에게 요청했습니다.

이 제안은 다음 조건들이 맞으면 예수병원, 예수간호전문대학과 기독의학연구원이 기독인 교육과 의료 사역의 파트너로 전주대학교와 합병한다는 것이었다.

- 예수병원과 대한예수교장로회와의 관계를 정관에 명시해 대학의 이사 11명 중 5명은 예수병원과 교회 대표로 한다.
- 대학에 기독교적 목표를 강화하고 이를 정관에 명시한다.
- 병원의 자율권을 정관에 명시한다.
- 병원의 자산과 투자는 안전하게 보호하고 별도로 관리한다.
- 모든 이사는 신교 세례교인이어야 함을 정관에 명시한다.
- 예수병원과 교회와의 관계에 대한 정관 정신을 보존한다.
  (제14조, 제32조, 제33조, 제34조)
- 기독교 정신에 입각한 교수진 구성 원칙에 합의한다.

이 글을 쓸 때 중간 상황에 관련된 문서는 구할 수 없었지만 대한예수교장로회 총무가 1985년 5월 20일에 공식 회답을 보내 왔는데, 전주 예수병원에 의과대학을 설립하는 데 원칙적으로 동의한다는 내용이었다(우리는 처음에는 아주 기분이 좋았다!). 그런데 대한예수교장로회 연구위원회의 보고는 다음과 같이 이어졌다.

현재 전주대학교가 본 교단과 아무런 관계가 없으므로 가장 좋은 방법은 전주대학교가 이 교단에 합류하는 것이다. 그러나 이 문제에 대해 전주대학교와 완전한 합의에 이르지 못했으므로 우리는 이 가능성을 모색하기 위해 계속 노력하는 중이다. (예를 들면 이 교단과 실질적으로 구속력 있는 관계가 있음을 정관에 법적 용어로 명시한다.)

이 문서는 대한예수교장로회 총회장 이종성 박사의 서명 날인이 되어 있었다.

이렇게 해서 새로운 교착 상태에 봉착했다. 대한예수교장로회가 제시한 조건들은 전주대학교가 수용할 수 있는 범위를 넘어섰다. 전주대학교는 예수병원과는 효과적으로 영구적인 결속을 만드는 합병을 원했지만 교회와는 단지 명목상의 관계만 생각했던 것이다. 결과적으로 교회는 "우리 교단에 들어오면 손을 잡을 수 있다"라고 말한 것이다. 전주대학교는 특정 교단과 유대 관계를 설정하는 것을 원하지 않았고, 어느 교단에 권한을 넘겨줄 생각도 없었다. 결국 이러한 시도는 용두사미 격이 되고 말았다. 대한예수교장로회가 절충을 거절하자 합병을 위한 대화는 좌절되고 말았다.[4]

1986년 봄 새로운 일이 생겼다. 우리는 모두 신규 의과대학 설립 승인을 얻는 일이 점점 더 어려워진다는 사실을 알았다. 유일한 가

---

4 개정된 예수병원 정관에 따르면, 병원이 해체될 때 대한예수교장로회총회가 자산을 처분할 역할을 맡는다.

능성은 대한예수교장로회와 이미 공식적인 관계가 있는 기존 대학, 다시 말해서 우리와 선교적 전통을 공유하는 대학과 합병하는 길이었다. 당연히 한남대학교가 설득력 있는 선택이었다.[5] 1983년에 오간 대화는 결실을 맺지 못했지만, 이원설 총장은 선교부의 오랜 친구였고, 우리 예수병원과도 마찬가지로 좋은 관계를 유지했다. 한두 달 정도 협상을 진행한 뒤 합병에 합의했다. 실제로 합병할 경우 예수간호전문대학은 4년제 대학이 될 수 있을 터이며, 기독의학연구원은 대학원 교육으로 인정되고, 의료원은 자율적으로 운영될 터였다. 또한 이렇게 합병하면 예수병원이 의과대학 설립 승인을 신청하는 데 더 큰 신뢰를 줄 수 있다.

양측 재단의 이사회 대표들이 1986년 6월 27일에 병원 도서관 회의실에서 연석회의로 모여 단 몇 시간 만에 합병에 합의했다. 우리는 매우 기뻐했다. 그러나 이 소식이 한남대 측에 전달되어 방송으로 보도되자 전주대학교 총장이 즉각 전라북도 지사에게 항의했다. 도지사가 나와 우리 병원의 이사 몇 명을 그의 사무실로 소환해 불쾌감을 표시했다. 그는 충청남도 소재의 한남대학교가 전라북도에 있는 기관을 빼앗아 가려 한다면서 두 도 사이의 해묵은 대립의 상처를 꺼냈다. 도지사가 양쪽 기관의 합병 계획을 중단시킬 권한이 있는지는 모르겠지만 어쨌든 그 계획은 좌절되고 말았다.

---

5 대전대학과 숭실대학의 합병은 1982년에 무산되었지만, 선교부가 세운 대학의 옛 이름은 다른 대학이 사용하게 되어, 결국 대전에 있는 대학에 한남대학교라는 이름을 붙였다.

이와 같은 희망과 혼란 그리고 실망의 세월 동안에도 병원은 환자를 위한 육체와 영적 사역을 잘 감당했고, 간호대학은 홍신영 학장의 책임 아래 안정을 유지했다. 연세대학교 간호대학 학장을 역임한 홍신영 학장은 조용한 성품으로 한국의 간호 분야에서 지도적 위치에 이르렀다. 1981년에 학장으로 부임해서 1989년까지 섬겼다. 그 기간에 홍신영 학장은 학생 기숙사를 건축하는 큰 업적을 이루었는데, 주로 의료 자선 재단(MBF)으로부터 재정 지원을 받았다. 정부의 방침에 따라 간호대학은 문교부에, 병원은 보건 사회부에 소속되어, 책임에서 미묘한 괴리가 생겼다. 얼마 후 병원이 그동안 간호대학에 지원해 주던 재정 보조를 중단했다(재정적 보조는 간호대 학생들이 병동에서 하는 봉사에 근거해 이루어졌다). 그 후 얼마 지나지 않아 두 기관의 정관에 예수간호대학의 이사는 예수병원 이사회가 추천한다는 조항이 없어졌다. 공식적인 법적 관계가 소멸됨에 따라 간호대학이 재정적 어려움을 맞게 되었다는 점은 의심의 여지가 없었다. 새로 취임한 양광자 학장은 건물 유지 관리와 운영에서 어려움을 겪었다. 양광자 학장은 이 어려움을 동문들에게 모금을 하기도 하고 학생 수를 늘리는 방식으로 해결해 나갔으며 전산 장비 설치로 교육 수준을 높이기도 했다.

기독의학연구원은 암의 원인 연구, 당뇨병과 고혈압 관리를 위한 새로운 처방의 조사 연구를 계속 진행했다.

한국의 남서부 지방 주민들을 괴롭히는 질병 중 하나가 위암이었다. 일찍이 우리는 간장과 된장을 만드는 과정 중 늦가을에서 겨울에 걸쳐 한국 농가의 처마에 매달린 메주에 생긴 곰팡이에 호기심을 가지고 있었다. 메주에 생기는 곰팡이는 흔히 아스페르길루스 플라부스(aspergilus flavus)로 이것이 발암 인자로 알려진 아플라톡신을 만들어 낼 수 있다. 이것이 위암을 일으키는 요인이 되는 것일까? 미주리주 세인트루이스 출신의 생화학자 네빌 수 랩(Neville Sue Rapp) 박사가 와서 연세대학교 연구원들과 함께 일하면서 기독의학연구원 생화학 실험실을 설립하는 일에 도움을 주었다. 에임스 실험(Ames Test, 특별히 만든 세균으로 화학 물질이 돌연변이를 일으키는지를 확인하는 검사 — 편집자)을 해 본 결과, 메주 43개 샘플 가운데 6개에서 아플라톡신이 검출되었다. 반면 된장에는 아플라톡신으로 유발되는 돌연변이를 억제하는 물질이 있다는 사실을 알게 되었다.[6]

그 후 위암 발암 물질로 알려진 N-니트로소(N-nitroso) 화합물에 대해서도 이상하게 생각하게 되었다. 이런 화학 물질은 김치가 익는 과정에서 생긴 생성물이었다. 산도가 높아진 상태의 위 내 환경에서 아질산염과 반응시킨 김치에서 N-니트로소 화합물의 전구물질이 다량으로 검출된다는 사실을 입증할 수 있었다. 한국 사람들의 식단에서 김치 소비량이 높은 점과 시골 우물물의 아질산염 농도가 높은 점을 고려할 때 이런 요인들을 복합적인 발암 원으로 간주해야 한다고 생각했다.[7]

---

6   Neville Sue Rapp et al., "Carcinogenic and Anti-carcinogenic Properties of Meju and Other Korean Food Products from Fermented Soybeans." Yonsei Medical Journal. 1987.

콜로라도주 덴버 출신의 데이비드 탈마지(David Talmage) 박사는 세계적인 면역 학자로서 기독의학연구원을 수차례 방문해 머물면서 면역학 실험실의 설립을 도와주었다. 특히 간암에서 자연살해세포(NK Cell)의 역할에 대한 연구에 많은 도움을 주었다.

기독의학연구원은 여러 연구 프로젝트들을 수행함으로써 우리 병원 임상 전문의들에게 학술적인 연구에 대한 동기를 부여해 주는 등 의학의 발전에 기여했다. 신경외과 과장 조경기 박사의 지도로 뇌 종양의 세포 역동학을 연구해 국제 학회에 발표하는 등 새로운 영역을 개척해 나갔다. 외과의 박윤규 과장은 두경부 암 환자의 면역능 측정 프로젝트의 책임을 맡았다. 최근에는 해부 병리과 이광민 과장이 위암에서 종양 유전자(Ha-ras P21) 발현에 대해 면역 조직 화학적 연구를 수행했다. 외과의 오성수 과장은 유방암 치료에서 수술 후 예후와 치료 판정의 지침으로서 에스트로겐과 프로게스테론 수용체의 동정을 체계화했다. 혈액 종양 내과의 김민철은 루이지애나 주립 대학병원과 공동 연구를 통해 위 점막에서 암 전구 세포를 발견하기 위한 분자 생물학 연구를 진행 중이다.[8] 박주홍, 신성혜 연구원은 미국 외과 학회지(American Journal of Surgery)에 패혈증에서 산화 질

---

7 David J. Seel et al., "N-Nitroso compounds in two nitrosated food products in Southwest Korea." *Food and Chemical Toxicology*, 32: 12:1117.

8 기독의학연구원의 사업 범위에는 다음과 같은 것들이 포함된다. flow cytometry, ELISA and RIA assays, monoclonal and polyclonal antibody production, immunocompetence assays, high pressure liquid chromatography, thin layer chromatography, DNA dot blot assay, Western blot assay, Northern blot assay, polymerase chain reaction, gene manipulation, production of recombitant protein, and DNA sequencing.

소의 역할에 대한 연구 논문을 게재했고, 플라스미드 유전 물질 이입으로 조직 적합성 복합체 I형 항원의 발현이 증가한다는 연구 결과를 국제 학회지에 발표했다.

기독의학연구원은 연구 시설을 아시아 여러 나라의 다른 의료 기관들이 의학 연수에 활용할 수 있도록 개방했다. 방글라데시에서 간호사 2명, 인도에서 의료 기사 1명, 아프리카에서 의사 1명이 특수 분야의 기술을 향상시키기 위해 이곳에 와서 훈련을 받았다.

의과대학의 꿈은 사라졌지만 병원은 무너지지 않았다. 타다 남은 불씨에서 학문적 발전이 일어났고 우리의 영적 성장은 예수병원을 향한 하나님의 계획을 받아들이기에 충분했다. 과학자로서의 명성 대신 믿음으로 살도록, 학문적 명예 대신 소망으로 살도록 하나님은 우리를 선택하셨다. 어려웠던 시간들은 우리의 몫이었지만 하나님의 은혜가 족하여 우리는 생존했다.

우리가 사방으로 우겨쌈을 당하여도 싸이지 아니하며
답답한 일을 당하여도 낙심하지 아니하며.[9]

병원의 미래는 하나님의 손에 달려 있다. 학술적 연구를 위한 자극은 부족하지 않다. 예수병원에서 일하는 과학자로서 암이나 생명을 위협하는 질병의 공포에서 사람들을 구해야 한다는 동기 부여

9 고후 4:8.

는 얼마든지 받을 수 있다. 또한 연구자와 임상가가 함께 노력함으로써 하나님의 치유의 손길이 나타날 수 있다. 그분의 치유의 손길을 간절히 사모하는, 고통당하는 사람들이 매우 많이 있다.

21장

재활 치료와 전인 치료의 개념

재활 의학의 개척자들은 예수병원 역사에서 언급할 가치가 있다. 가정 의학과 의사들에게 전인 치료라는 대의에 동참하도록 동기를 부여한 것이다. 이런 팀워크가 1980년대 중반에 고산에서 실제로 나타났다.

1987년 지역 사회에 기반한 재활 치료 사업을 위해 독일의 기독교 개발 원조단(EZE)과 크리스토펠 시각 장애인 선교회에 제출한 자금 신청서 서두에 나는 다음과 같은 3가지 기본 개념을 열거했다.

재활 치료는 최근 다음의 결과로 부각되었다.

(1) 비록 장애는 남았으나 여러 생명을 구할 만큼 발전한 의료 기술
(2) 장애인들이 삶의 의욕을 불러일으킬 만큼 향상된 한국의 생

활 수준

(3) 생명을 구한 의료 기술로 장애인도 생산적 삶을 살 수 있게 된 현실

그러나 한국은 다른 산업화된 국가와 마찬가지로 '발전'하면서 새로운 유형의 장애가 동반되어 나타날 수 있다는 사실을 깨달았다. 말하자면 예전의 장애는 감염, 영양실조, 취약한 산전 관리 등과 같은 저개발 국가에서 나타나는 전통적인 종류의 장애였다. 그런데 지금은 한편으로는 정신 질환과 약물 중독으로 인한 장애가 있고, 다른 한편으로는 척추 손상, 머리 손상, 사지 절단과 같이 교통사고나 산업 재해로 발생하는 장애가 있다. 또한 발달된 의료 기술로 노년층 인구가 증가하면서 더 많은 장애인이 생겼고, 더 많은 관절염, 뇌졸중, 심장병으로 장애가 생겨났으며, 골수 이형성 증후군, 선천성 기형, 뇌성 마비 등에 의한 새로운 장애인 그룹이 발생한 것이다.

재활 개념은 의료 체계의 모든 영역뿐 아니라 지역 사회의 비의료 영역에도 스며들어야 할 철학이다. 우리는 이 일이 기독교적인 배경에서 더 빨리 일어날 수 있다고 믿는다. 장애인들도 그리스도의 몸의 지체이거나 지체가 될 가능성이 있으므로 무시하거나 단순히 시혜의 대상으로 여겨서는 안 된다. 그들이 존엄성과 자존감을 회복할 수 있는 자리로 돌아가야 한다.[1]

---

1 "Community Based Rehabilitation & Vocational Training for the Physically Disa-

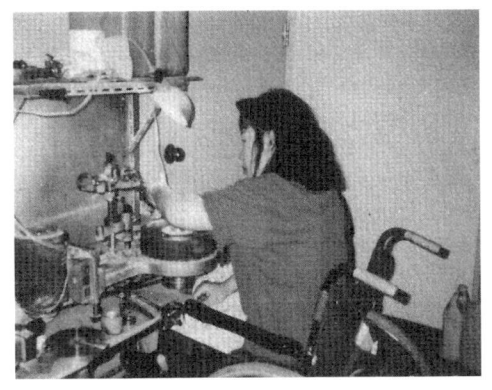

장애인들의
생존과 자립을 돕는 교육의 장,
고산분원 장애인 센터

한국에 처음으로 재활 병동을 설립한 서요한(존 쇼) 박사와 효율적인 농촌 지역 사회 보건 사업을 수행했던 예방 의학 전문의 김기순 박사는 만성 장애를 일으키는 질환을 퇴치하려는 투쟁에 동역자로 힘을 모았다. 우리가 서독 기독교 개발 원조단에 지역 사회 보건 재활 분야의 개척 사업을 위해 자금 신청서를 제출할 때 주로 이 두 사람의 의견을 반영했다.

서요한 박사는 재활 의학과와 치료사, 간호사와 의사 훈련을 포함한 개척적인 프로그램을 시작한 후 1984년 의료 선교사로서 은퇴했다. 그 후 재활 의학과 전문의 김봉옥 박사와 김연희 박사가 이 사업을 맡았다. 그들은 뇌졸중, 척수 손상, 사지 절단, 화상, 류머티즘 관절염 등의 환자를 위해 포괄적이고 다학제적인 치료를 담당했다.

bled"에서 수정. 1986년 8월에 서독, Bonn 소재의 기독교 개발 원조단에 제출한 공식 신청서.

서독 기독교 개발 원조단에 자금을 요청한 까닭은 병원에서 성공적으로 시험하고 검증한 재활 의학 기술을 고산분원이든 가정에서든 농촌 지역에 맞는 방법으로 시행하기 위함이었다. 이 팀은 독일에 있는 우리의 친구들에게 "이 사업에서 가장 중요한 점은 가족 구성원이 주도하는 가정 기반의 재활 치료이며 고산분원이 물리 치료와 직업 훈련을 제공함으로써 이를 격려하고 강화하는 것"이라고 강조했다. 이를 성공적으로 수행하기 위해서는 지역 사회 보건 요원에게 기초 훈련을 포함해 이동 재활 치료팀을 훈련할 예정이었다. 더 나아가 장애인들에게 직업 훈련과 평가를 제공하고, 최종적으로 물리 치료 시설을 갖춘 재활 클리닉을 고산분원에 설치하려 했다.

서독의 기독교 개발 원조단과 기독 시각 장애인 선교회는 이 계획에 호감을 가졌다. 그러나 사업의 규모(총 1,200,000마르크)상 이를 수행하기 위해서는 3군데에서 재정 지원을 담당해야만 했다. 그 말은 유럽의 두 기관과 예수병원이 담당해야 한다는 뜻이었다. 이 공동 사업 계획은 1987년 1월에 확정되었다. 재정 계획은 사업비 260,000마르크, 인건비 470,000마르크, 직업 훈련 센터 건축비 280,000마르크였다. 신청서에서 설명한 것처럼,

우리 친구인 독일의 기독교 개발 원조단, 기독 시각 장애인 선교회의 지원과 하나님의 은혜로 우리는 지역 사회에서 소외되었지만 무언가를 성취하기를 갈망하는 장애인들이 좀 더 생산적인 삶을 통해 인간으로서 존엄성을 더 온전히 실현하려는 목표를 이룰 수

있습니다.[2]

1988년에 물리 치료실과 직업 치료 센터가 완공되었다. 장애인들이 이 시설을 이용하는 것을 보게 되어 흐뭇하기 그지없었다. 하반신 불구의 어느 청년은 호주산 지르콘 보석 가공 기술을 훌륭하게 익혔고 어떤 사람은 휠체어에 앉은 채 훈련을 받았다. 직업 훈련은 1993년까지 지속되었다. 장애인 상조회도 조직되어 1994년까지 존속되었다. 그러나 김봉옥 박사가 사직하고 대전의 충남대학교 병원 교수로 이직했고, 김연희 박사도 사직해 전북대학교 병원으로 자리를 옮겼다. 결국 김기순 박사가 분원 운영 책임을 맡게 되었다. 마을 건강 요원들은 1990년까지 활동했다. 김기순 박사는 10군데의 지역 사회 보건 사업소 일을 관할했으며 1992년에 사임해 광주 조선대학 지역 사회 보건학과 교수가 되었다.

1990년 내가 은퇴하면서(병원 규정은 65세를 정년으로 한다) 독일과의 관계는 점점 희미해졌다. 그 후 가정 의학과 진료를 이어 가며 수련의 수련을 위해 활용하기도 했지만, 1997년부터는 가정 의학과 의사 한 사람만 외래 진료를 했고, 교육을 위해 더 이상 고산분원을 활용하지 않게 되었다.

나는 뭔가 허탈한 느낌이 들었다. 분명히 독일의 재정적 지원에

---

[2] "Community-based Rehabilitation and Vocational Training for the Physically Disabled," p. 4.

의존했던 고산분원은 마지막 미국인 의료 선교사가 떠나자 원활하게 유지할 수 없음을 인정할 수밖에 없다. 대한예수교장로회총회 파송 이사 중 일부 이사들이 정관을 위배해 병원을 통제하고 관리하려고 하면서 병원에 어려움이 닥쳤다. 병원의 이런 위기 이외에 지역사회 보건 사업을 위한 해외의 재정 지원도 줄어들었다. 고산 사업이 위축된 원인은 도시화와 경제 성장 그리고 교통수단의 현대화를 들 수 있다. 또한 도로가 포장되고 자가용 승용차가 엄청나게 증가한 것도 고산 사업이 약화된 이유로 빼놓을 수 없다. 그러나 하나님의 눈에는 개인의 가치가 소중하다는 증거, 가난하고 궁핍하며 장애를 가진 이들을 향한 관심을 보여 주는 증거가 한동안 소양과 용진 그리고 고산 지역에 있었다.

이제 아마도 고산분원 시설은 호스피스 센터로 전환될 수도 있다. 조용하고 아름다운 그 환경에서 더 이상 의학적 치료를 수행하기는 어렵지만, 여전히 하나님의 사랑 안에 있는 이들에게 연민과 자비를 보여 줄 수 있다.

22장
맺음 그리고 새로운 시작

이 책을 통해 1898년부터 1984년까지 예수병원 역사를 더듬어 보았다. 서사에는 역사적 연속성이 있지만, 예수병원의 이야기는 수많은 실이 어우러져 직조된 하나의 천과도 같다. 열정이 넘쳤던 시절도 있었고 낙담과 좌절의 시절도 있었다. 하나님을 섬기며 누린 기쁨의 순간도 있었고 그분의 뜻을 구하며 혼란을 겪었던 시간도 있었다.

1984년은 참으로 고무적인 해였다. 7층이 완공되었고 승강기를 설치했으며, 치료 방사선과에 선형 가속기를 설치했다. 비뇨기과와 정신과의 진찰실 마련을 위한 개조를 포함해 그 밖에도 많은 발전이 있었다.

같은 해에 20장에서 설명한 것과 같이 기독의학연구원 건축 기공식이 있었다. 1985년 시무 예배 때 나는 새해 인사에서 병원 행정 자문 위원회가 택한 성경 구절 에베소서 3:20-21 말씀을 인용했다. 이 구절은 "우리가 구하거나 생각하는 모든 것에 더 넘치도록 능히

하실 이"인 하나님의 능력에 대한 말씀이다. 이 위원회는 이 성경 구절에서 그해 표어를 "우리 속에서 역사하시는 능력을 따라"라고 정했고 나는 새해 인사를 다음과 같이 계속 이어 갔다.

세상을 창조하고 유지하는 하나님의 위대한 능력이 이 세상을 구원하기 위한 그분의 계획의 한 부분을 이루려 우리 각 사람 속에 역사하십니다. 그 사실을 생각할 때 우리는 매우 놀라게 됩니다. 우리 병원에서 역사하시는 능력에 따라 하나님은 우리가 구하거나 생각하는 것보다 훨씬 더 넘치도록 이루어 주실 것입니다.

'1980년대'에는 의학 분야에서 큰 기술적 발전을 이루었고 수많은 새로운 의료 기법과 시술을 도입했다. 1982년에는 전산화 단층 촬영기를 처음으로 설치했다. 1983년에는 초음파 검사기, 근전도 검사기를 도입했고 경막외 마취가 시행되었다. 같은 해에 보장구와 의수족이 상품으로 실용화되었지만 우리 병원은 이미 수년간 자체적으로 의수족실을 설치해 많은 종류의 보장구와 의수족들을 만들어 환자들에게 제공해 주었다. 1984년에는 혈액 투석실을 개설해 12대의 인공 투석기를 운영하기 시작했다. 1985년에는 비뇨기과가 독립된 전문과로 출범했고 1986년에 시작한 골수 조직검사는 정규 진단의 일부분이 되었다.

위에서 설명한 바와 같이 1984년과 1985년에는 하나님의 은혜로 7층 병실을 완공하고, 치료 방사선 치료 센터를 완성했으며, 임상

설대위 박사

병리과와 해부 병리과 검사실을 확대했고, 병상 수도 늘어나 500병상 병원이 되었다. 아래에서 보는 것처럼 환자는 꾸준히 증가했다.

연도	외래 환자	입원 연인원	입원 실인원
1984	182,031	136,556	11,800
1985	206,205	137,182	12,925
1986	208,964	147,989	13,900
1987	245,091	165,220	15,141
1988	297,779	188,174	16,880
1989	330,352	200,327	17,184
1990	360,845	203,557	17,786

수술 건수도 같은 정도로 증가되었고 분만 수 역시 증가했다. 실제 매년 모든 분야가 증가하는 '호황'의 시기였다. 하지만 아쉽게도 전도 사업은 예외였다. 1982년에 최고로 2,029명의 결신자를 낸 이

후 감소하기 시작해 위대한 의사이신 예수 그리스도를 받아들인 결신자 수가 788명까지 떨어졌다.

1984년 봄, 세인트루이스 출신의 윌리엄 밀(William Mill) 박사 부부가 와서 중환자 병동 건물 지하실에 신설된 치료 방사선과에 6메가볼트(Mev)짜리 선형 가속기 설치를 도와주었고 도로시 밀 여사는 실내 장식을 도와주었다. 치료 방사선과 과장을 맡고 있던 양병철 박사는 밀과 함께 의료 기사를 훈련시켰다. 양병철 박사가 개원하자 그 후임으로 방사선 종양학 전문의 김수곤 박사가 방사선 종양 분야를 계속 발전시켰다.

메릴랜드주 켄싱턴 출신의 로버트 윌리엄스(Robert Wiliams)가 주도해 우리 병원에 메인프레임 컴퓨터가 기증되었다. 윌리엄스는 아내와 함께 한국에 와서 컴퓨터를 설치하고 병원 행정을 위한 전산 센터를 가동할 수 있도록 직원을 교육했다.

한국에서 태어나 툴레인 의과대학 외과학 교수와 옥스너 클리닉(Ochsner Clinic)에서 흉부외과 과장을 역임한 폴 드캠프(Paul T. De-Camp) 박사가 예수병원에 와서 6개월 동안 머물며 흉부외과 영역의 새로운 수술 기법을 전수해 주었고, 전국적인 금연 캠페인을 출범시켰다.

미주리주 컬럼비아에서 리처드 하임버거(Richard Heimburger) 박사, 애리조나주 투손(Tucson)에서 프레드 메닉(Fred Menick) 박사가 우리 병원에 와서 성형외과에 새로운 재건술을 소개해 주었다. 리처드 하임버거 박사의 형인 신경외과 의사 로버트 하임버거(Robert Heimburger)는 중국에서 태어났는데 수차례에 걸쳐 예수병원에 와서 정위적(Stereotactic) 신경외과 수술을 소개해 주었다.

신경외과 의사인 멜 치탐(Mel Cheatham) 박사는 온 가족이 함께 와서 각자 컴퓨터 프로그래밍과 병원의 각종 안내 책자 및 비디오 제작, 의학 도서실의 보조 등 여러 분야에 기여했다.

아칸소주 파인블러프(Pine Bluff)에서 온 테릴 브룩스(Teryl Brooks) 박사는 우리 병원의 비뇨기과 오길현 박사와 함께 일하며 비뇨기과를 지원해 주었다.

워싱턴주 머세드 아일랜드(Merced Island)에서 온 라일리 키드(Reily Kidd) 박사는 수개월 동안 진단 방사선과 과장 이학송 박사와 그의 동료들과 함께 일했다.

펜실베이니아 출신의 버트 버트만(Burt Butman) 박사는 안전한 마취를 위한 새로운 기술과 약물을 소개해 마취과를 발전시키며 3년 동안 봉사했다.

1986년 1월 보건 사회부는 예수병원에 암 환자 전문 치료 병원 지정을 제안했다. 이 제안은 낮은 이자로 시설 비용 융자를 해 주는 대신 암 환자 치료만 하는 조건이 전제되었다. 그때부터 나는 이런 시설을 설립해야겠다는 일종의 의무감을 느꼈다. 이를 위해 몇 군데를 생각해 보았다. 도로를 횡단하는 육교를 세워 서원로 건너편, 연구원 내, 그 위에 한층을 증축하고 가장 최근에는 현재의 본관 건물 북서쪽에 계획된 확장 공사에 추가하거나, 예전에 세탁실로 사용했던 자리 등을 고려했다. 이 글을 쓰는 시기에 중환자 병동 남쪽 별관 2층 위에 한 층을 더 올려 환자 전용 승강기를 설치하고 본 별관 지하층에 있는 치료 방사선실로 환자를 이송하는 방안이 제안되었다. 이렇게 하면 '다분할 조사'(hyper-fractionation: 같은 양의 방사선 용량을 하루에 2회 투여함으로써 암 치료에 더 효과가 있다고 알려진 방사선 치료법)를 시행할 수 있다. 더 나아가 12-20메가볼트 고에너지 선형 가속기를 지하층 서쪽에 있는 방사선 치료실과 인접해서 설치할 수 있다는 결론에 도달했다.

여러 임상 전문의에 대해 특별히 여기에 언급하는 편이 좋을 듯하다. **정을삼** 박사는 소아외과와 직장 결장 외과를 시작하고 중환자실 건축을 앞장서서 추진했으며 1991-1993년 사이에 병원장직을 맡았다. **박윤규** 박사는 두경부 외과를 맡았으며 갑상선암에 특별한 관심을 가졌다. **오성수** 박사는 유방암 치료를 발전시켰으며 후에 두경부 외과도 맡았다. **김우영** 박사는 복강경 수술 분야에 크게 기여했다. **김종준** 박사는 주보선 박사와 함께 일하면서 심장 내과 분야를 크게 발전시켰다. **이용웅** 박사는 방글라데시 의료 선교사로도 봉사했고 간담즙 질환을 깊이 연구했다. **김문중** 박사는 아주 훌륭한 임상 의사였다. **김민철** 박사는 그리스도의 종으로 해외 봉사와 기독의학연구원장으로 섬기고 있다.[1] **김완섭** 박사는 소아 종양 분야에 전문적인 수련을 받았다. **이오경** 박사가 맡고 있는 신생아 중환자실은

---

[1] 김민철 박사는 르완다-부룬디 홀로코스트의 난민들을 위해 Goma 캠프에서 3개월간 섬겼다.

국내에서 가장 우수한 치료실 중 하나다. **이영혜** 박사는 근치적 자궁 적출술로 자궁암 환자들을 치료하는 데 나와 함께 분투했다. 그러나 병원에서 사임했다. **이영호** 박사는 현재 산부인과 과장으로 섬기고 있으며 최근 뉴욕에서 연수를 받고 돌아와 새로운 임상과 학술 개념을 소개할 준비가 되어 있다. **정영태** 박사는 안과 과장으로, 여러 해 동안 나의 동료로, 병원 실행위원으로 수고했으며, 그 후 내 후임으로 병원장을 맡기도 했다. 또한 안과 수술 분야의 가장 선두에서 이 지역에 처음으로 초자체와 망막 수술을 도입했다. **천경두** 의사는 이비인후과의 책임을 맡았고 두경부 암 환자 치료에 훌륭한 지원을 해 주었다. **김임** 박사는 정신과 과장으로 훌륭한 역할을 해 주었다. **조경기** 박사는 수년간 신경외과 과장의 책임을 맡았으며 기독의학연구원의 지원을 받아 뇌종양 세포 역동학에 대한 연구를 했다. **정동규** 박사와 **이광민** 박사는 병리과를 이끌어 나가면서 항상 훌륭한 지원을 해 주었다. **이학송** 박사는 진단 방사선과 책임을 맡아 그의 동료들과 함께 역시 항상 훌륭한 지원을 해 주었다. **김수곤** 박사는 치료 방사선과의 책임을 맡고 있는데 새로운 기술을 도입해 매우 효율적으로 운영하고 있다. **문준일** 박사와 **이기남** 박사는 수술을 진행하는 모든 의료진을 위해 성실하게 지원해 주었다. **오길현** 박사는 비뇨기과를 이끌면서 새로운 기술을 도입했다. 좌절과 희망이 교차되는 오랜 세월 동안 신실하게 섬겼던 의사들은 여기에서 언급한 분들 이외에도 많이 있다. 이분들은 나와 친밀하게 동역한 의사들로 내게 많은 것을 가르쳐 주었으며 비전을 가지고 분투했다.

오용에게 감사한다. 그는 **권익수** 선교사에게 병원 행정 부문의 훈련을 받았으며 지금은 해외 업무를 조정하고 있다. 그는 겸손하고 자신을 드러내지 않으면서 우리 모두에게 그리스도의 제자가 된다는 의미에 대한 모범을 보여 주었다.

마스크를 쓴 채, 수술실에서 수술 의사들을 능숙하게 도와준 수술실 간호사들의 고마움은 결코 잊을 수 없다. **공순구**는 국내에서 가장 훌륭한 간호사팀을 교육시켰을 뿐만 아니라 우아함과 지혜로 일을 처리했다. **이준례**는 (내 아내는 그녀를 '슈퍼 간호사'라고 불렀다) 종양 진찰실에서 환자를 극진하게 섬겼으며 외래 진찰실에서는 내 오른팔이었다. 마사 코프(Martha Cope, 사랑하는 '코프 할머니'라고 불렀다)에게도 고마움을 전해야 한다. 6년 이상 우리 병원에서 해외 업무 비서로 봉사했으며 항상 유머 감각이 풍부했다. 마지막으로 이 책이 나올 수 있도록 번역과 이와 관련된 업무 조정을 해 준 **오용, 김민철, 김천식**의 노고에 감사한다. 특별히 김민철 박사와 김천식은 미국까지 와서 매티 잉골드 박사의 묘지와 예수병원에서 봉사했다가 은퇴한 선교사들의 모습을 사진에 담기도 했다.

1987년 6월 1일 나는 병원장의 임기를 마치고 약 8년 동안 부원장으로 봉사했던 정영태 박사에게 병원장직을 이양했다. 이후 미국에서 안식년 휴가를 지내는 동안 아내가 C형 간염에 걸려 병세가 진행되고 있다는 사실을 알았다. 아내는 매우 심한 스트레스를 동반하는 치료 방법인 인터페론-알파 주사 치료를 받았다(거의 5년 동안). 이 일로 매리는 1년간 더 미국에 있어야만 했다. 의료 선교사로서 우리가 섬긴 마지막 해는 1990년이었다. 앞에서 말한 암 센터와 700병상의 3차 진료 기관으로 확장 계획이 세워졌지만 병원 내분 때문에 그 시행이 지연되었다. 아무도 1990년부터 1998년 사이에 무슨 일이 발생할지 상상조차 할 수 없었다. 이 어려운 시기를 지나며, 우리는 모두 다가오는 세기에도 하나님이 신실함을 보이시고, 이 병원이 그 이름을 따온 위대한 의사이며 우리의 구주이신 주 예수 그리스도의 영광을 끝까지 지키시리라는 확신을 재확인하기를 소망한다. 하나님이 예레미야 선지자에게 주셨던 약속을 예수병원에도 주시기를 간구한다.

여호와의 말씀이니라 너희를 향한 나의 생각을
내가 아나니 평안이요 재앙이 아니니라
너희에게 미래와 희망을 주는 것이니라.

예레미야 29:11

23장
예수병원 개원 100주년, 새로운 시작

우리의 꿈은 병원의 현실에서 우선순위에 잘 맞지 않을 수 있다. 또한 그리스도인들이라고 해도 종종 문제를 이해하는 관점이 서로 매우 다르기도 하다. 예수병원에서 우리는 예수 그리스도의 반석 위에 세워진 병원을 설립하려고 노력했다. 하지만 지역 노회의 한 파벌은 교회의 정치적 술수로 병원에 개입하려고 했다. 세월이 흐르는 동안 우리는 예수병원이 계속 사역을 이어 갈 수 있도록 재정적 안정을 얻도록 간절히 기도했다. 우리는 대한예수교장로회와 의미 있는 자매 관계를 희망하면서도 치유 사역에서 환자 중심성이 훼손되지 않기를 원했다. 이 균형을 유지하기 위해 예수병원 정관은 한국 내의 다른 교단을 대표해서 이사로 참여하는 것을 포함한 폭넓은 지지 기반을 명시했다. 한국인으로 리더십이 이양된 후 10년(1987-1997)은 세력 싸움으로 인한 파벌주의와 환멸감으로 가득했다. 병원과 교회 사이의 유기적 관계, 즉 교회가 정책 방향 결정에 참여하되 과학적·

재정적·전문적 문제에 대한 통제권을 행사하지 않는 방식은 한국에서는 실현하기 어려울 것으로 보였다.

1987년 6월 1일, 나는 이미 앞에서 언급한 대로 원장직을 이양하고 3년 동안 한국에 남아 선별적 임상 연구, 장비 조달, 외과 종양학, 특히 두경부 암 관리 분야의 발전을 돕고 격려했다. 1990년 7월, 아내와 나는 애정 어린 환송을 받으며 우리 생애에 맡겨진 임무를 마치고 한국을 떠났다.

1년 후 정영태 박사는 갑작스럽게 병원장직에서 해임되었다. 그로부터 2년 후 정을삼 박사도 병원장직에서 해임되었다. 정관 규정을 무시한 채 이사회를 구성해 위계를 만드는 것처럼 보였다. 파벌주의가 팽배해 거리에서 시위가 벌어졌고 다른 수단이 실패하자 법정 소송이 벌어졌다. 한국군 의무감이었던 예비역 소장 출신인 고영희 박사는 병원장으로 임명된 후 15개월 동안 병원을 장악한 교회파에 등을 돌리고 대다수 병원 직원을 지지했다. 결국 병원과 병원 장악을 노리는 교회 파벌 사이에 교착 상태가 발생하자, 설립자 대표단이 와서 양측을 모두 만나 화해를 위한 중재에 돌입했다. 이에 못지않게 중요한 점은 대학의 지도자들이 병원의 건전한 제도 운영 방침을 이끌기 위해 기꺼이 아낌없이 시간을 할애했다는 사실이다. 보건복지부는 이러한 방침을 꾸준히 지지해 왔다.

이 무질서의 시기를 회상하는 것은 고통스러운 일이다. 다만 대한예수교장로회총회와 각 노회가 화해와 평화, 화합을 이루게 하신 주 예수 그리스도의 은혜를 강조하기 위해서 언급하고자 한다. 교회 계파 사이에도 상당한 화해가 이루어졌다는 점을 언급해야 한다. 1998년 이용웅 박사가 병원장으로 부임해 재정적 자립과 정신적 하나 됨을 이루어 냈고, 이는 1998년 5월 이후 우리가 경험한 부흥의 밑거름이 되었다. 부임한 지 얼마 지나지 않아 예수 그리스도의 따뜻한 제자인 반석화 목사를 초청해 10여 년 전 함께 섬겼던 전주로 돌아와 환자 전도는 물론이고 간호사, 의사, 회계사, 사무원, 기술자, 엔지니어 등 900여 명 직원들의 영적 삶을 책임지도록 했다. 그는 예수병원 전 직원의 마음을 사로잡아 예전의 하나 됨을 회복시켰다.

대부분의 의료진이 희생적으로 주님을 섬기며 자신의 전문 분야에서 성실하게 일했지만, 파벌이 생겨 문제를 일으키기도 했다. 정영태, 정을삼, 고영희, 이용웅 박사는 모두 자신의 책임을 진지하게 받아들였다. 특히 이용웅 박사는 상급 책임자가 적자 때문에 해임된 상황이었던 1993-1995년의 혼란스러운 상황에서 기독교적 의료에 헌신하며 '기둥 역할'을 담당했다. 그 공로를 인정해 줄 만하다(적자 중 일부는 외과 중환자실 신축에서 비롯되었다). 선교사촌에서 자랐고 방글라데시에서 봉사한 베테랑 선교사 이용웅 박사는 병원 직원들의 존경을 한 몸에 받았다. 그는 5대 중점 추진 과제에 대해 다음과 같이 평가했다.

1) 대전에 있는 자매기관인 한남대학교와의 합병(이 계획은 현재 보류된 상태다)
2) 암 센터 설립

3) 의무 기록, 필름과 문서의 추가 전산화

4) 품질 평가 방안

5) 적정 인력 관리(직자에 대치하기 위한 지원 규모 축소 포함)

    정영태 박사는 원장직이 정상화된 후 15개월 동안 리더십의 횃불을 들었다. 1996년 이용웅 박사는 안식년을 맞아 간 질환 연구를 위해 메이오 클리닉(Mayo Clinic)으로 연수를 떠났다. 1997년 복귀해 1998년 4월 30일 병원장의 중책을 맡았다.

    1998년이 지나고 재정적으로 안정을 되찾자 병원 공동체 전체에 고조된 분위기가 조성된 것 같았다. 재정적 어려움에도 불구하고 병원 예산의 균형을 맞추기 위해 이 원장은 40-50명의 직원에게 조기 퇴직을 권유해야 했다. 투자 부지 매각에 따른 병원 자금 유용과 관련된 법적 문제가 해결되지 않았음에도 불구하고 직원들 사이에는 낙관적인 분위기가 감돌았다.

    대표적인 사례는 기획 조정실장 김민철 박사의 주도로 예수병원의 100년 역사를 기념하기 위해 다큐멘터리를 제작한 일이다. 그는 내게 전화로 전주 MBC에서 창립자 매티 잉골드 박사의 생애를 다룬 텔레비전 프로그램을 제작하기로 합의했다는 소식을 전해 주었다. 특히 방송국 제작진은 그녀를 한국에 보내 준 데 대한 한국인들의 감사를 표현하기 위해 잉골드 박사의 묘비에 추모 명판을 세우겠다고 제안했다. 플로리다주 프로스트프루프에 다큐멘터리 제작진을 직접 파견하겠다는 것이다. (김민철 박사는 1년 전에도 창립자의 묘소를 방문한 적이 있는데, 그때 많은 한국인이 예수 그리스도를 이 땅에 전한 선교사들에 대해 느끼는 감사의 마음을 전 세계에 알려야겠다는 책임감을 느꼈다.)

나는 1998년 10월 2일 애틀랜타로 날아가 김민철 박사와 그가 미국으로 초청한 텔레비전 방송팀을 만났다. 그들은 행사를 기록하기 위해 대형 텔레비전 카메라와 영상 장비를 가지고 내렸다. 하루를 머물며 잠시 휴식을 취한 후 이른 아침 비행기를 타고 탬파(Tampa)에 도착한 우리는 세인트피터스버그 한인 장로교회 정태수 목사를 만나 그의 밴을 타고 웨일스 호수(Lake Wales) 남쪽에 있는 주 중부에서 인구 3,500명이 사는 작은 마을 프로스트프루프로 향했다.[1] 우리는 방문을 주선하고 매티 잉골드와 그녀의 남편인 테이트 목사를 기억하는 프랜시스 그리핀 멀케이(Francis Griffin Mulcay) 여사를 비롯한 프로스트프루프 장로교회 교인들과 동행했다. 그들은 테이트 부부가 전주 선교에서 은퇴한 후 거주했던, 잭 시몬스(Zac Simmons)가 지은 집과 테이트 목사가 낚시를 하다가 숨진 호수를 보여 주었다. 프로스트프루프 시장은 김민철 박사에게 도시의 열쇠를 선물했다. 장로교회에서 다과를 들고 나서 우리는 매티 잉골드 테이트 선교사와 남편 루이스 테이트 목사의 무덤 옆에 나란히 있는 묘지로 차를 몰고 갔다. 우리는 목사 3명, 선교사 2명, 텔레비전 기술자 3명, 미국인 12명 정도로 구성된 한국 대표단이었다. 미국 장로회 총회의

---

1   이 마을은 이 지역 주변에 호수가 많아서 한겨울에도 오렌지가 잘 손실되지 않기 때문에 이름이 이렇게 붙었다.

공식 대표인 조영길 목사가 올랜도에서 차를 몰고 와서 참여했다. 여기서 김민철 박사와 동료 한국인 그리고 미국인 친구들은 100년 전 전주 외곽에서 진료를 시작함으로써 예상하지 못했지만 병원 설립자가 된 잉골드에 대해 찬사를 나누고, 감사의 찬송가를 부르고, 기도와 경의를 표했다. 이어서 테이트 부부가 서울에서 결혼식을 올릴 당시 사진, 옛날 병원과 현재의 병원 전경을 담은 사진에 감사의 뜻을 새긴 도자기 기념 판이 증정되었다. 기념 판은 묘지 옆에 준비된 화강암 받침대에 넣어 고정시켰다. 이 모습은 거기 있는 우리 모두가 "매티, 늦었지만 그리스도의 사랑을 우리 조국 한국에 들여와 주셔서 감사합니다"라고 말하는 것처럼 느껴졌다.

전주에서 온 사절단은 애슈빌(Asheville)에 있는 대한예수교장로회 초대 장로회 목사인 강동욱 목사가 준비한 추석 잔치에 참석하기 위해 노스캐롤라이나주 애슈빌로 이동했다. 은퇴한 모든 한국 선교사들이 이 만찬에 초대되었으며 김치와 민속춤, 텔레비전 채널 13의 취재로 끝이 났다. 노스캐롤라이나주 히커리에서 피로연이 열렸는데, 여기서 잉골드의 친척들과 예수병원에서 태어난 샐리 대니얼(Sally Daniel)과 결혼한 월리스 존스턴(Wallace Johnston) 목사도 만났다.

그 후 일행은 잉골드가 선교사로 헌신하고 한국으로 하나님의 부름을 받았던 사우스캐롤라이나주의 록힐 제일장로교회로 이동했다. 일행은 노회 임원, 담임 목사 마크 버더리(Mark Verdery) 박사와 당회 서기 도로시 아믹(Dorothy Amick) 여사를 만났다. 교회의 목사는 1892년 4월 27일의 당회 회의록을 찾아냈는데, 이 회의에서 당회원들은 매티 잉골드의 의학 교육과 선교 사업에 대한 지원을 약속했음이 드러났다. 이 행사는 록힐 신문에 대대적으로 보도되었다.

대표단은 10월 7일까지 몬트리트에 머물렀고 텔레비전 제작진은 한국에서 방송될 다큐멘터리를 위해 은퇴한 한국 선교사들을 인터뷰했다. 이 선교사들 중에는 구바울(폴 크레인) 박사 부부, 타마리아(마리엘라 프로보스트) 간호사, 권익수(메릴 그럽스) 행정 선교사 부부, 주보선(데이비드 추) 박사 부부, 서요한(존 쇼) 박사 부부, 존 윌슨 박사 부부, 조앤 스미스 티 박사, 베티 보이어 간호사, 리베카 밸린저 간호사, 팻 화이트너 간호사 그리고 계자애(재닛 켈러) 간호사와 설대위(데이비드 실) 부부였다.

전주에서 열린 100주년 기념행사는 다양한 내용으로 1년 내내 진행되었다. 어르신들을 위한 무료 클리닉, 전도회에서 제공한 70건의 무료 백내장 수술, '핑크 레이디'들의 공로를 치하하는 표창, 병원 환자와 지역 사회를 위한 특별 콘서트, 어린이들을 위한 풍선 날리기 등 다양한 이벤트가 있었다.

100주년 기념행사를 둘러싼 마지막 행사는 11월 6일부터 8일까지 예수병원에서 열렸다. 병원은 행사를 위해 반짝거릴 만큼 깨끗하게 청소했고, 아름다운 꽃과 리본, 풍선으로 장식되어 있었다. 이 지역의 모든 장로교 목회자, 지역 공무원, 지난 45년 동안 예수병원에서 수련받은 의사 동문들, 정규 직원들뿐만 아니라, 40명이 넘는 은퇴 선교사들과 그들의 자녀들이 삶의 일부를 드렸던 이 기관을 방문했다. 이 모든 경험은 설명이 필요 없을 정도였다. 따뜻한 환영과

매티 잉골드 기념 흉상

기독교적 사랑과 연합된 분위기는 압도적이었다.

    11월 7일 토요일 오전에 열린 첫 번째 행사는 병원 입구 경사로 옆에 있는 매티 잉골드의 흉상 제막식이었다. 병원 합창단의 연주로 시작된 100주년 기념 예배는 대한예수교장로회 증경 총회장의 설교, 내빈 소개, 감사패 증정, 시민 단체와 의료 단체의 축사 순으로 이어졌다. 도서관 내 박물관에는 개척자들이 사용했던 낡은 의료기가 전시되었고 역사 자료와 사진 등이 전시되었다. 연회, 세미나, 예배가 이어졌고, 마지막은 전북대학교 대강당에서 열린 기념 음악회였는데 교회 성가대와 음악가들의 15곡 연주가 끝나자 예수병원 직원 500여 명으로 이루어진 합창단이 부르는 헨델의 감격스러운 "할렐루야"가 대강당을 가득 채웠다.

왕의 왕, 주의 주

그가 영원히 다스리시리라.

할렐루야, 할렐루야, 할렐루야, 할렐루야, 할렐루야.

음악은 사라지지 않는다. 그것은 은혜의 보좌로 올라갔다. 그리고 나는 로버트 브라우닝의 시를 떠올린다.

우리가 뜻하고, 바라고, 선하게 꿈꾸었던 모든 것은 존재하리니
그것의 그림자가 아니라, 본 모습 그대로
세상에 울려 퍼진 모든 아름다움과 선함과 힘은 사라지지 않고,
그것을 노래했던 그들을 위해 살아남으리,
한순간의 깨달음을 옳다 하는 영원하신 분 앞에서.
세상이 받아들이기엔 너무 높았던 이상,
땅 위에 머물 수 없어 하늘로 올라간 열정들조차도,
연인과 시인을 통해 하나님께 올려진 음악이 되리니
그분께서 한 번 들으셨다면 충분하리라.
우리도 언젠가는 듣게 되리라.[2]

---

[2] Robert Browning, "Abt Vogler," *The Complete Poetic and Dramatic Works of Robert Browning* (Houghton Mifflin, Cambridge, 1865).

저자의 말

이 전주 예수병원의 역사책은 미완성 상태입니다. 사실 역사라는 것은 완성할 수 없습니다. 예수병원 임상과와 지원과에서 예수 그리스도의 충실한 종으로 봉사한 분들이 빠짐없이 언급되었는지는 알 수 없습니다. 오직 하나님만 알고 계실 것입니다. 포사이드 박사가 아물지 않은 상처를 안고 전주를 떠나며 하신 말씀을 나는 자주 회상합니다.

비록 일이 잘 이루어지기를 바라며 노력했지만, 이 일은 여전히 부족함과 실수로 가득합니다. 그럼에도 우리는 이것을, 비록 불완전하지만, 주님의 이름으로 그리고 주님을 위한 **사랑의 수고는 결코 헛되지 않다**는 믿음만으로 겸손히 바칠 수 있습니다.

"예수 그리스도를 위한 사랑의 수고는 결코 헛되지 않으리라."

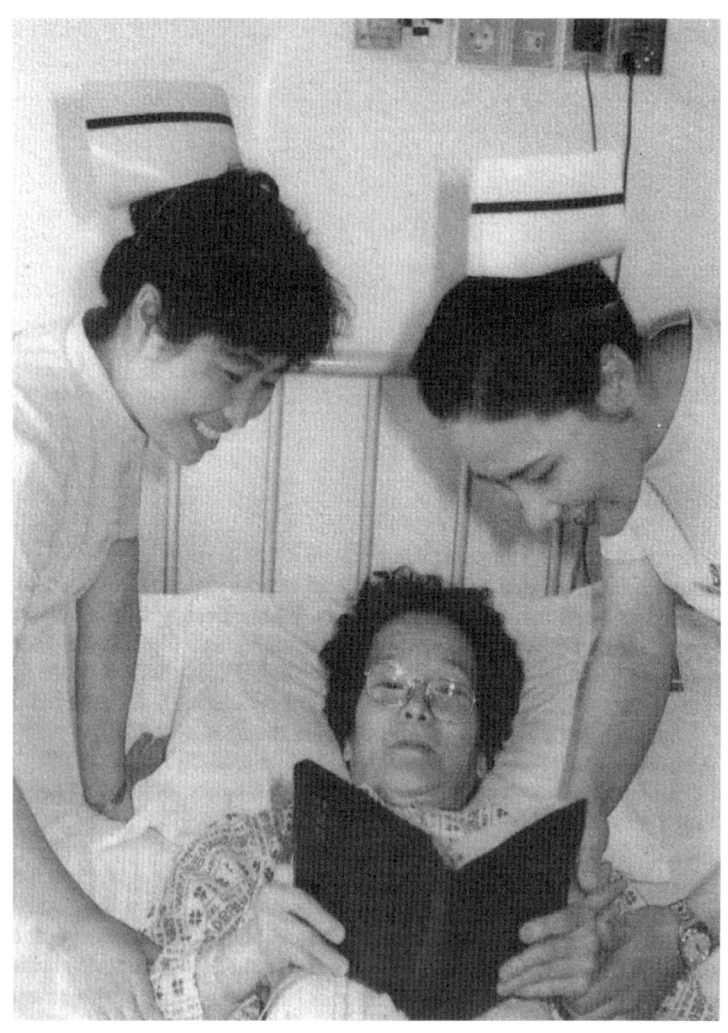

환자 곁에서 성경을 읽으며 복음을 전하는 예수병원 간호사들

이와 같은 신념이 질병과 공포 그리고 고통으로 낙심한 자들에게 용기를 북돋아 주는 일에 헌신하는 모든 이들의 마음속에 남아 있습니다. 어쩌면 고통 가운데 찾아왔던 이들 중 누군가는 어렴풋이나마 예수 그리스도의 사랑을 경험했을지도 모릅니다. 아마 절망 가운데 병원에 오는 사람들 중 누군가는 십자가의 구원의 능력을 발견했을지도 모릅니다. 희망을 잃어버린 사람들 중 누군가는 영원한 생명이신 그리스도 안에서 소망을 갖게 될지도 모릅니다.

하나님의 피조물인 인간의 상처와 종양 그리고 고뇌를 어루만지기 위해 내미는 우리의 불완전한 손을 하나님이 계속 사용해 주시기를 우리는 기도합니다. 우리는 하늘에 계신 창조주를 위해 일하고 있음을 깨닫기를 바랍니다. 때때로 우리의 손은 그리스도의 손길을 위한 장갑이 될 수도 있다는 사실을 저는 믿습니다.

설대위(David J. Seel)

옮긴이의 말

설대위 선교사님은 탁월한 외과 의사이셨을 뿐 아니라 신학과 철학의 깊이를 겸비한 신앙인이었습니다. 그분이 정년퇴임하신 후 100년 동안의 방대한 자료를 수집하고 정리해 예수병원의 역사를 써 주신 데 대해 마음에서 우러나오는 깊은 감사를 드립니다. 또한 이 저술에 설매리 사모님의 내조가 컸다는 사실도 부언하여 감사하지 않을 수 없습니다. 이 책을 한국에서 발행할 수 있도록 허락해 주신 설대위 선교사님의 자녀들(존 실 2세, 제니퍼, 크리스틴)께 감사드립니다.

호남 최초의 여자 의료 선교사였던 잉골드와 지방 최초로 교회(서문교회)를 세운 남편 테이트(루이스 테이트) 목사님의 묘지가 미국 플로리다주의 프로스트프루프에 있습니다. 1997년 어느 날 설대위 선교사님의 안내로 이 묘지(실버힐 묘지)를 찾아갔을 때 테이트 부부 선교사의 묘비에는 "28년 동안 한국에서 선교사로 봉사했다"라는 글만 기록되어 있었습니다. 이 묘지를 어렵게 추적해서 찾아낸 이야기를 하시며 설대위 선교사님의 눈에 맺힌 눈물을 기억합니다.

잉골드의 뒤를 이은 선교사들 중 특히 잊을 수 없는 두 분이 프랭크 켈러 선교사와 박영훈 선생입니다. 켈러 선교사는 미국에서 태평양을 건너오셨고 박영훈 선생은 북한에서 한국 전쟁 중에 월남해 우리에게 다가오셨습니다. 그리고 우리를 위해 일하고 우리와 함께 살다가, 이곳에서 돌아가셨고 우리 병원 동산에 묻히셨습니다. 이 책을 이분들께 헌정하신 것은 참으로 적절하고 의미 깊다 하겠습니다.

〈쉰들러 리스트〉라는 감동적인 영화를 기억하실 것입니다. 그러나 그보다 더 감동적인 이야기가 예수병원 역사 곳곳에 수없이 스며 있습니다. 쉰들러처럼 소유를 내어놓았을 뿐 아니라, 그 무엇보다 더 귀한 것들을 바친 분들, 일제 강점기와 한국 전쟁을 우리와 함께 겪고, 콜레라와 같은 전염병 지역을 뛰어다니며 소중한 삶을 드리신 분들, 더 나아가 이곳에서 돌아가시고 묻히기까지 두려워하지 않고 이곳을 사랑한 많은 선교사님들의 복음에 대한 열정은 쉰들러와 비교할 수 없는 감동입니다.

이 책은 역사의 기록이기도 합니다. 과거는 이를 통해 현재를 바로 보고 미래를 준비하기 위해 보존하는 것입니다. 과거에 뿌리를 둔 미래 지향적 본질, 그것은 "처음 사랑"(계 2:4, 5)입니다. "옛날을 기억하라. 역대의 연대를 생각하라. 네 아버지에게 물으라. 그가 네게 설명할 것이요, 네 어른들에게 물으라. 그들이 네게 말하리로다"라는 신명기 32:7의 말씀이 있습니다. 우리나라 의료 선교의 역사에서, 그리고 예수병원의 역사에서 이 말씀의 의도를 이해하고 되새기는 데

이 책이 귀하게 쓰이리라 믿습니다.

이 책의 첫 번역본은 예수병원 100주년 때 병원에서 자체적으로 발행했습니다. 당시 오용 선생과 제가 번역했지만 100주년 기념 사업의 일환으로 책을 발간하다 보니 시간에 쫓겨 섭섭한 부분이 많았고 널리 읽히지 못한 것에 대한 아쉬움도 있었습니다. 그러나 기독교 출판 분야에서 여러 의미 있는 기여를 해 온 IVP에서 이 책의 역사적 의미와 가치를 인정해 준 덕분에 다시 세상에 내놓습니다. 이번에 제가 나름 꼼꼼히 다시 살폈습니다만, 부족함을 느끼다가 예수병원에서 45년 동안 근무하며 설대위 선교사를 보아 왔고, 병원 역사를 맡아 정리하기도 했던 고근 선생이 동참했습니다. 영문학을 공부했고 평소 문장력이 출중해 독자들에게 설대위 선교사의 뜻을 잘 전달할 수 있도록 해 주었습니다.

예수병원이라는 한 기관의 100년 역사의 명암을 교훈 삼아, 예수병원뿐 아니라 세계 곳곳에서 쓰고 있고 앞으로도 계속해서 쓰게 될 아름다운 의료행전을 기대하는 것이 이 책을 번역하며 들인 시간의 의미라 하겠습니다.

전 예수병원장
김민철

예수병원 연도별 표어(1973-1998년)

1973-1974	성령의 힘으로 (행 1:8)
1975-1976	그리스도를 만물의 으뜸으로 (골 1:15)
1977	하나님의 성품을 나타내자 (엡 3:14-21)
1978	그리스도 안에서 성숙한 사람으로 (엡 4:13-16)
1979-1980	지극히 작은 자에게 물 한 그릇을 (마 10:42)
1981	소망의 하나님을 믿음으로 기쁨과 평강을 (롬 15:13)
1982	부르심의 상의 푯대를 향하여 (빌 3:14)
1983	병들고 연약한 이웃에게 예수의 자비를 (마 9:35-36)

1984	범사를 주께 하듯 (골 3:23)
1985	우리들 속에서 역사하시는 능력을 따라 (엡 3:20)
1986	찾아오는 손님 예수님 대하듯 (히 13:2)
1987	처음 사랑을 기억하자 (계 2:4)
1988	하나님 사랑, 이웃 사랑 (마 22:37-40)
1989	그리스도의 십자가가 헛되지 않게 (고전 1:17)
1990	주 안에서 하나 되자 (엡 1:10)
1991	성령으로 거듭나자 (딛 3:5)
1992	합력하여 선을 이루자 (롬 8:28)
1993-1994	참 예수병원 사람이 되자 (요 1:47)
1995	우리는 그리스도의 향기라 (마 2:15)
1996	나는 섬기는 자로 너희 중에 있노라 (마 20:26)
1997	그리스도 안에서 새사람이 되자 (엡 4:24)
1998	100주년을 맞이하여 처음 사랑을 기억하자 (계 2:4)

찾아보기

「코리아 타임스」 170, 200
121후송병원 169
MD 앤더슨 병원, 휴스턴 252
T., 조앤 스미스 189, 331
YMCA 52
YWCA 222

가버, 폴 L. 229
가우리샹카 병원 289
강경 32
강동욱 330
강완익 244
강원희 286, 287
개혁 교회 고린도 개혁 연합 그리스도 교회를 보라
건지, 세라 잉골드 49
경기도 170
계일승 107
고린도 개혁 연합 그리스도 교회 20
고베, 일본 28

고산분원 234-240, 312-314
고산면 233
고영희 326, 327
고은실 288
고종 16, 47
골드너, 레너드 251
공순구 191, 245, 247
공주 12, 136
광주 기독병원 99, 181, 182, 184, 246, 271, 282, 286, 291
광주 선교부 57, 59
광주시 271, 272
구바울 116-128, 129, 130, 134-136, 138-144, 146-147, 149-152, 154, 157, 160, 161, 163, 164, 165, 167, 168-170, 181, 184-185, 187, 189, 192-193, 197-201, 206, 212, 214, 291, 331
군산 공군 기지 159
군산 13, 43, 53, 55, 64, 66, 120, 159,

찾아보기 345

162, 255
궁말 군산을 보라
권애순 182-183
권익수 15, 182-183, 187, 192, 199, 206, 209, 211, 245, 248, 249, 322, 331
규슈 139
그럽스, 메릴 권익수를 보라
그럽스, 앨마 권애순을 보라
그레이스 병원 252
그레이엄 기념 병원 광주 기독병원을 보라
그린, 이블린 212
기독의학연구원 110, 298, 301, 303-307, 315, 320, 321
김기순 15, 231, 234-237, 311, 313
김기준 211, 255
김도수 251
김명호 222
김문중 320
김민철 15, 286, 288, 306, 320, 322, 328-330, 339-341
김봉옥 311, 313
김상균 288
김상현 287
김선이 289
김성지 191
김세열 123
김수곤 187, 274, 318, 321
김야모 124
김연희 311, 313
김영우 129, 137, 163
김영흠 108
김완섭 278
김용성 104, 210, 252
김용진 104, 209, 214, 252

김우영 320
김의주 266
김임 321
긴종준 320
김준곤 242
김창수 104
김천식 230, 236, 322
김철호 297
김춘영 200
김포공항 142, 143, 212, 213
김한나 289

나고야, 일본 139
나이트, 도로시 224
낙동강 133-134
남장로교 선교회 39, 47, 53, 66
노스캐롤라이나 대학교 의과대학 163
논산 105, 137
놈로브슈키, 게르하르트 207, 209
뉴욕 세계 박람회 205
니스벳, 애너벨 68

다가산 156, 186, 252
다카, 방글라데시 281, 282, 283, 284, 286
대구 133
대니얼, 밥 104, 106-107
대니얼, 새디 72
대니얼, 샐리 330
대니얼, 유진, L. 116
대니얼, 토머스 H. 53, 64-65, 104
대니얼, 프랭크 174
대전 104, 136, 140, 143, 185, 255, 293
더닝턴, 새디 65

데이비드슨 대학　85
데이비스, 리니　30
도립병원　144, 162
도쿄　135, 143, 155
동산　16, 59
동상면　220
뒤부아, 테오도르　251
듀크 대학교　129, 251
드루, A. 다머　13-14, 29, 30, 41, 43, 66
드루이드 힐스 장로교회, 애틀랜타　87
드캠프, 폴 T.　318
디트릭, 로널드 B.　169, 181, 182, 271

래니어, 척　104
랜킨, 넬리　70
랩, 네빌 수　305
레이놀즈, 볼링　42
레이놀즈, 윌리엄 D.　12, 16, 67
레이놀즈, 캐티　42
로버트슨, 무어만 오언　74, 77
로버트슨, 엘미 리먼　77
로빈슨, J. 코틀랜드　182
로빈슨, R. K.　185
로저스, 제임스 M.　88, 92
루스벨트, 프랭클린 델러노　107
루이스, 도티 헨리　20
루이지애나 주립대학교　306
루트, 플로렌스　138-139
레노어, 월터 J.　19-20
리, F. 웨인　210
리버티 장로교회, 리버티, S.C.　85
리치, 리베카 밸린저 스미스　245, 331
린들러, 진　129, 134, 138, 149
린턴 부인, W. A.　185
린턴, 휴　185

마산　255
마이허르, 코레　154
만골　53
매코완, W. R.　70
맥아더, 더글러스　110, 134-136, 140, 143
멀케이, 프랜시스 그리핀　329
메닉, 프레드　318
메이오 클리닉, 로체스터　328
메인 병원　182
모르트호르스트, 에른스트　199
모켄, 프란츠　192, 199
목포　13, 56, 57-58, 64, 70, 120, 129, 185
몬트리트　15, 86, 331
문성규　158
문준일　321
물리 치료 및 직업 훈련 센터　312
미 육군 병원　139
미시간 대학병원　182
미첼, 메리 벨　138-139
미첼, 피트리　138-139
믹, 펠릭스　245
민들레　278
밀, 도로시　318
밀, 윌리엄　318

박수인　281, 282
박신배　163
박영이　289
박영훈(앤드루)　145-146, 163, 169, 178, 182, 214-216, 257
박윤규　306, 320
박정희　197
박종열　300

박행열 287
박혜인 282, 284
반더빌트 대학교 의과대학 189, 190
반석화 327
반월 38
반하르트, 톰 119, 164
배보석 88, 96, 103, 107
배스컴 파머 안과 병원 244
배철러, 앨릭스(비팝) 151, 158, 160
밸린저, 리베카 191, 245, 331
뱅크스, A. R. 23
버더리, 마크 330
버지니아 대학교 65
버지니아 의과대학 144
버지니아 의과대학, 간호대 129
번스, 래리 241-242
번스, 로위나 241
베이비 예수병원 고산분원을 보라
베트남 전쟁 197-198
벨, 유진 13
변마지 116, 119-120, 123-124, 128-132, 134, 146, 149, 155, 183, 211
보그스, 로렌스(래리) 100-101
보그스, 로이드 K. (요한복음 3:16 박사) 75, 85-101
보그스, 루시 85
보그스, 리베카 85
보그스, 마거릿 패터슨 86, 88, 92
보그스, 어윈 100
보그스, 웨이드 87
보그스, 조지 워싱턴 85
보워리 선교회 52
보이어, 엘리자베스(베티) 162, 164
보톰스, 로렌스 158
본 190, 198-199, 201, 231, 258

볼티모어 여자 의과대학 23
봉동 233
부산 28, 131, 133, 134, 135, 137, 139, 143, 144, 146, 155, 209, 255
부시, 오비드 B. 2세 129, 134, 149
부시, 플로렌스 129, 139
부영철 245
부인병원 52
불 부인 45
브라우닝, 로버트 333
브라운, G. T. 97, 128, 185
브라이언, 해리 101
브래들리, 휴 181
브랜드, 루이스 C. 92
브룩스, 테릴 319
비거, J. D. 119
버드만, 페르디난드 헨리 64-65
비무장 지대(DMZ) 134, 144
비봉 235

사랑으로 보살피는 동산 애양원을 보라
사세보, 일본 139
산부인과 자선 병원, 뉴욕 65
삼남극장 267
삼례 136, 233
삼척 143
새 섭리 교회, 매카피 51
서기용 288
서문교회 107, 123, 339
서울 10, 12-13, 28-29, 45-47, 70, 72-74, 115, 119, 133-134, 142-146, 150, 164-165, 167, 169, 178, 187, 201, 220, 285, 287, 293, 294
서울대학교 의과대학 128
서원로 212, 296, 319

선한 사마리아인 재활 센터 255
설대위 153, 179, 206, 208, 211-212, 317, 331, 339-341
설매리 15, 153, 154, 162-163, 165, 175, 178, 211, 212-213, 251-252, 257, 339
설악산 297
설윤숙 289
세브란스 병원 10, 41, 55, 56, 67, 71, 74, 75, 88, 125, 128, 143, 146, 162, 163, 244
세브란스 연합 의학 전문학교 74
세인트클레어 병원 256
세인트피터스 병원, 샬럿, N,C. 329
소문석 189
소양면 220, 225-229
소진명 189, 211, 252, 258
손양원 126, 137
송경진 129, 143, 163, 181
송동교회 53
송호신 287
쇼, 샤론 244, 255, 257, 293
쇼, 존 255-256, 293, 311, 331
수원 135
순천 75, 80, 88, 92, 116, 119, 120, 125-127, 134, 137, 150, 185, 205, 217
숭전대학교 293-294
슈미트-로젠하우어, 위르겐 225
스미스, H. N. 119
스미스, 리베카 밸린저 리치를 보라
스위코드, 도널드 89
스위코드, 버지니아 89
스콧, 러셀 245
스탈린, 이오시프 108

스테이츠빌 여자 대학 76
스프런트, 알렉산더 22
스피어 학교 124
슬론 케터링 기념 암 센터 100, 168, 175, 177, 178, 190, 245
시몬스, 잭 329
시블리, 존 218
신의주 145
신익희 166
신태석 211
실, 데이비드 존, 2세 155, 339
실, 데이비드 존 설대위를 보라
실, 메리 배철러 설매리를 보라
실, 제니퍼 160, 193, 211, 339
실, 크리스틴 211, 339

아믹, 도로시 330
아히리 부인, 피터 22
안주 142, 146
알렉산 병원 81
알렉산더, A. J. A. 8, 52, 66
애그니스 스콧 대학 229
애덤스, 레인 272
애양원 59, 109, 126-128, 137, 217
앳킨슨 기념병원 64, 76, 92
야소(예수)병원 장로교 의료 센터를 보라
양광자 304
양병철 318
양성수 287
양재모 222
어드미럴 메이요 119
얼랭거 병원, 채터누가 182
에이비슨 박사 55
여수 59, 92, 97, 125-127
여전도사 142, 276

여전도회 생일 감사 헌금 모금 위원회　183
연세대학교 의과대학　182
연세 친선병원　288
열대 의학 및 보건 대학, 툴레인 대학교　284
염정님　265
영부인　197
예배실　200, 250, 257-258, 265
예수병원　장로교 의료 센터를 보라
오긍선　41, 64-67, 70
오길현　319, 321
오사카　139
오산　143
오스틴 대학　211, 212
오언 부인, C. C.　74
오용　15, 322, 341
옥스너 클리닉, 뉴올리언스　318
완산 언덕　13, 31
완산교회　77
완주군　233
왓츠 병원　175
왜관　230
용머리 고개　186, 197-202
용진면　224, 227-229, 236
용진중학교　230
원주　143
웨스트민스터 대학　52
윈, 드와이트　76
윈스럽 대학　21
윌리엄스, 로버트　318
윌리엄스, 진 배철러　257
윌리엄스, 코일　163
윌슨 한센병 병원　애양원을 보라
윌슨, 로버트 맨튼　58-59, 88, 92, 127
윌슨, 조　220
윌슨, 존 녹스　109, 110, 217-223, 246,
　　　　331
유니온 기념 병원　150
유니온 신학교　11, 118
유봉옥　287
유엔(UN)　116, 130, 142, 144-146, 155,
　　　　161
유연순　288
윤차애　289
윤흔영　189, 190
이거보　165, 167, 189
이경호　214
이광민　306, 321
이근영　129, 137, 143, 144, 162, 189,
　　　　200, 202, 209, 211, 254
이기남　321
이동찬　243-244
이리/익산　105, 106, 163, 263-269
이모세　282
이문호　163
이성화　282, 297
이세정　282
이승만　116, 135, 166
이영혜　276, 321
이영호　321
이용웅　281-286, 320, 327-328
이우설　230
이원설　303
이종성　302
이종윤　300
이준례　322
이춘성　214
이춘심　288
이학송　319, 321
이학연　211
인천　28, 99, 122, 134, 140, 142, 143,

169
일레, 베르너　192, 200
임경열　129, 143, 163, 182
임태경　230
잉골드, 매티　테이트를 보라
잉골드, 세라　건지를 보라
잉골드, 아이제이아　19
잉골드, 앨버트 브랜슨　20
잉골드, 엘런　20
잉골드, 제러마이아　20, 21
잉골드, 프랜시스　20

자라친, 빌프리트　201, 214
장경순　214
장로교 병원, 먼로, N.C.　76
장로교 성경학교　42
장로교 의료 센터　71
장제스　107
재활 센터　235, 255, 293
전라남도　13, 57, 138, 170, 271-272
전라도　14
전라북도　74, 164, 209, 214, 218, 223, 225, 235, 246, 263, 272, 273, 292, 297, 303
전북대학교, 전주　158, 313, 332
전염병 병동　161, 257
전정열　256
전주 간호대학　121, 130, 144, 162, 252-253, 289, 304
전주 선교 병원　86
전주역　146
전킨 부인, 윌리엄. M.　45
전킨, 윌리엄 M.　12-13, 45, 53
정귀빙　125
정규봉　103

정동규　321
정명숙　266
정영태　211, 244, 258, 322, 326-327
정읍　69, 138
정태수　329
정흥초등학교　186
제2장로교회, 멤피스　272, 275
제2차 세계 대전　99, 103, 118, 120, 126, 125, 186, 217, 293
제물포　인천을 보라
제일장로교회, 달링턴　72
제일장로교회, 록힐　22
제주도　255
조경기　306, 321
조상래　245
조선대학교, 광주　313
조영길　330
존스 홉킨스 대학병원　81, 163
존스 홉킨스 의과대학　117, 150, 181, 182
존스턴, 월러스　330
존슨, 린든 베인스　198
주보선　191, 209, 274, 302, 331
중화산동　222, 224, 229
지리산　127, 143, 155
지부　67
지히, 도로테아　191

찰스턴 대학교　85
채리티 병원, 뉴올리언스　147, 150
처칠, 윈스턴　107
천경두　321
천원　69
최순영　298, 300
최승열　222, 223, 231-232
최영애　267

충남대학병원, 대전　313
충청남도　170, 226, 303
치탐, 멜　319

카트만두 신학교　288
커브넌트 장로교회　190
컬럼비아 대학교 장로교 간호대학　125
컬버슨, M. C.　163
케네디 우주 센터　241
케네디, 존 피츠제럴드　197
케슬러, 에설 E.　66, 70, 76, 80, 86, 88, 89, 90, 92
켈러, 재닛 탈마지　162, 211, 331
켈러, 프랭크 굴딩　160, 164-165, 181, 186, 193-194, 206, 340
　코딩턴, 허버트 A.　116, 282
코크레인, 로버트　128
코프, 마사(코프 할머니)　322
콜트레인, 레비니어　19
콩코드 장로교회　21
크럼플러, 퍼트리샤 화이트너　188
크레인 여사, 존 커티스　119
크레인, 소피 몽고메리　118-120, 124, 131, 149, 151, 154, 163
크레인, 존 커티스(손자)　154
크레인, 폴 실즈　구바울을 보라
크로퍼드, 토머스 앨리슨(T. A.)　21, 22, 23
크리스만, 마크　255
클라인, 노르베르트　212, 214
클레어몬트 대학, 히커리, N.C.　21
클렘슨 대학교　85
키드, 라일리　319

탈마지, J. V. N.　99, 129, 138, 139, 146
탈마지, 데이비드　306

탈마지, 마리엘라　134, 149, 150
탈마지, 재닛　켈러를 보라
테이트, 루이스 B.　11-13, 28, 29, 45, 48-49, 329
테이트, 매티 잉골드　19-25, 27-49, 64, 339
테이트, 매티　12, 29-31
테일러, 토머스　155
테일러, 허드슨　260
통기 진료소　283, 284
통기 캠프　282, 283
통합　282, 300
툴레인 대학, 뉴올리언스　284, 318
트루먼, 해리 S.　134
트리니티 대학　19
티몬스, 헨리 로욜라 2세　73, 81
티몬스, 헨리 로욜라　10, 72-73, 75, 80-82, 86

파우펠, 디터　226
파파니코라우 박사　168
패터슨, 마거릿　보그스를 보라
패튼, 조지　189, 255
평양　78, 119, 150, 293
포사이드, 아델리아　51
포사이드, 와일리 해밀턴　45, 51-60, 63-65, 67, 81, 127
포사이드, 조지프　51
포사이드, 진　52
포저, 클라우스　224
푸바일-콜람토라, 방글라데시　285, 286
풀턴, C. 다비　117, 120
프레이저 재활 센터　256
프로보스트, 마리엘라　331
프로스트프루프 장로교회　329

프리데, 헤르테   231
프리처드, 마거릿   변마지를 보라
플로리다 대학교   151
피츠, 로라 메이   68
피치트리 장로교회   151
필립스 부인, 로버트 D.   167-169
필립스, 로버트 D.   167-169

하비브, 필립   212, 213, 214
하일리그, 퍼트리샤   162
하임버거, 리처드   318
하카타   139
하트퍼드 병원   178, 182
한국 전쟁   133-147
한남대학, 대전   297, 303, 327
한배호   166
한우근   103, 109, 115, 133
한인 장로교 제일교회, 애슈빌, N.C.   330

한인 장로교회, 세인트 피터스버그   329
한일신학교   182
한중 연변 복지병원   287
해리슨 목사   13, 30, 16, 54
해리슨 여사   45
허친슨, D.   23
헌트 박사   55
헨델, 게오르크 프리드리히   332
헨슈케, 울리히   177, 191, 200
현병일   211, 245
호남   30, 63-74
호지스, 존 R.   115
홀린스 대학   65
홀트, 몰리   220
홍신영   304
화이트, A. H.   23
화이트너, 퍼트리샤   크림플러를 보라
후송병원   169

옮긴이 김민철은 내과(혈액종양) 의사로 설대위 선교사가 병원장일 때 예수병원에서 수련받았고 나중에는 병원장으로 일했다. 미국 MD 앤더슨 암 센터, UAB 호스피스 완화의료센터에서 연수했으며 지금은 대자인병원의 혈액종양내과에서 진료하고 있다. 르완다 난민 구호, 나이지리아 선교사(SIM), 한국누가회(CMF) 이사장, 난민인권센터 대표, 밴쿠버기독교세계관대학원(VIEW) 객원교수, 한국 인터서브 선교회의 이사장을 역임했다. 저서로 『아무것도 남기지 않고 모든 것을 남긴 의사 주보선』(IVP), 『성경의 눈으로 본 첨단의학과 의료』(아바서원) 등이 있다.

옮긴이 고근은 1975년 예수병원에 입사해 45년간 근속하고 2020년에 정년퇴직했다. 주로 행정 분야의 여러 직책을 맡아서 일했다. 2004년 홍보실장을 맡은 후 예수병원의 학박물관을 설립하는 일을 담당했으며, 설대위 병원장 회고 문집과 예수병원 역사와 관련된 여러 인물의 이야기를 담은 책을 출간하는 데 기여했다.

옮긴이 오용은 예수병원에서 30년간 병원 행정 업무에 몸담아 왔으며, 오랫동안 권익수 선교사와 함께 일했다. 미국 플로리다 병원 협회, 버지니아주 리치먼드에 있는 세인트 메리 병원, 노스캐롤라이나주 메모리얼 병원 등에서 병원 행정에 관한 연수를 받았고, 예수병원 행정처장으로 근무했다. 특히 선교 병원의 역할을 감당하기 위해 국제관계 문서 번역 및 행정에 관한 여러 일을 담당했고, 해외 업무 담당관으로도 활약했다.

꺼지지 않는 사랑의 불씨

초판 발행 2025년 11월 3일

지은이 설대위
옮긴이 김민철·고근·오용
펴낸이 정모세

편집 이성민 이혜영 심혜인 설요한 박예찬
디자인 한현아 서린나 | 마케팅 오인표 | 영업·제작 정성운 이은주 조수영
경영지원 이혜선 이은희 | 물류 박세율 정용탁 김대훈

펴낸곳 한국기독학생회출판부 | 등록번호 제2001-000198호(1978.6.1)
주소 04031 서울시 마포구 동교로 156-10
대표 전화 (02) 337-2257 | 팩스 (02) 337-2258
영업 전화 (02) 338-2282 | 팩스 080-915-1515
홈페이지 http://www.ivp.co.kr | 이메일 ivp@ivp.co.kr
ISBN 978-89-328-2390-4

ⓒ 한국기독학생회출판부 2025

책값은 뒤표지에 있습니다.
무단 전재와 복제를 금합니다.